# INTERVIEWS MIT LEGENDÄREN SCHRIFTSTELLERN AUS DEM JENSEITS

Cathy McGough

Stratford Living Publishing

# Was die Leser sagen...

"LIES DIESES BUCH UND füge damit deinem Vergnügen und den Werken dieser großen Autoren eine weitere Dimension hinzu. Durch sorgfältige Recherche und ein wenig Fantasie erweckt Cathy McGough sie alle zum Leben. Nach der Lektüre dieses Buches wird der Leser immer das Gefühl haben, mit den Worten seines Lieblingsautors in Kontakt zu sein. Er liest nicht nur seine Werke, sondern genießt eine zusätzliche Dimension: das Gefühl, dass ihm vorgelesen wird.

A. R. (David) Lewis, Autor von: "The Cup and Saucer Tree" und "A Field of Red Poppies".

"Ich bin mit den herzlichen Texten dieser Dichter und Autoren aufgewachsen! Oft habe ich mir gewünscht, sie als Menschen außerhalb ihrer Worte auf dem Papier kennen zu lernen. Cathy McGough hat das möglich gemacht!"

Amazon-Rezensentin

"Ich mochte das Interviewformat und die Teile aus dem Leben der Dichter und Autoren, von denen ich nichts wusste. Ich mochte die lustigen Zwischenspiele mit Madame Delatour und dem Erzähler. Obwohl ich fast alle Autoren/Dichter in diesem Buch schon kannte und gelesen habe, habe ich über jeden von ihnen etwas Neues oder Amüsantes gelernt und sogar einen gefunden, den ich lesen WILL!"

Amazon-Rezensent

"Eine charmante und fesselnde Sammlung von Autorenbiografien. Cathy McGough stellt die Großen mit Hilfe der Hellseherin Madame Delatour vor. Jedes Interview hat die Spannung einer Séance, wenn sich die Äther öffnen und ein anderer Autor zu einem freundlichen Gespräch zurückkehrt. Cathy fängt das Wesen der Autorinnen und Autoren ein und bringt ihre Stärken, aber auch ihre Schwächen zum Vorschein. Jedes Wesen ist ihr offensichtlich vertraut und liegt ihr am Herzen. Dieses Buch ist ein Muss, um berühmte Autorinnen und Autoren auf einprägsame Weise kennenzulernen oder sie einfach nur zu feiern.Jo Janoski,

Autorin von: "Tea and Chocolates" und "Faithful". Fotografin, Janoski Studio Pittsburgh Photography

"Die Autorin hat unglaublich viel über das Leben und die Schriften bedeutender Dichter und Schriftsteller recherchiert und sie auf intelligente Weise präsentiert, einschließlich fiktiver Interviews und einer fesselnden Sammlung von Schriften. Die humorvolle Präsentation von Anekdoten hat meine Fantasie und Aufmerksamkeit von Anfang bis Ende gefesselt."

Amazon-Rezensent

"Eine wunderbare Einführung für jeden Leser, der einige der größten englischsprachigen Schriftsteller der Welt kennenlernen möchte. Voller sorgfältig recherchierter historischer Fakten, humorvoller Darstellung und überraschender Anekdoten ließ mich das Buch nicht mehr aus der Hand legen. Ein weiterer Punkt, den ich sehr schätzte, waren die körperlichen Beschreibungen des Autors. Von Stephen Leacocks Humor bis hin zur Inspiration von Rudyard Kipling - dieses Buch war eine fabelhafte Lektüre."

Amazon-Rezensent

"Eine Mischung aus Geschichte und Literatur. Cathy McGoughs einzigartiger Stil fesselt deine Fantasie. Sie nimmt dich mit in das Reich der größten Autoren, die die Welt kennt. Es ist ein Abenteuer, das du nicht vergessen wirst."

Walter L. Jones, Inhaber von Jones Outlet

"Eine hervorragende Arbeit, die Biografien berühmter literarischer Namen in eine interessante und unglaubliche Sammlung zu verwandeln. Es war eine unterhaltsame Lektüre, die meine Vorstellungskraft gefesselt und meine Aufmerksamkeit die ganze Zeit über aufrecht erhalten hat. Empfehlenswert für jeden Bücherwurm!"

Amazon-Rezensent

"In diesem Buch steckt eine Menge harter Arbeit. Mir hat besonders das Interview mit Edgar Allan Poe gefallen. Es wäre für Schüler der Oberstufe nützlich, um etwas über die Giganten der literarischen Welt zu erfahren."

Amazon-Rezensent

"Ich bin ein Dichter, deshalb fand ich es gut, dass Frau McGough den Dichtern in diesem Buch einen so prominenten Platz eingeräumt hat und diese "legendären Schriftsteller" mit Humor beleuchtet."

Amazon-Rezensent

"Eine Pflichtlektüre für alle, die echte Literaturliebhaber sind!"

Amazon-Rezensentin

# Inhalt

# Vorwort

## VON CHRISTOPHER INGHAM

Es ist ein trauriger Kommentar zum Zustand des zeitgenössischen Schrifttums über Literatur, dass man nur selten auf kritische oder biografische Texte stößt, die die grenzenlose Freude widerspiegeln, die diejenigen von uns hatten, die das Glück hatten, in den 1960er Jahren Jugendliche zu sein, als wir zum ersten Mal Schriftsteller vom Kaliber eines Dickens, Wilkie Collins, Dostojewski, Coleridge und Poe entdeckten.

Mit der möglichen Ausnahme von Harold Bloom scheint so vieles, was wir politisch Unkorrekten als "große Literatur" bezeichnen, ideologisch begründet zu sein.

Man vermutet, dass moderne Kritiker so sehr von den Anforderungen der akademischen Orthodoxie eingeengt werden, dass sie entweder die Fähigkeit verloren haben, sich an den Werken "legendärer

Schriftsteller" zu erfreuen, oder dass sie zu viel Angst haben, in die von diesen Schriftstellern geschaffenen Fantasiewelten einzutauchen. Auch Biographen scheinen das Bedürfnis zu haben, das Leben dieser Schriftsteller in einen ideologischen Kontext zu stellen, der ihre Werke angeblich so sehr prägt, dass die Vorstellungskraft ihrer Kunst oft abgewertet wird.

Nachdem ich den zeitgenössischen kritischen und biografischen Reaktionen auf "legendäre Schriftsteller", vor allem aus dem 19. Jahrhundert, so zynisch gegenüberstehe, war ich angenehm überrascht, als ich über Cathy McGoughs faszinierendes Werk "Interviews With Legendary Writers from Beyond" stolperte.

Endlich gab es eine Autorin, die sich nicht scheut, ihre Freude am Leben und an den Werken derjenigen zu teilen, die ihr im Laufe ihres Leselebens so offensichtlich Freude bereitet haben. Ich fing an, jedes ihrer Themen so gut zu verstehen, dass ich das Buch in etwas mehr als einer Sitzung von vorne bis hinten durchlas.

Es gibt viele wunderbare Aspekte in diesem Buch, aber ich muss drei besonders hervorheben. Erstens funktioniert die Technik, Madame Delatour, ein Medium, als Mittel Interviews mit legendären Schriftstellern aus dem Jenseits zu benutzen, um diese Schriftsteller zum Leben zu erwecken, sehr gut, und angesichts des Interesses der Viktorianer am

Spiritismus verleiht diese Technik dem Werk eine weitere Dimension.

Zweitens trägt Cathys fantasievolle Interaktion mit den Schriftstellern in Teilen der Welt, die für sie real und wichtig sind, dazu bei, ein Gefühl der Unmittelbarkeit zu schaffen, das entscheidend ist, um diese Figuren aus der Vergangenheit zum Leben zu erwecken.

Drittens und am wichtigsten ist die Art und Weise, wie Cathy die Schriftsteller ermutigt hat, nicht nur über sich selbst und ihr Schreiben zu sprechen, sondern auch Teile ihrer Werke zu lesen und vorzustellen, und damit einen Weg gefunden hat, ihre Leser mit Werken der einzelnen Schriftsteller bekannt zu machen, die sie vielleicht noch nicht kennen. Außerdem stellt sie eine Liste ihrer Lieblingswerke jedes Autors zur Verfügung, die den Leser dazu ermutigen soll, einige dieser Werke zu erkunden.

Ich glaube, dass dieses Buch nicht nur für Lehrer/innen und Schüler/innen ein wertvolles Nachschlagewerk sein wird, sondern auch für diejenigen Leser/innen, die die Werke dieser "legendären Schriftsteller/innen" in der Vergangenheit verpasst haben und nun ermutigt werden können, Cathys Freude und Begeisterung für das kreative Genie dieser außergewöhnlichen Schriftsteller/innen zu teilen. Ich werde dieses Buch auf jeden Fall meinen Literaturschülern der Jahrgangsstufen 11 und 12 empfehlen.

Ich kann dieses Vorwort nicht abschließen, ohne Cathy zu ermuntern, dieses Buch durch Interviews mit Schriftstellern wie Thomas Hardy, D. H. Lawrence, den Bronte-Schwestern und Jane Austen zu erweitern und zu vertiefen. Noch faszinierender wäre natürlich ein Treffen mit Robert Browning, der dem Spiritualismus so skeptisch gegenüberstand, dass er das wunderbare Gedicht Mr. Sludge schrieb,

'Das Medium'. Ein Treffen zwischen Browning, Cathy und Madame Delatour wäre faszinierend.

Christopher Ingham M Ed., B Ed., TSTC

Leiter des Fachbereichs Englisch am Hamilton and Alexandra College, Victoria, Australien, und ein Dichter in seiner Freizeit.

# Widmung

"Dieses Buch wird einen Reisenden aus dir machen."
**John Bunyan. The Pilgrim's Progress (Die Pilgerreise)**

# KENNENLERNEN DEINES HELLSEHERS

D A WIR UNS GEMEINSAM auf dieses Abenteuer einlassen, ist es nur angemessen, ein Interview mit der Person aufzunehmen, die dieses Buch möglich gemacht hat: meine Freundin Madame Delatour.

Du fragst dich vielleicht, warum du Madame Delatour nicht schon früher gesehen hast und warum wir die Gelegenheit, die sich uns durch dieses Buch bietet, nicht genutzt und ein Foto von ihr beigefügt haben.

Das ist leider nicht möglich. Denn Madame Delatours "Gabe" macht sie nicht fotogen. Es kann sogar sein, dass sie ihre Kräfte verliert, wenn sie geblitzt wird. Deshalb haltet bitte eure Kameras in ihrer Gegenwart fern, meine Damen und Herren.

Apropos Herren: Viele, die einen Teil dieses Buches in Form einer Kolumne gelesen haben (und auch mindestens einer unserer legendären Autoren aus dem Jenseits), haben gefragt, ob Madame Delatour verheiratet oder in irgendeiner Weise gebunden ist. Ich versichere dir, dass sie Single ist.

Madame Delatour wurde am 31. Dezember 1950 in Paris, Frankreich, geboren. Sie war noch nie verheiratet und sucht einen Partner, der nicht eifersüchtig auf ihre besonderen Fähigkeiten ist. Sie hat eine Vorliebe für Männer mit schottischem Akzent (wie du selbst sehen wirst, wenn wir uns mit Robbie Burns treffen). Wenn du mit Madame Delatour korrespondieren möchtest, kannst du das über unseren Verlag tun. Füge ein Foto von dir und eine beglaubigte Kopie deines Nettovermögens bei. Madame Delatour wird nur denjenigen Herren antworten, die "The Right Stuff" haben.

Zunächst muss ich anmerken, dass Madame Delatour und ich uns über den Ort unseres Interviews unterhalten haben. Ich schlug mein bescheidenes Haus vor, da es schon für Shelley, Coleridge, Longfellow und andere gut genug war, aber sie fand meine Idee lächerlich. Sie wollte verwöhnt werden, also beschloss ich, mich auszupowern!

In diesem Moment drehen wir uns in der australischen Stadt Sydney und entspannen uns in dem noblen und eleganten (um nicht zu sagen:

teuren) Restaurant "Centrepoint", das passend zu seinem Standort benannt wurde.

Madame Delatour ist für diesen Anlass perfekt gekleidet. Sie trägt ein schillerndes Abendkleid aus goldenem Lamé mit hunderten, vielleicht tausenden von spiegelnden Pailletten und ein Paar schwarze Lackschuhe mit drei Zoll hohen Absätzen. Sie trägt große goldene baumelnde Ohrringe und mehrere Armbänder an jedem Handgelenk. Madame Delatour überragt mich, denn ich bin nur 1,70 m groß, während sie barfuß 1,80 m groß ist.

Als wir zu unserem Tisch gehen, ist es nicht verwunderlich, dass sich alle umdrehen und uns anstarren. Madame Delatours Ohrringe und Armbänder machen ihre übliche Musik im Einklang mit unseren Schritten, als wir zu unserem Tisch begleitet werden. Wir nehmen relativ schnell Platz und seufzen unisono, als wir auf Sydney in seiner ganzen nächtlichen Pracht hinunterblicken.

Lichter funkeln, so weit das Auge reicht, und um uns herum wetteifern die Sterne mit den Lichtern der Erde darum, wer am hellsten ist. Madame Delatour (oder Blanchetta, wie wir sie von nun an nennen werden) bestellt nicht nur einen, sondern gleich zwei Mai Tais, die beide für sie selbst bestimmt sind. Ich bestelle einen Black Russian und dann beginnt unser Interview.

F: Blanchetta, wie hast du deine einzigartige "Gabe" entdeckt?

A: Ich entdeckte sie zum ersten Mal, als ich vier Jahre alt war. Mein Großvater kaufte mir ein Dreirad und schob mich an, während ich darauf fuhr, und wir lachten und spielten zusammen. Es war eine ganz besondere Zeit und ich liebte ihn sehr. Jedes Mal, wenn ich die goldene Glocke läutete, die er am Lenker befestigt hatte, rief er: "Passt alle auf, Etta kommt!" Etta war sein besonderer Name für mich.

Kurz nachdem ich meinen vierten Geburtstag gefeiert hatte, starb mein Großvater. Seitdem weigerte ich mich, auch nur in die Nähe meines Dreirads zu gehen. Meine Eltern versuchten alles, um mich zum Fahren zu ermutigen, da sie wussten, dass ich es so geliebt hatte, aber ich konnte nicht. Ich wollte nicht. (Schon als kleines Kind war ich sehr willensstark und stur, wenn es mir passte.) In diesem Fall, ohne meinen Großvater, verlor das Dreirad seinen ganzen Zweck.

Eines Nachmittags, als ich im Garten war, fing es an zu spucken. Ich wollte nicht ins Haus gehen. Mein Dreirad stand im Garten und es sah einsam aus ohne mich. Ich wollte nicht, dass es nass wird. Ich hatte Angst, der Regen könnte die Klingel beschädigen. Ich wusste genau, dass mein Großvater meine Nachlässigkeit nicht gutheißen würde.

Also fing ich an, sie zu schieben, und schon bald liefen mir die Tränen übers Gesicht. Ich vermisste meinen Großvater und sehnte mich danach, ihn meinen Namen rufen zu hören. Keiner nannte mich mehr "Etta". Es war, als ob ein Teil von mir mit ihm gestorben wäre.

Großvater nahm sich immer Zeit für mich und ohne ihn fühlte ich mich einsam. Ich schaute in den Himmel und läutete trotzig die Glocke. Ich läutete und läutete, während mir die Tränen über das Gesicht liefen. Die Regentropfen stimmten mit ein, als ob sie wüssten, wie einsam und elend mein Leben ohne ihn war.

Plötzlich lagen seine Hände auf meinen Schultern und er sagte: "Passt alle auf, Etta kommt!", und ich läutete die Glocke und er schubste mich, und wir lachten und spielten, und der Regen wurde immer heftiger.

Blanchetta holte ein Taschentuch aus ihrer Handtasche und tupfte sich zierlich die Tränen aus den Augen. Sie schnäuzte sich so laut, dass alle ihre Köpfe zu uns drehten und uns anstarrten. Ich ging durch den Raum und kämpfte gegen die Tränen an, während ich Blanchettas Hand tätschelte. Sie war untröstlich, also bestellte ich noch einen Mai Tai. Blanchetta schüttete ihn zurück und fuhr dann mit ihrer Geschichte fort.

Da wusste ich, dass ich eine besondere Gabe hatte. Aber ich hatte Angst, was passieren würde, wenn ich es jemandem erzählte, also behielt ich es für mich.

F: Hast du deine "Gabe" jemals benutzt, um bei Hausaufgaben und Prüfungen zu helfen?

A: Ja, ich muss zugeben, das habe ich. Meine erste Erfahrung mit der Lektüre eines Stücks von

William Shakespeare war dans L 'Ecole. "Wie es euch gefällt" war das Stück, das unser Lehrer ausgewählt hatte, und ich konnte es beim besten Willen nicht verstehen. Warum unser Lehrplan ein so schwieriges Stück vorsah, werde ich nie erfahren.

Also wandte ich mich an "The Bard" persönlich, um meinen persönlichen Nachhilfelehrer zu bekommen. Ich erzählte ihm von meinen Problemen, "Wie es euch gefällt" zu verstehen - und Mr. Shakespeare wurde zu Jacques, der seinen Monolog mit Leidenschaft vortrug. Ich kann ihn heute noch vor mir sehen:

WIE ES IHM GEFÄLLT

Akt II, Szene VII

Die ganze Welt ist eine Bühne,

Und alle Männer und Frauen nur Spieler;

Sie haben ihre Ausgänge und ihre Eingänge,

Und ein Mann spielt zu seiner Zeit viele Rollen,

Seine Akte sind sieben Zeitalter. Am Anfang steht das Kleinkind,

der wimmernd und kotzend in den Armen der Amme liegt.

Dann der wimmernde Schuljunge mit seinem Schulranzen

und leuchtendem Morgengesicht, der wie eine Schnecke schleicht

Unwillig in die Schule. Und dann der Liebhaber,

Seufzend wie ein Ofen, mit einer klagenden Ballade

An die Augenbraue seiner Geliebten. Dann ein Soldat,

Voller seltsamer Schwüre und bärtig wie der Bauer

Eifersüchtig auf die Ehre, plötzlich und schnell im Streit,

Er suchte den Ruf der Blase

Sogar im Mund des Kanonikers. Und dann die Gerechtigkeit,

Mit schönem, rundem Bauch, mit gutem Kapaun gefüttert,

Mit strengen Augen und förmlich geschnittenem Bart,

Voller kluger Sprüche und moderner Beispiele;

Und so spielt er seine Rolle. Das sechste Alter wechselt

In den mageren und schlüpfrigen Pantaloon

Mit Brille auf der Nase und Beutel an der Seite;

Seine jugendliche Hose, gut gerettet, ist eine Welt zu weit

Für seinen geschrumpften Unterschenkel und seine große männliche Stimme,

die sich wieder dem kindlichen Diskant zuwendet, pfeift

Und pfeift in seinem Klang. Die letzte Szene von allen,

die diese seltsame, bewegte Geschichte beendet,

Ist zweite Kindlichkeit und bloßes Vergessen,

Ohne Zähne, ohne Augen, ohne Geschmack, ohne alles. (1)

Madame Delatours Monolog rief bei der Menge stehende Ovationen hervor. Als sie von der

Tischplatte herabstieg, verbeugte sie sich vor ihrem Publikum. Der Kellner kam mit einer Flasche Dom Perignon und ließ den Korken knallen, während der Beifall weiter anhielt. Gemeinsam erhoben Madame Delatour und ich unsere Gläser, um uns für das Geschenk eines Mitessers zu bedanken und das Gespräch fortzusetzen.

Nachdem Mr. Shakespeare seine Rezitation beendet hatte - I GOT IT! Herr Shakespeare war nicht nur ein erfolgreicher Dramatiker und Dichter, sondern hatte auch ein verborgenes Talent für die Schauspielerei. Er forderte mich auf, seine Werke - wann immer möglich - live zu sehen, um sie voll zu schätzen.

Ich erklärte ihm, dass seine Werke immer noch überall auf der Welt live aufgeführt werden. Er schien sich über seine Langlebigkeit zu freuen und dann erwähnte ich die Debatten, die im Laufe der Jahre über die Urheberschaft seiner Werke geführt wurden. Er schien über einige der falschen Behauptungen nicht überrascht zu sein, aber er war wirklich verblüfft, als ich ihm die Vermutung eröffnete, dass seine geliebte Frau Anne Hathaway die Werke verfasst hat.

Neben Mr. Shakespeare habe ich Albert Einstein, Alexander Graham Bell, Mahatma Gandhi, Winston Churchill und unzählige andere getroffen und mit ihnen gesprochen. Mit der Zeit habe ich durch Planung und Konzentration verstanden, dass ich meine Gäste mit jedem Kontakt ein bisschen länger behalten kann. Heute kann ich einen Gast maximal dreißig Minuten halten.

F: Hast du dich jemals in eine der Personen verliebt, die du kontaktiert hast?

A: Eines Morgens im Jahr 1972 wachte ich auf und Jim Morrison, der umwerfende Sänger von "The Doors", lag neben mir im Bett! Ja, das ist wahr!

Er lag da, von der Taille aufwärts nackt (und ich war mir nicht sicher, in welchem Zustand er sich unter der Decke befand!) Er starrte an die Decke, hatte beide Arme um seinen Kopf gelegt und sang "Riders in the storm, riders in the storm, into this world we're born, into this world we're thrown, like a dog without a bone, an actor without a home, riders on the storm." (2)

Zuerst war ich zu schockiert, um etwas zu sagen. Bescheiden kuschelte ich mir die Decke um den Hals und errötete heftig.

Jim rollte sich auf die Seite, stützte sich auf seinen Ellbogen und hörte mitten im Satz auf zu singen. Er schaute mir tief in die Augen. Mein Herz flatterte wie ein Vogel in einem Käfig. Er sagte: "Ich glaube, du hast ein oder zwei Fragen an mich?"

Ich zerbrach mir den Kopf, um etwas zu sagen, aber mir fiel nichts ein. Ich platzte mit etwas heraus, das absolut keinen Sinn ergab, und er warf die Decke weg und stand auf (Gott sei Dank hatte er schwarze Hosen an!).

Er fing an, auf meinem Bett auf und ab zu hüpfen und sang: "Hallo, ich liebe dich, willst du mir nicht deinen Namen sagen, Hallo, ich liebe dich, lass mich auf deinem Spiel springen." (3)

Ich dachte, das Dach würde einstürzen (ganz zu schweigen von meinem Bett!) Ich hörte meine Mutter und meinen Vater unten schreien: "Arret Arret! Blanchetta Arret!"

Jim sang und hüpfte weiter, wie ein Kind auf einem Trampolin. Ich lachte hysterisch und weinte gleichzeitig. Ich saß wie erstarrt da, als ich meine Mutter und meinen Vater die Treppe hochkommen hörte. Als sie an meiner Tür ankamen, fing es an zu hämmern. (Zum Glück schloss ich meine Schlafzimmertür nachts immer ab.)

Jim winkte, sprang so hoch wie er konnte und verschwand in der Decke. Ich habe unsere Begegnung nie vergessen und liebe ihn seither. Oft schaue ich mir Wiederholungen seines Auftritts in der "The Ed Sullivan Show" an und mein Herz gerät wieder einmal ins Flattern. Das ist das Schlimmste an meiner "Gabe".

F: Meinst du, wenn du jemanden auf die Erde zurückholst, kannst du nie wieder mit ihm oder ihr in Kontakt treten?

A: Manchmal, wenn ich von einer Zeitperiode in die nächste gehe, versuchen Menschen auf der anderen Seite, meine Aufmerksamkeit zu erregen. Stell dir vor, du wirbelst durch die Zeitalter und verschiedene tote Menschen - manchmal böse, manchmal gut und fast immer sehr berühmt - greifen nach dir und versuchen, sich an deinen Rockschößen festzuhalten.

Sie versuchen, dich zu zwingen, sie mitzunehmen, damit sie die Möglichkeit haben, wieder in dieses Leben einzutreten - und sei es nur für ein paar Minuten.

F: Manchmal böse? Bitte erkläre das!

A: Mich schaudert es, wenn ich an die Zeit denke, als Jack the Ripper mich packte und versuchte, durch das Zeitportal in die Gegenwart zu gelangen. Ich war gerade dabei, einen Termin für ein Interview mit Lord Tennyson zu vereinbaren, als Jack mich so unhöflich unterbrach und versuchte, den Prozess zu sabotieren. Ich musste den Kontakt zu Mr. Tennyson abbrechen und darum kämpfen, dass Jack nicht die Kontrolle übernimmt. Er war stärker, als ich es mir je hätte vorstellen können. Es kostete mich alles, ihn abzuschütteln.

Meine Gedanken wanderten zurück zu dem Tag, an dem Madame Delatour in Ohnmacht fiel. Nur das Riechsalz brachte sie zurück zu uns. Als sie wieder zu sich kam, zitterte sie von Kopf bis Fuß. Zwei große Chivas Regals - neat halfen, ihre Nerven zu beruhigen. Nach einer kleinen Selbstmedikation bestand sie darauf, Lord Tennyson noch einmal zu kontaktieren.

Ich protestierte und sagte, wir sollten warten, bis sie sich erholt hatte, aber Blanchetta rief aus: "Jack the Ripper hat zu seiner Zeit genug Panik verursacht, um ein Leben lang zu überleben, und er wird die Zukunft nicht terrorisieren." Das Interview mit Lord Tennyson verlief ohne Probleme.

F: Ein Dichter scheint dich sehr häufig anzusprechen: Lord Byron. Hattest du in letzter Zeit Kontakt zu ihm?

A: Oh ja, mein Ja. Wenn ich niemanden habe, den ich kontaktieren kann, dann kontaktiert er mich. Er wartet sehnsüchtig auf dein Interview. Er hat viel zu sagen und versteht, dass wir die Interviews nach Wunsch priorisieren müssen. Er ist sehr kokett und wird ein interessantes Thema sein.

F: Würdest du gerne erzählen, wie wir Blanchetta kennengelernt haben?

A: Ihr wart in Frankreich, am Eiffelturm. Es war das Jahr 1996. Du warst auf einer Reise, um deine Muse wiederzufinden. Ich versuchte, meiner "Gabe" zu entkommen.　Wir trafen uns am Eiffelturm und redeten eine ganze Weile. Ich versuchte, dir zu helfen, indem ich ein Gedicht von Charles Baudelaire zitierte:

Nichts existiert ohne einen Zweck.

Deshalb hat meine Existenz einen Zweck. Welchen Zweck?

Ich weiß es nicht.

Ich bin es also nicht, der ihn zugewiesen hat.

Es ist also jemand, der mehr weiß als ich.

Deshalb muss ich darum beten, dass dieser Jemand mich aufklärt.

Das ist der weiseste Vorsatz. (4)

Während ich sprach, erschien Charles Baudelaire. Danach wurden du und ich Freunde. Wir schrieben uns und sprachen immer wieder über Gedichte, Schriftsteller und Literatur.

Schließlich beschlossen wir, die Welt an unseren Interviews mit legendären Schriftstellern aus dem Jenseits teilhaben zu lassen. So ist die Idee für dieses Buch entstanden.

In diesem Moment kam unser Essen und unser Interview fand ein abruptes Ende. Trotzdem hoffe ich, dass es dir gefallen hat, Madame Delatour kennenzulernen.

Guten Appetit!


Cathy McGough
Deine Interviewerin von Legendary Writers From Beyond

# LORD TENNYSON UND ICH

Dieses Kapitel ist meiner lieben Großmutter Mabel Cahill gewidmet, die mich in Tennysons Poesie eingeführt hat.

GUTEN MORGEN ZUSAMMEN! HEUTE werden wir mit dem Besuch unseres ganz besonderen Gastes Alfred, Lord Tennyson beehrt, der sich uns bald anschließen wird!

Lord Tennyson wurde im Jahr 1809 geboren und lebte bis 1892. Im zarten Alter von dreiunddreißig Jahren war er so berühmt wie heute ein Rockstar oder ein Filmschauspieler. Er erhielt Briefe von Frauen aus der ganzen Welt, von jungen und alten - Frauen, die von seinem meisterhaften Umgang mit der englischen

Sprache begeistert waren (ganz zu schweigen von seinem gut aussehenden Aussehen).

Aber es waren nicht nur die Frauen, die die Werke von Lord Tennyson liebten. Stell dir junge Soldaten vor, die dieses Gedicht rezitieren, während sie in die Schlacht geführt werden:

DER ANGRIFF DER LEICHTEN BRIGADE
Eine halbe Meile, eine halbe Meile,
eine halbe Meile vorwärts,
Ganz im Tal des Todes
ritten die sechshundert.
'Vorwärts, die leichte Brigade!
Stürmt zu den Kanonen!', sagte er:
In das Tal des Todes
ritt die Sechshundertschaft.
'Vorwärts, die leichte Brigade!'
War da jemand erschrocken?
Nicht, obwohl der Soldat wusste
Jemand hatte einen Fehler gemacht:
Sie durften nicht antworten,
Sie haben nicht zu überlegen, warum,
sondern zu tun und zu sterben:
In das Tal des Todes
ritten die sechshundert.
Kanonen rechts von ihnen,
Kanonen links von ihnen,
Kanonen vor ihnen
Sie schossen und donnerten
Stürmten mit Schrot und Granaten

Sie ritten kühn und gut,
In den Rachen des Todes,
In den Schlund der Hölle
ritten die sechshundert.
Ihre Säbel blitzten blank,
blitzten, als sie sich in der Luft drehten,
und säbelten die Kanoniere dort,
Sie stürmten eine Armee, während
Die ganze Welt staunte:
Sie stürzten sich in den Rauch der Batterien
durchbrachen sie die Linie;
Kosaken und Russen
taumelten vor dem Säbelhieb
Zerschmettert und zerbrochen.
Dann ritten sie zurück, aber nicht,
Nicht die sechshundert.
Kanonen rechts von ihnen,
Kanonen zur Linken von ihnen,
Kanonen hinter ihnen
Schossen und donnerten;
Stürmten sie mit Schrot und Granaten,
Während Pferd und Held fielen,
Sie, die so gut gekämpft hatten
Kamen durch den Rachen des Todes
Aus dem Schlund der Hölle zurück,
Alles, was von ihnen übrig war,
Von sechshundert übrig.
Wann kann ihr Ruhm verblassen?
Oh, der wilde Angriff, den sie machten!

Die ganze Welt staunte.
Ehret den Angriff, den sie machten!
Ehret die Leichte Brigade,
Edle Sechshundert! (1)

Wenn du immer noch Zweifel an der Kraft von Lord Tennysons Texten hast, dann komm näher und ich erzähle dir eine Geschichte über ihn, die du nie vergessen wirst!

Stell dir Folgendes vor: Ein Hauptmann der britischen Armee verstaut eilig ein Exemplar von Lord Tennysons Gedichten in der Brusttasche seiner Uniform und eilt dann auf das Schlachtfeld, wo er erschossen wird. Er fällt auf den Boden, umklammert seine Brust und wartet auf den Schmerz. Nichts passiert. Er greift in seine Tasche, holt das Buch heraus und entdeckt eine Kugel, die im Einband steckt.

Wäre es falsch zu sagen, dass die Worte von Lord Tennyson einem Mann das Leben gerettet haben? Das glaube ich nicht!

Lord Tennyson lebte in Epping Forest, England, und seine bevorzugte Tageszeit war der frühe Morgen, wenn er einen einsamen Spaziergang machte. Ich hoffe, er hat nichts dagegen, wenn ich mich ihm heute anschließe und mit ihm am atemberaubenden Cooks River spazieren gehe.

Da Lord Tennyson bei seiner Ankunft nicht angemessen gekleidet sein wird, um in der Öffentlichkeit gesehen zu werden, habe ich mir erlaubt, einen Trainingsanzug aus dem Second-Hand-Laden von St. Vincent de Paul für ihn zu kaufen. Außerdem habe ich ein Paar Adidas- und Nike-Laufschuhe sowie ein Paar Jesus-Sandalen von unserem örtlichen Heilsarmee-Laden besorgt, nur für alle Fälle.

Pünktlich um 7 Uhr morgens stand Madame Delatour auf und fuchtelte mit den Armen herum, während ihre Gewänder schwebten und ihre Ohrringe wie Windspiele klirrten. Nachdem sie sich von dem zuvor erwähnten Überfall erholt hatte (Stichwort: Jack the Ripper), dauerte es nicht lange, bis sie Lord Tennyson kontaktieren konnte. Ich wartete gespannt darauf, dass er auftauchte - ich war immer noch fasziniert von diesem Vorgang.

Und siehe da, Lord Tennyson - der vielleicht größte Lyriker, der je gelebt hat - stand vor mir.

Er war groß, und ich konnte verstehen, warum er mit Herkules und Apollo verglichen wurde. (2) Seine Augen waren warm und hatten den Farbton von Walnüssen. Er hatte eine lange, markante Nase und lockiges, dichtes Haar, das Delilah am liebsten in die Finger bekommen hätte. Er trug eine lange schwarze Weste, schwarze Hosen, hohe Stiefel und ein graues Halstuch. Er hatte eine ruhige Eleganz an sich, die mir Lust auf einen Knicks machte. Als ich ihm meine Hand reichte, küsste er sie sanft und tat dann dasselbe mit Madame Delatours Hand. Lord Tennyson war ein richtiger Charmeur.

Ich erklärte ihm meine Idee - einen Morgenspaziergang mit ihm zu machen - und fragte ihn, ob es ihm etwas ausmachen würde, sich ein passendes Kostüm für das Jahr 2002 anzuziehen. Er stimmte mit Begeisterung zu.

Als er wieder zu uns stieß, war die Verwandlung ziemlich erstaunlich. Lord Tennyson sah in seinen neuen Kleidern ziemlich adrett aus. Er kommentierte die Weichheit der Stoffe und sagte, er fühle sich in seiner neuen Kleidung wohl. Der Trainingsanzug und die Jesus-Sandalen passten ihm wie angegossen.

Ich drückte den ferngesteuerten Garagentoröffner, als wir die Treppe hinunter und in unsere dunkle Garage gingen. Lord Tennyson rief laut "Der Himmel bewegt sich!", als er sah, wie sich die Tür wie ein Vorhang hob und uns einlud, Sydney zu erkunden. Als wir die Mitte der Garage erreichten, nahm sich Lord Tennyson einige Minuten Zeit, um unseren Honda Legend zu untersuchen und Fragen nach seinem Zweck zu stellen. Ich versprach, dass wir eine Spritztour machen könnten, wenn wir Zeit hätten.

Bevor wir die Garage verließen, äußerte Lord Tennyson eine Bitte. Er wollte das Garagentor noch einmal öffnen und schließen. Ich erlaubte es ihm, aber nur einmal - schließlich war er ein Adliger - dann machten wir uns auf den Weg.

F: Viele große Schriftsteller waren deine Freunde wie: Carlyle, Swinburne, Eliot und Emerson. Nenne einen Schriftsteller, den du nicht kennengelernt hast, den du aber gerne kennengelernt hättest?

A: Ich habe Lord Byron nie getroffen. Ich war fünfzehn, als die Nachricht von seinem Tod wie eine schreckliche Katastrophe den freudigen Morgen meines Lebens verdunkelte. Ich erinnere mich, dass ich auf einem Felsen in der Nähe meines Elternhauses in dem kleinen Dorf Somersby ein Epitaph geschnitzt hatte, auf dem stand: "BYRON IST TOT." (3)

F: Ich habe einige bemerkenswerte Geschichten über deine Arbeit gehört, besonders über "In Memoriam", das du zum Gedenken an den Tod deines besten Freundes und Dichterkollegen Arthur Hallam geschrieben hast. Du musst dich gefreut haben, als Queen Victoria es las.

A: Ja, Königin Victoria erhielt ein Exemplar meines Buches, als sie inmitten ihrer Trauer über den Verlust des Herzogs von Wellington war. Ich habe gehört, dass ihr beim Lesen mancher Zeilen meines Werkes die Tränen kamen und dass meine Worte sie trösteten. Die kleine Lady von Windsor machte mir eine große Ehre, indem sie mich zum Poet Laureate ernannte. Ich lächelte und bemerkte: "Warum sollte ich egoistisch sein und nicht zulassen, dass der Literatur in meinem Namen eine Ehre erwiesen wird?" (4)

An diesem Punkt unseres Spaziergangs näherten wir uns dem Kinderpark, und viele rannten die glitschigen Rutschen hinauf und hinunter, schaukelten und kletterten auf den Klettergerüsten.

Die Eltern schauten zu, beaufsichtigten und unterhielten sich. Lord Tennyson fragte, ob wir anhalten und zuschauen könnten, und so setzten wir uns auf eine Parkbank.

F: Was ist deine schönste Kindheitserinnerung?

A: Ich war vielleicht fünf Jahre alt, als der englische Märzwind durch den Garten fegte. Ich weiß noch, wie ich kopfüber gegen die Elemente anrannte, mit den Händen wedelte und schrie: "Ich höre eine Stimme, die im Sturm spricht!" Es war ein Gefühl der Macht, dass jemand oder etwas versuchte, mit mir zu kommunizieren. So ein Hochgefühl habe ich noch nie erlebt. (5)

F: Ich weiß, dass Spiritualität eine sehr große Rolle in deinem Leben gespielt hat. Kannst du mir sagen, was Jesus Christus für dich bedeutet?

A: Was die Sonne für die Blume ist, ist Jesus Christus für mich. Ich bin erstaunt über den Glanz von Christi Reinheit und Heiligkeit und über seine unendliche Schönheit. (6)

F: Darf ich dich überzeugen, mir ein Gedicht vorzutragen?

A: Überzeugen? Meine Liebe, versuch mich aufzuhalten!

DER BUCH

Ich komme aus den Gefilden der Blässhühner und Hühner,

Ich mache einen plötzlichen Vorstoß,

und funkle zwischen den Farnen hervor,

um ein Tal hinunterzuzanken,
Durch dreißig Hügel eile ich hinunter,
Oder schlüpfe zwischen die Kämme,
Durch zwanzig Stacheln, eine kleine Stadt,
Und ein halbes Hundert Brücken.
Bis ich schließlich an Phillips Farm vorbeikomme
in den reißenden Fluss mündet,
Denn Menschen können kommen und Menschen
können gehen,
   aber ich gehe immer weiter.
Ich klappere über steinige Wege,
In kleinen Tönen und Tönen,
Ich plätschere in wirbelnde Buchten,
Ich plätschere auf den Kieselsteinen.
Mit vielen Kurven sorge ich für meine Ufer
Durch manches Feld und Brachland,
Und manch feenhaftes Vorland
Mit Weidengras und Malven.
Ich chartere, plappere, während ich fließe
Um mich mit dem reißenden Fluss zu vereinen,
Denn Menschen können kommen und Menschen
können gehen,
   aber ich fahre immer weiter.
Ich schlängel mich hin und her, rein und raus,
Hier eine Blüte, die segelt,
Und hier und da eine lustige Forelle,
Und hier und da eine Äsche.
Und hier und da eine schäumende Flocke
Auf mich, während ich reise,

Mit manch silbriger Wasserbrechung
Über dem goldenen Kies,
Ich ziehe sie alle mit, und fließe
und fließen in den überquellenden Fluss,
Denn Menschen kommen und Menschen gehen,
Aber ich gehe immer weiter.
Ich stehle mich durch Wiesen und grasbewachsene
Grundstücke,
Ich gleite durch Haselnusssträucher;
Ich bewege die süßen Vergissmeinnicht
die für glückliche Liebende wachsen.
Ich gleite, ich gleite, ich trübe, ich schaue,
zwischen meinen gleitenden Schwalben;
Ich lasse die netzartigen Sonnenstrahlen tanzen
gegen meine sandigen Untiefen.
Ich murmle unter Mond und Sternen
in der Brombeerwildnis;
Ich verweile an meinen Kieselsteinen,
Ich schleiche um meine Kressen herum;
Und wieder hinaus biege ich mich und fließe
um mich mit dem überquellenden Fluss zu
vereinen,
Denn Menschen kommen und Menschen gehen,
aber ich gehe immer weiter. (7)

Nach der ersten Strophe begann sich eine Menschenmenge um uns herum zu versammeln. Die Kinder hörten auf zu spielen. Die Eltern hörten auf, durch die Gegend zu eilen. Die Möwen und Galahs waren still. Der Wind war atemlos, ebenso wie die

Bäume. Als Lord Tennyson seinen Vortrag beendete, bewegte sich niemand mehr. Es herrschte Stille. Völlige und absolute Stille.

Ich wünschte mir, "Zugabe! Zugabe!", aber ich wusste, dass die Uhr tickte. Wir verabschiedeten uns von allen und setzten unseren Weg über die Brücke fort. Wir hielten an, um über unsere Überlegungen nachzudenken und ich fragte:

F: Warum glaubst du, dass "In Memoriam" so viele verschiedene Dinge für so viele verschiedene Menschen bedeutet?

A: Das Gedicht war mehr der Schrei der ganzen Menschheit als meiner. Wenn Gott diesen starken Instinkt und die universelle Sehnsucht nach einem anderen Leben zulässt, ist das sicherlich in gewissem Maße eine Vermutung für seine Wahrheit. Wir können die mächtigen Hoffnungen, die uns zu Menschen machen, nicht aufgeben. Und diejenigen unter uns, die geliebt und verloren haben, sollten sich mit dem Gedanken trösten, dass nichts ziellos umherläuft ... kein einziges Leben wird vernichtet oder als Abfall in die Leere geworfen, wenn Gott den Haufen vollständig gemacht hat. Wir, die wir mit unseren Sorgen zurückgelassen wurden und deren Verstand der eines Kleinkindes ist, das in der Nacht tappt, dürfen uns niemals schämen zu sagen: Wir brauchen nicht zu verstehen; wir lieben. (8)

F: Du und deine Frau Emily seid seit vierzig Jahren verheiratet. Bitte erzähl mir, wie ihr euch kennengelernt habt?

A: Es war vierzehn Jahre vor der Veröffentlichung von "In Memoriam" - als ich noch in der Lehre als Dichter war - als ich die Hochzeit meines Bruders Charles besuchte. Nach der Zeremonie lernte ich eine der Brautjungfern kennen. Sie war zierlich und anmutig, und ich flüsterte ihr zaghaft zu: "Oh, glückliche Brautjungfer, mach mich zu einer glücklichen Braut." Als wir unseren 40. Jahrestag feierten, schenkte ich meiner Braut Rosmarin und Rosen. Wir waren an diesem Tag genauso glücklich wie an dem Tag, an dem wir geheiratet haben. (9)

F: Lord Tennyson, unsere Zeit läuft schnell ab, und ich möchte dir noch eine Frage stellen. Welchen Rat möchten Sie den Dichtern in der Zukunft geben?

A: Die Worte des Dichters müssen eine dreifache Funktion erfüllen. Sie müssen dem inneren Auge Farbe, dem inneren Ohr Musik und dem innersten Herzen Hoffnung geben. (10)

Ich dankte ihm für seine Inspiration und dafür, dass er mich auf meinem Weg begleitet hatte. Ich bot ihm zwei Möglichkeiten an, wie er das Jahr 2002 verlassen wollte. Möchte er wieder seine eigenen Sachen anziehen oder eine Spritztour in meinem Auto machen?

Er zögerte nicht lange und wir sprangen ins Auto und fuhren mit U2 aus den Lautsprechern los.

Während wir durch unsere Nachbarschaft fuhren, winkte Lord Tennyson jedem zu, der uns begegnete, und lachte schelmisch, wenn sie ihm antworteten.

Ich kann nicht schwören, dass es stimmt, aber ich glaubte, ihn mit Bono mitsingen zu hören, als er den Refrain von "It's a Beautiful Day, Don't Let It Get Away" anstimmte. (11) Unsere Blicke tauschten sich aus, als er zu verblassen begann. Er zwinkerte mir sanft zu und verschwand.

Bald sang ich allein zu U2 und machte mich auf den Heimweg. Als sich das Garagentor öffnete, rezitierte ich das lyrische Gedicht, das Tennyson gegen Ende seines Lebens geschrieben hatte und das auf seinen Wunsch immer am Ende jeder Veröffentlichung stand: (12)

DIE BAR ÜBERQUEREN
Sonnenuntergang und Abendstern,
Und ein klarer Ruf für mich!
Und möge es kein Stöhnen der Bar geben,
wenn ich aufs Meer hinausfahre,
Aber eine solche Flut, die sich bewegt, scheint zu schlafen,
Zu voll für Lärm und Schaum,
Wenn das, was aus der grenzenlosen Tiefe kam
sich wieder nach Hause wendet.
Dämmerung und Abendglocke,
Und danach die Dunkelheit!
Und möge es keine Traurigkeit des Abschieds geben,

wenn ich aufbreche;

Auch wenn die Flut mich weit weg von Ort und Zeit

Die Flut mag mich weit tragen,

hoffe ich, meinen Piloten von Angesicht zu Angesicht zu sehen

wenn ich die Bar erklommen habe. (13)

Mit der Lektüre von Lord Tennysons Werken kannst du nichts falsch machen, aber diese Auswahl erhält von mir die höchste Empfehlung:

Idyllen des Königs

Enoch Arden

Die Lotusfresser

Die Prinzessin

Die Herrin der Schalotte

Morte d'Arthur

Odysseus

Becket

Die Hesperiden

Der Tagtraum

Der Palast der Kunst

Königin Maria

Harold

The Miller's Daughter

Nichts wird sterben

Der alte Weiser

Die zwei Stimmen

Der Fortschritt des Frühlings

Merlin und der Schimmer

Die Maikönigin

Maud und andere Gedichte
Lucretius
Ode auf den Tod des Herzogs von Wellington
Die zwei Stimmen
Das Versprechen des Mai
Der Pokal.

Ta-ta bis zum nächsten Mal!

Cathy McGough
Deine Interviewerin von Legendary Writers From
Beyond

# EDGAR ALLAN POE ZUR HEXENSTUNDE

HERZLICH WILLKOMMEN! WENN IHR nur sehen könntet, wie mein Balkon jetzt aussieht. Er ist in Kerzenlicht getaucht! Vierzig Kerzen, um genau zu sein - zur Feier eines jeden Lebensjahres unseres Gastes.

Ja! Edgar Allan Poe wird sich heute Abend zu uns gesellen - zur Geisterstunde und die rückt schnell näher.

Mr. Poe wurde am 19. Januar 1809 geboren. Während wir auf seine Ankunft warten, werde ich das Gedicht vorlesen, das er seiner Braut Virginia Clemm gewidmet hat:

ANNABEL LEE

Es war vor vielen, vielen Jahren,

In einem Königreich am Meer,

Ein Mädchen lebte dort, das du vielleicht kennst
Mit dem Namen Annabel Lee;
Und dieses Mädchen lebte mit keinem anderen Gedanken
als mich zu lieben und von mir geliebt zu werden.
Ich war ein Kind und sie war ein Kind,
in diesem Königreich am Meer,
Aber wir liebten uns mit einer Liebe, die mehr als Liebe war,
Ich und meine Annabel Lee
Mit einer Liebe, die die geflügelten Seraphen des Himmels
Sie und mich begehrten.
Und das war der Grund, warum wir vor langer Zeit
in diesem Königreich am Meer,
Ein Wind aus einer Wolke wehte und fröstelte
Meine schöne Annabel Lee
So dass ihre hochgeborenen Verwandten kamen
Und sie von mir wegtrugen,
Um sie in ein Grab zu sperren
In diesem Königreich am Meer.
Die Engel, nicht halb so glücklich im Himmel,
beneideten sie und mich
Ja! Das war der Grund (wie alle Menschen wissen,
In diesem Reich am Meer)
Dass der Wind in der Nacht aus der Wolke kam,
Er fror und tötete meine Annabel Lee.
Aber unsere Liebe war weitaus stärker als die Liebe
derer, die älter waren als wir,

Von vielen, die viel weiser waren als wir;
Und weder die Engel oben im Himmel,
noch die Dämonen unter dem Meer,
können jemals meine Seele von der Seele der
der schönen Annabel Lee trennen!
Denn der Mond strahlt nie, ohne mir Träume zu
bringen
von der schönen Annabel Lee;
Und so liege ich die ganze Nacht über an der Seite
meines Schatzes - meines Schatzes - meines Lebens
und meiner Braut,
In ihrem Grab dort am Meer,
In ihrem Grab an der rauschenden See. (1)
Sentimentaler Narr, der ich bin - Mr. Poes Worte ließen mir das Herz in die Kehle steigen. Ich holte mein Taschentuch heraus und versuchte, mich wieder auf die Fragen zu konzentrieren, die ich ihm stellen wollte. Dann sah ich auf und bemerkte, dass nicht Mr. Poe gekommen war, um uns zu begrüßen - es war seine geliebte Frau Virginia Clemm!

Madame Delatour hielt ihre Hand und führte sie zu mir, während Virginia ihr Geheimnisse ins Ohr flüsterte, die ich nicht hören konnte.

Virginia nickte, lächelte, machte einen Knicks und setzte sich auf den Stuhl gegenüber von mir. Madame Delatour fragte, ob sie mich einen Moment unter vier Augen sprechen könne, und wir entschuldigten uns beide aus Virginias Gegenwart. Ich deutete auf den Tisch mit den Kuchen und dem Gebäck und lud sie ein, sich daran zu bedienen. Aufgeregt griff sie nach einem Teller, als ich die Balkontür hinter mir schloss.

"Cathy, Virginia möchte ihren Edgar kontaktieren. Sie hat ihn seit dem Tag, an dem sie starb, nicht mehr gesehen.

An jenem verhängnisvollen Wintertag, als die Nebenwirkungen des geplatzten Blutgefäßes in ihrem Hals unerträglich wurden, wurde Virginia auf ein Bett gelegt, das nur aus Stroh und Laken bestand. Offensichtlich lebten Virginia und Edgar in extremer Armut.

Das arme Ding hatte nur ein kleines Kätzchen, das Edgar ihr gegeben hatte, um sie warm zu halten, und Edgars Mantel. Er hielt ihre eiskalten Hände in seinen, und ihre Mutter rieb ihre Füße, um die Erfrierungen zu verhindern.

Cathy können wir nicht zulassen, dass Virginia weiterhin ganz allein durch den Himmel wandert. Aber unsere Entscheidung wird Konsequenzen haben, denn Edgar wird weniger lange bei uns sein."

Ich sah Virginia an. Sie war erst dreiundzwanzig Jahre alt, als sie starb. Ihre malerische Schönheit. Ihre dunklen, warmen Augen. Ihr starker Sinn für Ziele. Blanchetta hatte Recht, wir mussten die Liebenden wieder zusammenbringen - es gab keine andere Wahl.

Ich nickte zustimmend und Madame Delatour verschwand, um Mr. Poe zu rufen.

Während wir warteten, schenkte ich Virginia eine starke Tasse heißen Tee ein und sie schüttete schnell acht Teelöffel Zucker in ihre Royal Doulton und seufzte schwer, als sie den ersten Schluck nahm.  Als sie einen zweiten Schluck nehmen wollte, begannen ihre Hände wild zu zittern, und ich eilte zu ihr, um meine antike Tasse mit Untertasse in die Hand zu nehmen. Ich wickelte ihr einen Mantel um die Schultern, drehte mich um und sah Edgar Allan Poe leibhaftig vor mir.

Er trug einen schwarzen Anzug mit einer knielangen Jacke, die so zugeknöpft war, dass eine apfelrote Krawatte und ein schneeweißes Hemd darunter zu sehen waren. Seine Augen waren ernst und grüblerisch, und sein Haar fiel ihm wie ein Vorhang über die Stirn. Seine Nase zeugte von Stärke, und sein bärtiger Mund verzog sich zu keinem Lächeln, als er zuerst Madame Delatour, dann mich und schließlich seine Frau ansah.

Diese klaren, traurigen Augen begannen zu tränen, wurden voller und voller und liefen schließlich über, als er zu ihr ging und sie an seinen Busen drückte. Sie war immer noch wie ein Kind, denn er umarmte sie, und sie schien sich willig darin zu verlieren.

Die Minuten vergingen, und dann setzte sich Edgar hin. Virginia kletterte auf seinen Schoß und hielt ihn fest um den Hals. Sie wollte ihn nicht einen Moment lang loslassen.

F: Ihr zwei seht sehr gemütlich aus, wenn ihr euch aneinander kuschelt. Vielleicht könnt ihr eine liebgewonnene Erinnerung teilen?

Ich wusste, dass sie beide an genau denselben Moment dachten, als sie Blicke austauschten. Dann begann Edgar zu sprechen, mit einer sanften und weichen Stimme:

A: Es war im Depot Hotel in der Stadt New Hope, wo wir den schönsten Tee tranken, den du je getrunken hast, stark und heiß - Weizenbrot und Roggenbrot - Käse - Teekuchen (elegant), eine große Schinkenplatte und zwei kalte Kalbfleischplatten, die wie ein Berg in großen Scheiben aufgetürmt waren - drei Teller mit den Kuchen und alles im Überfluss. Ich hatte nur zehn Dollar und wir haben das meiste davon für dieses Essen ausgegeben, aber es hat uns sehr gut geschmeckt. (2)

Virginia seufzte tief, als Edgar ihr über das Haar strich und ich ihnen beiden eine starke Tasse Tee einschenkte. Virginia brauchte meinen Mantel nicht mehr, um sich warm zu halten: Edgar war ihre Decke.

F: Mr. Poe, ich habe irgendwo gelesen, dass Sie für die Veröffentlichung von "Der Rabe" eine läppische Summe von 10,00 Dollar bekommen haben. Das kann doch wohl nicht wahr sein?

A: Bitte nenn mich Edgar. Du bist ein Freund von Virginia und mir. Aber leider ist es wahr. Mein größtes Werk aller Zeiten, und doch blieb ich ein trauriger, einsamer, hungriger Schriftsteller in schwarzem Gewand, der Menschen traf, die mich kannten, die mich als Schriftsteller bewunderten und doch wussten, dass ich Träume träumte, die kein Sterblicher je zuvor geträumt hatte. (3)

F: Kriminell! "Der Rabe" ist immer noch eines der am meisten verehrten Gedichte aller Zeiten. Ich habe irgendwo gelesen, dass Charles Dickens dich dazu inspiriert hat, es zu schreiben.

A: Charles Dickens war auf Tournee durch die Vereinigten Staaten und ich hörte, dass er nach Richmond kommen würde, wo ich lebte. Ich schickte ihm einen Brief und lud ihn zum Mittagessen in ein Hotel in der Innenstadt von Richmond ein. Mr. Dickens nahm die Einladung an und kam allein zu mir. Als wir uns zum Mittagessen setzten, bemerkte ich, dass er geweint hatte. Ich fragte ihn, was los sei, und er sagte: "Ich hatte gehofft, du würdest nicht weinen:

Ich hatte gehofft, Sie würden es nicht bemerken, Mr. Poe, aber da Sie gefragt haben, gebe ich Ihnen eine ehrliche Antwort. Bevor ich England verließ, um nach Amerika zu kommen, gab es eine persönliche Tragödie in meiner Familie und ich habe darüber nachgedacht. Ich habe eine Frau und drei Kinder und ein Haustier mit dem Namen "Grip". Wir liebten unser Haustier "Grip" fast so sehr, wie wir uns gegenseitig liebten. Bevor ich weggefahren bin, habe ich mit meiner Familie einen Wochenendurlaub gemacht. Wir taten das, was wir immer mit "Grip" taten: Wir sperrten ihn in unseren Stall. Wir ließen reichlich Futter und Wasser da und dachten, dass es ihm während unserer Abwesenheit gut gehen würde. Aber wir hatten nicht bemerkt, dass sich im Stall eine große Farbdose befand, deren Deckel abgefallen war.

Leider hatte die Farbe eine Farbe, die genau wie Wasser aussah. Der arme Grip war verwirrt und trank aus Versehen die ganze Farbe aus. Stell dir unseren Schock vor, Mr. Poe, als wir nach unserer Rückkehr die Stalltür aufschlossen und der arme "Grip" dort lag - flach auf dem Rücken, steif wie ein Brett, die Beine gerade nach oben gestreckt, eiskalt tot.

Der Ausdruck "eiskalt tot" hallte in meinem Kopf nach. Ich fragte ihn: Was war der arme kleine "Grip"? Eine Katze oder ein Hund?

Und Mr. Dickens antwortete: Oh, nein, Mr. Poe, wir haben keine normalen Haustiere in unserer Familie. Eigentlich war "Grip" ein großer, liebenswerter schwarzer Rabe. (4)

An diesem Abend ging ich nach Hause und überarbeitete ein Gedicht, das ich über ein Mädchen namens "Lenore" geschrieben hatte. Es war schon mehrmals abgelehnt worden. Ich änderte den Titel in "Der Rabe" und alle applaudierten mir.

F: Warum, glaubst du, hat "Der Rabe" die Leser so gefesselt?

A: Ich wollte das erste Märchen für Erwachsene schreiben. Die Kritiker fragten mich, warum ich es nicht mit "Es war einmal" begonnen habe, und ich habe es ihnen gesagt: Aber ich habe es so eröffnet. In meiner Vorstellung ist alle Zeit um Mitternacht trist. (5)

F: Würdest du bitte eine Kleinigkeit für uns vorlesen?

A: Hört zu, hört zu, denn in der Ferne hört ihr vielleicht:

DIE GELÄUTE

Hört die Schlitten mit den Glocken -

Silberne Glocken!

Was für eine Welt der Fröhlichkeit ihre Melodie vorhersagt!

Wie sie bimmeln, bimmeln, bimmeln,

In der eisigen Luft der Nacht!

Während die Sterne, die den ganzen Himmel bestreuen

den ganzen Himmel bestreuen, scheinen zu funkeln

mit kristalliner Freude;

Sie halten den Takt, den Takt, den Takt,

In einer Art Runenreim,

Zum Klang der Glocken, die so musikalisch erklingen

Von den Glocken, Glocken, Glocken, Glocken,

Glocken, Glocken, Glocken -

Vom Klingeln und Bimmeln der Glocken.

Hört die sanften Hochzeitsglocken,

Goldene Glocken!

Was für eine Welt des Glücks kündigt ihre Harmonie an!

Durch die milde Luft der Nacht

Wie sie ihre Freude verkünden!

Aus den geschmolzenen, goldenen Tönen,

Und alles im Einklang,

Welch ein flüssiges Liedchen schwebt

Zur Turteltaube, die zuhört, während sie sich
auf dem Mond!
Oh, aus den klingenden Zellen,
Welch ein Schwall von Wohlklang quillt hervor!
Wie er anschwillt!
Wie er verweilt
Auf die Zukunft! Wie sie erzählt
Von der Verzückung, die uns
Zum Schwingen und Läuten
Von den Glocken, Glocken, Glocken,
Von den Glocken, Glocken, Glocken, Glocken,
Glocken,
Glocken, Glocken, Glocken -
der Reim und das Läuten der Glocken!
Hört die lauten Alarumglocken -
Unverschämte Glocken!
Was für eine Geschichte des Schreckens erzählt ihr
Getöse jetzt!
Im erschrockenen Ohr der Nacht
schreien sie ihr Entsetzen heraus!
Sie sind zu sehr erschrocken, um zu sprechen,
Sie können nur schreien, schreien,
Verstimmt,
In einem lauten Appell an die Barmherzigkeit des
Feuers,
In einem verrückten Disput mit dem tauben und
rasenden Feuer,
Sie springen höher, höher, höher,
Mit einem verzweifelten Verlangen,

Und einem entschlossenen Bemühen,
Jetzt - jetzt sitzen oder nie,
An der Seite des bleichen Mondes.
Oh, die Glocken, die Glocken, die Glocken!
Was für eine Geschichte erzählt ihr Schrecken
Von der Verzweiflung!
Wie sie klirren und klappern und dröhnen!
Was für ein Grauen sie verströmen
In den Schoß der klopfenden Luft!
Doch das Ohr weiß es ganz genau,
Durch das Klirren,
und das Klirren,
Wie die Gefahr schwankt und fließt:
Doch das Ohr weiß es ganz genau,
Durch das Klirren,
Und dem Gezänk,
Wie die Gefahr sinkt und anschwillt,
Durch das Sinken oder Anschwellen im Zorn der
Glocken -
der Glocken...
Der Glocken, Glocken, Glocken, Glocken,
Glocken, Glocken, Glocken -
Im Geschrei und im Geläut der Glocken!
Hört das Läuten der Glocken -
Eiserne Glocken!
Was für eine Welt der feierlichen Gedanken, die ihre
Melodie hervorruft!
In der Stille der Nacht,
Wie wir vor Angst zittern

Vor der melancholischen Bedrohung durch ihren
Klang!
Denn jeder Ton, der aus dem
Aus dem Rost in ihren Kehlen
ist ein Stöhnen.
Und das Volk - ach, das Volk -
Die oben im Kirchturm wohnen,
Ganz allein
Und die, läutend, läutend, läutend,
In diesem dumpfen Monoton,
Fühlen eine Herrlichkeit, wenn sie so
Auf dem menschlichen Herzen einen Stein.
Sie sind weder Mann noch Frau.
Sie sind weder Tier noch Mensch.
Sie sind Ghouls:
Und ihr König ist es, der läutet;
Und er rollt, rollt, rollt,
Rollt
Ein Loblied auf die Glocken!
Und sein fröhlicher Busen schwillt
Mit dem Lobgesang der Glocken!
Und er tanzt und schreit;
Er hält den Takt, den Takt, den Takt,
In einer Art Runenreim,
zum Lobgesang der Glocken.
der Glocken:
Er hält den Takt, den Takt, den Takt,
In einer Art Runenreim,
Auf das Pochen der Glocken -

Von den Glocken, Glocken, Glocken -
Zum Schluchzen der Glocken;
Im Takt, im Takt, im Takt,
Während er klöppelt, klöppelt, klöppelt,
In einem fröhlichen Runenreim,
Zu dem Rollen der Glocken -
der Glocken, Glocken, Glocken:
Zum Läuten der Glocken,
der Glocken, Glocken, Glocken, Glocken -
Glocken, Glocken, Glocken -
Auf das Stöhnen und Seufzen der Glocken. (6)

F: Danke, Edgar. Bitte erzähle mir von der außergewöhnlichen Technik, die du während deiner Ausbildung zum Journalisten angewandt hast?

Edgar lächelte, nahm die Hände seiner Geliebten in die seinen, küsste sie und antwortete dann:

A: Wenn ich über eine Reise in einem Ballon schreibe und möchte, dass andere glauben, dass ich eine solche Reise gemacht habe, wie kann ich das tun, ohne Dinge zu benutzen, die um mich herum existierten, um meine Leser zu überzeugen? In einigen meiner Bücher führe ich Gespräche mit Toten und Leichen, die zum Leben erweckt werden - diese Dinge, diese Orte, an die mich mein Geist führen würde, konnten mich aber nur bis zu einem gewissen Punkt bringen. Ist das Leben nicht ein Schwindel, eine fantastische Vision, die ein göttlicher Dichter aus dem epischen Albtraum eines teuflischen Geistes plagiiert hat, liebe Frau? Warum sollte dann nicht auch ich, ein menschlicher Dichter, die fantastischen Visionen anderer menschlicher Geister plagiieren? (7)

Ich habe mich oft auf fremde Bücher bezogen, von denen sich bei Nachforschungen herausstellte, dass sie nie existierten. Ich war nie durch unzureichende Bildung gehandicapt. Ich liebte es, mein erworbenes Wissen durch Zitate von Passagen aus Sprachen, von denen ich nichts wusste, zur Schau zu stellen. (8)

F: Welchen Rat würdest du Schriftstellerinnen und Schriftstellern im Jahr 2002 und darüber hinaus geben?

A: Lerne, dich an Abgabetermine zu halten. Verlasse dich auf Inspiration. Schreibe schnell. Schreibe in einer ungeordneten Art und Weise. (9)

F: Unsere Zeit geht zu Ende, Mr. Poe, und wie ich sehe, ist deine reizende Dame eingeschlafen und hat ihre Arme sanft um dich gelegt. Ich würde dir gerne eine letzte Frage stellen. Bist du in erster Linie ein Künstler oder ein Dichter?

A: Ich bin in erster Linie ein Künstler. Ich habe die Groteske und die Arabeske gemalt. Ich interessierte mich für das Schöne, nicht für das Wahre. Der Sinn für Schönheit ist ein unsterblicher Instinkt, der tief im Geist des Menschen verankert ist. Mein Ziel war es, Schönheit durch die Musik der Worte hervorzurufen, indem ich alle möglichen literarischen Zaubertricks einsetzte, wie z. B. Neuheit, Zitate, Wiederholungen, unerwartete Wendungen, Seltsamkeiten ... Sätze und Gefühle mit süßen Klängen, die sich einer Analyse einfach entziehen. Kein Kunstwerk sollte jemals eine Moral aufzeigen oder eine Wahrheit verkörpern. Das ist meine Meinung. So habe ich gelebt. (10)

Genau in diesem Moment flogen Hunderte von Flughunden durch die Lüfte und kreischten wie die Todesfeen. Wir reagierten auf ihre Stimmen, indem wir aufstanden - aber als ich zur Seite sah, bemerkte ich, dass sowohl Mr. Poe als auch Virginia in der Nacht verschwunden waren.

Vielleicht sind sie auf den Flügeln der Fledermäuse davongeflogen und schmiegen sich jetzt aneinander in Sydneys Royal Botanical Gardens.

Da ich die Dinge nicht so lassen konnte, wie sie waren, setzte ich mich hin und begann, dieses Gedicht im Schein des Mondes laut vorzulesen:

AN EINEN IM PARADIES

Du warst all das für mich, Liebe,

Wonach meine Seele sich sehnte;

Ein grünes Eiland im Meer, Liebe,

Ein Springbrunnen und ein Schrein

Umkränzt von Feenfrüchten und Blumen,

Und all die Blumen gehörten mir.

Ach, du Traum, der zu hell ist, um zu dauern!

Oh, sternenklare Hoffnung, die sich erhob

Und doch ist sie verhüllt!

"Weiter! Weiter!" - aber über der Vergangenheit

(Trübe Kluft!) schwebt mein Geist

Muss, regungslos, fassungslos.

Denn, ach! ach! Mit mir

Das Licht des Lebens ist erloschen!
Nie mehr - nie mehr - nie mehr -
(Solche Sprache hält das feierliche Meer
An den Sand am Ufer)
soll der donnernde Baum blühen,
Oder der angeschlagene Adler aufsteigen.
Und all meine Tage sind Trance,
Und all meine nächtlichen Träume
Sind dort, wo dein graues Auge blickt,
Und wo dein Schritt schimmert -
An jenem ewigen Strome. (11)

Dann blies ich eine Kerze nach der anderen aus - 40 Wünsche schwebten in den Himmel - Virginia und Edgar zusammen in alle Ewigkeit.

Madame Delatour schnarchte sehr laut, als ich das Haus wieder betrat. Ich fühlte mich unvollständig, was Mr. Poe betraf, aber ich hatte das Gefühl, dass die Wiedervereinigung der beiden Geister es wert war.

Ich hoffe, dass du den Wunsch verspürst, mehr über die Werke von Edgar Allan Poe herauszufinden. Schau dir diese Auswahl an und ich garantiere dir, dass du mehr wissen willst:

The Fall of the House of Usher
Die Maske des roten Todes
Der Schläfer
Ein Traum im Traum
Die Stadt und das Meer
Traumland
Zu einem im Paradies

Die schöne Ärztin
Der verwunschene Palast
Der Eroberungswurm
Der Rabe
Allein
Der geheimnisvolle Stern
Epigramm für die Wall Street
Die Morde in der Rue Morgue
Die Grube und das Pendel
Märchenland
Die glücklichsten Tage
Die Ode an die Maikönigin
Die Macht der Worte
Wie man einen Blackwood-Artikel schreibt
Wette nie mit dem Teufel um deinen Kopf - Eine Geschichte mit Moral
Der entwendete Brief
Die längliche Schachtel.
Tschüss, tschüss!

Cathy McGough
Deine Interviewpartnerin für legendäre Schriftsteller aus dem Jenseits

# SHELLEY BEWUNDERT COOKS RIVER

MADAME DELATOUR BETRAT DAS Wohnzimmer ohne unseren Gast des Tages: Percy Bysshe Shelley. Sie machte ihren wütenden Gang - während ihre großen lila Reif-Ohrringe synchron mit ihrem Pferdeschwanz auf und ab wippten. Sie trug ihren lila Umhang mit fluoreszierenden Sternen und Monden, die sie aufgestickt hatte. Ihre Armbänder klirrten aneinander, als sie die Terrassentür öffnete und sagte:

"Was soll ich tun, Cathy? Was soll ich nur tun? Es ist Lord Byron. Er flirtet ständig mit mir und bietet mir an, ihn vor Mr. Shelley zu interviewen. Er will sehen, wie zwei Frauen im Jahr 2002 sind. Er glaubt, dass er mit zwei Frauen aus der Zukunft viel besser umgehen kann als Mr. Shelley, und leider neigt Mr. Shelley dazu, ihm zuzustimmen. Er hindert Mr. Shelley daran, hinüberzugehen. Was soll ich tun? Was sollen wir tun?"

Lord Byron hatte eine Frechheit! Seine Vergangenheit mit Frauen war bekannt und ein Interview mit ihm wäre sehr interessant. Die Interviews werden jedoch auf Anfrage von Lesern, Familien und Freunden ausgewählt. Mr. Byrons Interview war angefragt worden, aber er stand ziemlich weit unten auf der Liste.

Ich überredete Madame Delatour, Lord Byron mitzuteilen, dass wir uns das Beste für den Schluss aufheben würden. Lord Byrons legendäres Ego würde es glauben und hoffentlich würden die Dinge mit Mr. Shelley wieder ins Lot kommen.

Percy Bysshe Shelley wurde am 4. August 1792 (ein Löwe!) in Sussex, England, geboren. Viele Jahre nach seinem Tod sagte William Wordsworth über Shelley, er sei "einer der besten Künstler von uns allen, was die Kunstfertigkeit des Stils angeht."

Percy schloss Freundschaft mit dem Philosophen William Godwin und verliebte sich sofort in dessen Tochter Mary (obwohl er bereits verheiratet war und Kinder hatte). Nach dem tragischen Selbstmord seiner ersten Frau versuchte er, das Sorgerecht für seine Kinder zu bekommen, was ihm jedoch verwehrt wurde. Angewidert von Englands Rechtssystem verließ er das Land und schwor, nie wieder zurückzukehren.

Shelley und Mary zogen bald darauf nach Italien, wo er die letzten Jahre seines Lebens verbringen sollte. Am 8. Juli 1822 gerieten Shelley und sein Freund in einem kleinen Boot in Lerici, Italien, an der Küste des Golfs von Spezia, in einen plötzlichen Sturm. Ihre Leichen wurden an die Küste gespült und nach italienischem Recht in Anwesenheit der Freunde und Dichterkollegen Trelawney, Hunt und Byron am Strand eingeäschert. Seine Asche wurde nach Rom gebracht und neben dem Grab seines lieben Freundes John Keats beigesetzt.

Shelley war ein leidenschaftlicher Dichter, aber seine erste Liebe galt der Poesie, was in seinem Essay "The Four Ages of Poetry" von Thomas Love Peacock deutlich zum Ausdruck kommt.

Darin erklärte Herr Peacock, dass die Kunst des Dichtens bald aussterben würde, weil sich die Menschen den großen und dauerhaften Interessen der menschlichen Gesellschaft zuwenden würden. (1)

Hier ist ein Auszug aus Mr. Shelleys Gegenrede:

EINE VERTEIDIGUNG DER POESIE

Poesie ist die Aufzeichnung der besten und glücklichsten Momente der glücklichsten und besten Geister. Wir sind uns der flüchtigen Besuche von Gedanken und Gefühlen bewusst, die manchmal mit einem Ort oder einer Person verbunden sind, manchmal nur unseren eigenen Geist betreffen und immer unvorhergesehen auftauchen und unaufgefordert wieder verschwinden, aber über alle Maßen erhebend und beglückend sind; so dass selbst in dem Wunsch und dem Bedauern, das sie hinterlassen, nur Freude liegen kann, da sie an der Natur ihres Gegenstandes teilhaben. Es ist gleichsam die Durchdringung einer göttlichen Natur durch unsere eigene; aber ihre Schritte sind wie die eines Windes über dem Meer, den die morgendliche Stille auslöscht und dessen Spuren nur auf dem faltigen Sand zurückbleiben, der ihn pflastert.

Diese und ähnliche Zustände des Seins werden vor allem von denjenigen erlebt, die über die feinste Empfindsamkeit und die größte Vorstellungskraft verfügen; und der durch sie hervorgerufene Geisteszustand steht im Krieg mit jedem niederen Wunsch. Der Enthusiasmus der Tugend, der Liebe, des Patriotismus und der Freundschaft ist im Wesentlichen mit solchen Emotionen verbunden; und solange sie andauern, erscheint das Selbst als das, was es ist: ein Atom für ein Universum.

Dichterinnen und Dichter sind diesen Erfahrungen nicht nur als Geister der feinsten Organisation unterworfen, sondern sie können alles, was sie verbinden, mit den flüchtigen Farben dieser ätherischen Welt färben; ein Wort, ein Zug in der Darstellung einer Szene oder einer Leidenschaft berührt den verzauberten Akkord und erweckt in denen, die diese Emotionen jemals erlebt haben, das schlafende, das kalte, das verschüttete Bild der Vergangenheit wieder. Die Poesie macht auf diese Weise das Beste und Schönste in der Welt unsterblich; sie hält die entschwundenen Erscheinungen fest, die in den Zwischenräumen des Lebens herumspuken, und verschleiert sie in Sprache oder Form und schickt sie unter die Menschheit, um denen, bei denen ihre Schwestern verweilen, süße Nachrichten von verwandter Freude zu bringen - verweilen, weil es keine Pforte gibt, die von den Höhlen des Geistes, die sie bewohnen, in das Universum der Dinge führt. Die Poesie erlöst die Heimsuchungen der Göttlichkeit der Menschen vom Verfall. (2)

So leidenschaftlich! So elegant geschrieben! Ich kann es kaum erwarten zu sehen, wie Mr. Shelley in Person ist.

Zu diesem Anlass habe ich einen Teller mit Vegemite-Sandwiches und Lamingtons vorbereitet, und eine Kanne mit heißem Tee wird gerade aufgebrüht. Es geht nichts über australische Gastfreundschaft!

Jetzt, meine Damen und Herren, sieht es so aus, als könnten wir loslegen, denn ich sehe, wie Mr. Shelley zu mir geführt wird. Schon von weitem wirken seine bezaubernden blauen Augen und sein langes, dunkelbraunes, lockiges Haar wie ein Engel. Er trägt einen superfeinen olivgrünen Mantel mit vergoldeten Knöpfen und eine gestreifte Marcela-Weste. (3) Sein Blick ist etwas gesenkt (vielleicht prüft er den Teppich), aber als er einen Blick auf die Glastüren erhascht, die auf den Balkon hinausführen, fährt er sich schnell mit den Fingern durch die Haare und geht geradewegs auf das Geländer zu:

Es ist genau wie auf der großen Veranda meines Hauses in Casa Magni, von der aus ich auf die Bucht von Spezia blicken konnte, wo es auch Meerblicke und Landschaften von unvergleichlicher Schönheit gab. (4) Gibt es Boote in der Nähe? Darf ich heute segeln?

Unsere Augen trafen sich zum ersten Mal, und aus der Nähe war er wie ein Kind, dem man nichts abschlagen konnte. Aber unsere Zeit war begrenzt und ich musste ihm sagen, was er sah, nämlich den Cooks River und nicht den Ozean, und ihm erklären, wo wir in Australien waren. Als ich bestätigte, dass wir keine Zeit zum Segeln hatten, schmollte er ein wenig, bis er von den ungewohnten Geräuschen der Kookaburras und Elstern abgelenkt wurde. In der Ferne tanzten die Eukalyptusbäume und Jacarandas im Wind, während ich Mr. Shelley eine Tasse Tee einschenkte.

Als wir uns setzten, starrte Mr. Shelley mir in die Augen. Als wir Kontakt aufnahmen, schaute er weg.

Ich wandte mich wieder meinen Notizen zu und bemerkte bald, dass seine Augen wieder auf meine gerichtet waren. Ich war mir nicht sicher, was er ansah. Eigentlich war ich mir in diesem Moment über gar nichts sicher. Ich spürte, wie mir die Röte auf die Wangen stieg.

Die Intensität seines Blicks hielt an.

Seit ich Interviews führe, habe ich in der Gegenwart dieser Meister ein Gefühl von Selbstvertrauen entwickelt. Im Allgemeinen fühle ich mich entspannt, wenn auch etwas ehrfürchtig.

Aber Mr. Shelleys ständiger Blick und sein Wegschauen machten mich unruhig.

Ich versuchte, meine Fassung wiederzuerlangen, indem ich einige Papiere durchwühlte, als er - der sensible Geist - meine rötliche Färbung bemerkte.

Ich bitte um Entschuldigung, meine Liebe. Ich wollte nicht, dass du dich unsicher fühlst. Es sind deine Augen. Deine durchdringenden haselnussbraunen Augen (5). Weißt du, ich habe sie schon einmal bei dem schönen und wohlgeformten Kopf meiner Frau Mary gesehen.

Einen Moment lang war ich sprachlos. Aber ich schaffte es, ein mäusehaftes Dankeschön herauszukitzeln. Ein paar Sekunden lang schauten wir in die Ferne, bis ich mich wieder voll unter Kontrolle hatte und das Interview begann.

F: Bitte erzähle mir von einem besonderen Moment, den du mit Mary erlebt hast.

A: Ich habe die Momente genossen, in denen sie mir zu der Stelle folgte, an der ich mein Boot festmachte. Dort lag sie mit ihrem Kopf auf meinem Knie und schloss ihre müden Augen. Ich streichelte ihren goldenen Kopf. Wir atmeten die Seeluft ein und ließen uns von der sanften Brise sanft einlullen. Es war, als wären wir in einer ganz eigenen Welt. (6)

F: Oh, wie romantisch! Das ist ein etwas seltsamer Themenwechsel, aber ich habe irgendwo gelesen, dass du und Mary Vegetarier seid? Heutzutage ist das ja eine sehr beliebte Lebensweise.

A: Ich fürchte, Vegetarier zu sein, war eine Notwendigkeit, keine Wahl. Wenn wir das Glück hatten, Fleisch kaufen zu können, haben Mary und ich dafür gesorgt, dass die Kinder es bekamen. Ich ernährte mich hauptsächlich von Brot, das ich immer in der Tasche trug, damit ich nicht ganz vergaß zu essen. Die Poesie gab mir Halt. (7)

F: Was hast du während deines freiwilligen Exils aus England am meisten vermisst?

A: Das Heimweh erwischte mich hin und wieder, und mein Mittel dagegen war die Lektüre der Werke der Seedichter und insbesondere der Worte von William Wordsworth. Unsere Dichter und unsere Philosophen, unsere Berge und unsere Seen, die ländlichen Wege und Felder, die uns so besonders gehören, sind Bindungen, die, wenn ich nicht völlig besinnungslos werde, niemals zerrissen werden können. Sie und die Erinnerung an sie, selbst wenn ich nie mehr zurückkehren sollte, sie und die Zuneigung des Geistes, mit dem sie einmal verbunden waren, sind untrennbar miteinander verbunden, selbst wenn ich auf Dauer nicht mehr zu ihnen zurückkehren sollte. (8)

Es ist auch sehr schwierig, eine gute Tasse Tee zu finden, wenn man im Ausland ist.

F: Wie kam es, dass du als "Mad Shelley" bekannt wurdest? (9)

A: Ich habe oft Experimente mit Chemikalien und Magie gemacht. Die anderen Kinder hänselten mich unerbittlich, folgten mir und gingen sogar auf sogenannte "Shelley-Jagden". Es gab jedoch einen Tag, an dem die Dinge wirklich eskalierten. Das war während meines Aufenthalts in Eton. Ich zeichnete einen Kreis und stellte mich in die Mitte des Kreises. Die anderen Schüler versammelten sich um mich, als ich Alkohol in einen kleinen Teller goss und ihn anzündete. Ich sah zu, wie es seine bläuliche Flamme annahm und begann dann Dinge zu rezitieren wie: "Dämonen, kommt heraus und schließt euch uns an!" Ein Lehrer bemerkte mich und fragte mich, was ich da mache. Ich sagte ihm, dass ich versuche, den Teufel zu erwecken. (10)

F: Stimmt es, dass du deine Geschwister bei deinen Experimenten benutzt hast?

A: Das Tagebuch meiner Schwester Hellen beschreibt meine Eskapaden am besten. Vergiss nicht, dass ich erst elf Jahre alt war:

Als mein Bruder sein Chemiestudium begann und mit uns Elektrizität ausprobierte, musste ich zugeben, dass meine Freude daran durch die Angst vor den Auswirkungen völlig zunichte gemacht wurde. Jedes Mal, wenn er mit einem Stück gefaltetem braunem

Packpapier unter dem Arm, einem Stück Draht und einer Flasche zu mir kam, sank mein Herz vor Angst, aber aus Scham schwieg ich, und mit so vielen anderen, wie er sammeln konnte, wurden wir Hand in Hand um den Kinderzimmertisch gesetzt, um unter Strom gesetzt zu werden. (11)

F: Apropos Strom - was hältst du von der Liebe?

A: Ich habe immer mehr von der Liebe erwartet, mehr von ihr verlangt, als sie mir zurückgeben konnte. Deshalb hat mich die Liebe immer enttäuscht. Man ist immer in irgendetwas verliebt; der Fehler besteht darin, im Bild das Ebenbild dessen zu suchen, was ewig ist. (12)

F: Wer hat deine Arbeit am meisten beeinflusst?

A: Unbestritten Platon. Platon war im Wesentlichen ein Dichter. Die Wahrheit und Pracht seiner Bilder und die Melodie seiner Sprache sind die intensivsten, die man sich vorstellen kann. Er lehnte die Harmonie in Gedanken ab, die keine Form und keine Handlung hatten, und er verzichtete darauf, regelmäßige Pausen in seinem Stil zu erfinden. (13) Ich übersetzte sein "Ion" - einen Teil von "Phased" und mehrere Epigramme. Das habe ich für ihn geschrieben:

MORGEN- UND ABENDSTERN

DU bist der Morgenstern unter den Lebenden,

Bevor dein schönes Licht verging;

Nun, da du gestorben bist, bist du wie Hesperus und gibst

den Toten neuen Glanz. (14)

Dennoch kann ich nicht umhin, mich an Dante zu erinnern. Dante war der erste Erwecker des entrückten Europas; er schuf aus dem Chaos der unharmonischen Barbarei eine Sprache, die in sich selbst Musik und Überzeugung ist. Er war der Versammler jener großen Geister, die der Wiederauferstehung der Gelehrsamkeit vorstanden, der Luzifer jener Sternenschar, die im dreizehnten Jahrhundert aus dem republikanischen Italien wie aus einem Himmel in die Dunkelheit der gottlosen Welt leuchtete. Jedes seiner Worte ist wie ein Funke, ein brennendes Atom eines unauslöschlichen Gedankens, und viele liegen noch in der Asche ihrer Geburt und sind schwanger mit einem Blitz, der noch keinen Leiter gefunden hat. (15)

F: Was ist ein Dichter?

A: Je nach den Umständen des Zeitalters und der Nation, in der sie auftraten, wurden Dichter in den früheren Epochen der Welt Gesetzgeber oder Propheten genannt: Ein Dichter umfasst und vereint im Wesentlichen beide Eigenschaften. Denn er betrachtet nicht nur intensiv die Gegenwart, wie sie ist, und entdeckt die Gesetze, nach denen die gegenwärtigen Dinge geordnet werden sollten, sondern er sieht die Zukunft in der Gegenwart, und seine Gedanken sind die Keime der Blüte der Frucht der letzten Zeit. Ich behaupte nicht, dass Dichter Propheten im groben Sinne des Wortes sind.

Ein Dichter hat Anteil am Ewigen, Unendlichen und Einzigen. (16)

F: Braucht ein Dichter eine formale Bildung oder einfach die Bildung des Lebens?

A: Es gibt eine Bildung, die für einen Dichter besonders geeignet ist und ohne die Genie und Sensibilität den Kreis ihrer Fähigkeiten kaum ausfüllen können... Die Umstände meiner zufälligen Erziehung waren für dieses Ziel günstig. Von klein auf war ich mit den Bergen, den Seen, dem Meer und der Einsamkeit der Wälder vertraut: Die Gefahr, die sich am Rande der Abgründe tummelt, war mein Spielkamerad. Ich habe die Gletscher der Alpen durchquert und unter dem Auge des Mont Blanc gelebt. Ich war ein Wanderer auf fernen Feldern. Ich bin auf mächtigen Flüssen gesegelt und habe gesehen, wie die Sonne auf- und untergeht und die Sterne aufgehen, während ich Tag und Nacht auf einem reißenden Strom zwischen Bergen gesegelt bin. Ich habe bevölkerte Städte gesehen und die Leidenschaften beobachtet, die unter den versammelten Menschenmassen aufsteigen und sich ausbreiten, untergehen und sich verändern.

Ich habe den Schauplatz der sichtbaren Verwüstungen von Tyrannei und Krieg gesehen; Städte und Dörfer, die zu verstreuten Gruppen schwarzer, dachloser Häuser reduziert wurden, und deren nackte Bewohner ausgehungert auf ihren trostlosen Schwellen saßen.

Ich habe mich mit lebenden, genialen Menschen unterhalten. Die Poesie des antiken Griechenlands und Roms, des modernen Italiens und unseres eigenen Landes war für mich wie die ewige Natur eine Leidenschaft und ein Genuss. Das sind die Quellen, aus denen ich das Material für die Bildsprache meiner Gedichte geschöpft habe. Ich habe die Poesie in ihrem umfassendsten Sinne betrachtet, habe die Dichter, Historiker und Metaphysiker gelesen, deren Schriften mir zugänglich waren, und habe die schöne und majestätische Landschaft der Erde als gemeinsame Quelle der Elemente betrachtet, die zu verkörpern und zu verbinden die Aufgabe des Dichters ist... Inwieweit ich das wesentlichere Attribut der Poesie besitze, nämlich die Kraft, in den anderen die gleichen Empfindungen zu wecken, die auch meinen eigenen Busen beleben, weiß ich, ehrlich gesagt, nicht. (17)

F: Was hältst du von deinem Dichterkollegen und Freund Lord Byron?

A: Lord Byron war ein äußerst interessanter Mensch, und als solcher ist es bedauerlich, dass er den übelsten und vulgärsten Vorurteilen verfallen war und so verrückt war wie der Wind! (18)

F: Das werde ich auf jeden Fall im Hinterkopf behalten, wenn ich ihn befrage! Du bist ziemlich viel gereist. Wenn du dich für eine Sehenswürdigkeit entscheiden müsstest, welche würdest du wählen?

A: Das Kolosseum: Die Zeit hat es in ein Amphitheater aus felsigen Hügeln verwandelt, die von wilden Olivenbäumen, Myrten und Feigenbäumen bewachsen sind und von kleinen Pfaden durchzogen werden, die sich zwischen den verfallenen Treppen und unermesslichen Galerien hindurchschlängeln; das Gehölz überschattet dich, wenn du durch seine Labyrinthe wanderst, und das wilde Unkraut des Blumenklimas blüht unter deinen Füßen... Ich konnte kaum glauben, dass das Gebäude, als es mit dorischem Marmor verkleidet und mit Säulen aus ägyptischem Granit verziert war, eine so erhabene und beeindruckende Wirkung haben konnte. (19)

F: Was möchtest du den Dichtern im Jahr 2002 mit auf den Weg geben?

A: Wir haben mehr moralische, politische und historische Weisheit, als wir in die Praxis umsetzen können; wir haben mehr wissenschaftliches und wirtschaftliches Wissen, als wir für die gerechte Verteilung der Produkte, die es vervielfältigt, unterbringen können. Die Poesie in diesen Denksystemen wird durch die Anhäufung von Fakten und Berechnungen verdeckt... Wir wollen das schöpferische Vermögen, uns das vorzustellen, was wir wissen; wir wollen den großzügigen Impuls, das zu tun, was wir uns vorstellen; wir wollen die Poesie des Lebens; unsere Berechnungen haben unsere Vorstellung überholt... Die Kultivierung der Wissenschaften, die die Grenzen des Reiches des Menschen über die äußere Welt vergrößert haben, hat die Grenzen der inneren Welt durch den Mangel an poetischem Vermögen verhältnismäßig stark eingeschränkt; und der Mensch, der die Elemente versklavt hat, bleibt selbst ein Sklave. (20)

F: Percy, bevor du gehst - könntest du bitte "Die Wolke" lesen. Es ist mein Lieblingsbuch.

A: Auf besonderen Wunsch hin, nur für dich, liebste Lady:

DIE WOLKE

Ich bringe frische Regenschauer für die durstigen Blumen,
von den Meeren und den Flüssen;
Ich spende hellen Schatten für die Blätter, wenn sie
In ihren mittäglichen Träumen.
Von meinen Flügeln wird der Tau geschüttelt, der die
Die süßen Knospen,
Wenn sie an der Brust ihrer Mutter zur Ruhe kommen,
Während sie um die Sonne tanzt.
Ich schwinge den Dreschflegel des peitschenden Hagels,
Und weiß die grünen Ebenen darunter,
Und dann löse ich sie wieder in Regen auf,
Und lache, wenn ich im Donner vorbeiziehe.
Ich siebe den Schnee auf den Bergen unter mir,
Und ihre großen Kiefern ächzen erschrocken;
Und die ganze Nacht ist mein Kopfkissen weiß,
Während ich in den Armen des Windes schlafe.
Erhaben auf den Türmen meines Himmelszeltes,

Sitzt der Blitz mein Lotse;
In einer Höhle darunter ist der Donner gefesselt,
Er zappelt und heult bei Anfällen;
Über Erde und Meer, mit sanfter Bewegung,
Dieser Pilot führt mich,
Gelockt von der Liebe der Genien, die sich
In den Tiefen des purpurnen Meeres;
Über die Flüsse, die Felsen und die Hügel,
Über die Seen und die Ebenen,
Wo immer er auch träumt, unter Bergen oder Flüssen,
Der Geist, den er liebt, bleibt;
Und ich sonne mich die ganze Zeit in des Himmels blauem Lächeln,
Während er sich im Regen auflöst.
Der sanguinische Sonnenaufgang, mit seinen Meteoraugen
Und seine brennenden Federn ausgebreitet,
Springt auf den Rücken meines Segelgestells,
Wenn der Morgenstern tot leuchtet;
Wie auf den Zacken einer Bergklippe,
Den ein Erdbeben erschüttert und schwankt,
Kann ein Adler einen Moment lang sitzen
Im Licht seiner goldenen Schwingen.
Und wenn die Sonne untergeht, atmet er aus dem erleuchteten Meer,
seine Glut der Ruhe und der Liebe,
Und die purpurne Wolke des Abends
von der Tiefe des Himmels herab,

Mit ausgebreiteten Flügeln ruhe ich in meinem irdischen Nest,

So still wie eine brütende Taube.

Die mit weißem Feuer beladene Jungfrau im Ornat,

die die Sterblichen den Mond nennen

gleitet schimmernd über meinen vliesartigen Fußboden,

Die mitternächtliche Brise streut;

Und wo immer der Schlag ihrer unsichtbaren Füße,

den nur die Engel hören,

Das dünne Dach meines Zeltes durchbrochen,

Die Sterne spähen hinter ihr und schauen;

Und ich lache, wenn ich sie wirbeln und fliehen sehe,

Wie ein Schwarm goldener Bienen,

Wenn ich den Riss in meinem vom Wind errichteten Zelt erweitere,

Bis die ruhigen Flüsse, Seen und Meere,

Wie Streifen des Himmels, die durch mich in die Höhe fallen,

mit dem Mond und den anderen gepflastert sind.

Ich binde den Thron der Sonne mit einer brennenden Zone,

und den des Mondes mit einem Gürtel aus Perlen;

Die Vulkane verdunkeln sich, und die Sterne taumeln und schwimmen,

Wenn die Wirbelstürme mein Banner entfalten.

Von Kap zu Kap, mit einer brückenartigen Form,

Über ein stürmisches Meer,

Sonnenstrahlsicher hänge ich wie ein Dach, -

Die Berge seine Säulen sind.

Der Triumphbogen, durch den ich marschiere

Mit Orkan, Feuer und Schnee,

Wenn die Mächte der Lüfte an meinen Stuhl gekettet sind,

Ist der millionenfarbige Bogen;

Das Sphärenfeuer darüber wob seine weichen Farben,

Während die feuchte Erde unten lachte.

Er hielt abrupt inne und bemerkte, dass ich die Worte weiter gesprochen hatte, räusperte sich, lächelte und fuhr fort...

Ich bin die Tochter der Erde und des Wassers,

Und der Säugling des Himmels;

Ich gehe durch die Poren des Ozeans und der Küsten,

Ich verändere mich, aber ich kann nicht sterben.

Denn nach dem Regen, wenn nie ein Fleck

Ist der Pavillon des Himmels kahl,

Und die Winde und die Sonnenstrahlen mit ihrem konvexen Schimmer

Bauen die blaue Kuppel der Luft auf,

lache ich im Stillen über meinen eigenen Kenotaph,

Und aus den Höhlen des Regens,

Wie ein Kind aus dem Mutterleib, wie ein Geist aus dem Grab,

erhebe ich mich und baue ihn wieder auf. (21)

Während er las, wurde er immer schwächer und schwächer, wie bei einer schlechten Übertragung, und als er die letzte Zeile beendet hatte, war er ganz verschwunden.

Ich hoffe, du hast dich von Shelley anstecken lassen und ermutige dich, seine Werke zu lesen.

Ich empfehle die folgenden:

Prometheus Unbound

Die Wolke

Adonais

Königin Mab

Die Maske der Anarchie

An eine Feldlerche

Ode an den Westwind

An den Mond

Ein Klagelied

Laon und Cyntha

Die Philosophie der Liebe

Hymne an den Geist der Natur

Der Traum des Dichters

Zeilen zu einer indischen Melodie

Die Cenci

An die Nacht

Ich fürchte deine Küsse

Der Flug der Liebe

Ozymandias von Ägypten

An eine Dame mit Gitarre

Die Einladung

Die Rückbesinnung

Der Geist der Einsamkeit

Alastor

Rosalind und Helen

Ein Traum vom Unbekannten

Musik, wenn leise Stimmen sterben

Die indische Serenade

Triumph des Lebens

Eine Verteidigung der Poesie.

Schau nächste Woche wieder vorbei, wenn Madame Delatour einen weiteren Gast in meine bescheidene Behausung bringt. Für den Moment braucht sie einen großen Scotch on the rocks, denn Lord Byron hängt immer noch wie ein böser Penny herum und versucht, uns zu überzeugen, ihn als Nächstes zu interviewen. Tut mir leid, das geht nicht, Lord Byron - die Öffentlichkeit entscheidet!

Ta, ta!


Cathy McGough

Deine Interviewerin für legendäre Schriftsteller aus dem Jenseits

# WILKIE COLLINS WEBT EINE GESCHICHTE

HAST DU SCHON DIE Werke von Wilkie Collins entdeckt? Wenn du in deinem örtlichen Buchladen noch nicht über einige seiner Romane gestolpert bist, dann hast du wirklich etwas verpasst!

Wilkie Collins wurde am 8. Januar 1824 in der New Cavendish Street in London, England, geboren. Wilkie Collins hat seinen Lesern ein riesiges Vermächtnis hinterlassen, das aus fünfundzwanzig Romanen, über fünfzig Kurzgeschichten, fast fünfzehn Theaterstücken und über hundert Sachbüchern besteht. Seine Romane "Der Mondstein" und "Die Frau in Weiß" sind zwei Klassiker. Wilkie Collins hatte eine juristische Ausbildung, die ihm beim Schreiben seiner melodramatischen, aber akribischen Krimis zugute kam.

Madame Delatour teilte mir mit, dass Mr. Collins auf dem Weg nach draußen sei - und innerhalb von Sekunden bemerkte ich, wie er auf mich zuging. Er schaute sich um, neugierig wie eine Katze, während ich mich vorstellte und ihm für sein Kommen dankte.

Er setzte sich kurz hin und richtete sich plötzlich auf, winkte energisch mit den Händen und deutete in den Himmel:  Wilkie Collins hatte die Kunst des Himmelsschreibens entdeckt.

Er beobachtete den Jetstream, wie ein Kind in Erwartung seiner Botschaft. Einen Moment lang dachte ich, er hätte ganz aufgehört zu atmen, so überwältigt war er von den Worten, die er schrieb.

Der Strahl hielt an und das Wort "Nokia" offenbarte sich meinem Gast. Er schaute mich an, dann auf die Nachricht und las sie immer wieder laut vor, als ob er einen Geheimcode entschlüsseln wollte.

Ich erklärte ihm die Bedeutung, und Mr. Collins war sehr enttäuscht. Er meinte, die Welt sei auf einem Tiefpunkt angelangt, wenn sie die Verschmutzung des Himmels für Werbung zulasse.

So hatte ich noch nie über das Himmelsschreiben nachgedacht... Bald darauf verblasste der Jetstream und unser Interview begann.

F: Wann hast du Charles Dickens zum ersten Mal getroffen?

A: Charles und ich trafen uns am 12. März 1851. Ich hatte die Rolle des Kammerdieners Smart in der Amateuraufführung von Bulwer-Lyttons Stück "Not So Bad as We Seem" angenommen. Charles war zwölf Jahre älter als ich und bereits ein bekannter Autor und eine öffentliche Person. Trotzdem wurden wir lebenslange Freunde. Ich widmete ihm 1854 mein Buch "Hide and Seek" (Verstecken und Suchen): "Charles Dickens ist diese Geschichte als Zeichen der Bewunderung und Zuneigung von seinem Freund, dem Autor, gewidmet."

Ich war fünf Jahre lang bei "Household Words" und später bei "All The Year Round" beschäftigt. Wir haben auch an Weihnachtsausgaben für beide Publikationen mitgearbeitet, darunter "No Thoroughfare". (1)

F: Hast du schon immer gerne Geschichten erzählt?

A: Als kleiner Junge wurde ich in der Second School in Highbury, wo ich Internatsschüler war, regelmäßig von dem Schulleiter schikaniert.

"Du wirst schlafen gehen, Collins", sagte er, "wenn du mir eine Geschichte erzählt hast."

Es war dieser Rüpel, der in mir, seinem armen Opfer, zum ersten Mal eine Kraft geweckt hat, von der ich ohne ihn vielleicht nie erfahren hätte... Als ich die Schule verließ, setzte ich das Geschichtenerzählen zu meinem eigenen Vergnügen fort. (2)

F: Du hast versucht, das Leben so zu zeigen, wie es war, obwohl das Publikum oft den Strauß machen wollte.

A: Wir haben uns so schamlos an Gewalt und Empörung gewöhnt, dass wir sie als notwendigen Bestandteil unseres Gesellschaftssystems anerkennen und unsere Wilden unter dem neu erfundenen Namen "Raufbolde" als einen repräsentativen Teil unserer Bevölkerung einstufen. Hunderte von anderen Schriftstellern haben die Aufmerksamkeit der Öffentlichkeit auf den dreckigen Rough in Fustian gelenkt. Wenn ich mich darauf beschränkt hätte, hätte ich alle meine Leser mitgerissen. Aber ich bin kühn genug, die Aufmerksamkeit auf den gewaschenen Rough in Broadcloth zu lenken - und ich muss mich vor Lesern verteidigen, die diese Sorte nicht bemerkt haben oder sie lieber ignorieren, obwohl sie sie bemerkt haben. Ist es im Interesse der Zivilisation nicht notwendig, gegen das Wiederaufleben der Barbarei zu protestieren, die behauptet, eine Wiederbelebung der männlichen Tugend zu sein, und die menschliche Dummheit ist tatsächlich dicht genug, um diese Behauptung zu akzeptieren? (3)

F: Es tut mir leid, dir mitteilen zu müssen, dass sich die Dinge heute nicht sehr verändert haben. Du fragst dich bestimmt, ob sie sich jemals ändern werden. Vielleicht wäre das ein guter Zeitpunkt, dich zu bitten, etwas aus einem deiner Bücher vorzulesen?

A: "Basil" war das zweite belletristische Werk, das ich geschrieben habe. Bei seinem Erscheinen wurde es von einer bestimmten Klasse von Lesern kurzerhand als Verstoß gegen ihren Anstand verurteilt. Ich wusste, dass "Basil" von reinen Leserinnen und Lesern nichts zu befürchten hatte, und überließ es diesen Seiten, mit ihren Vorzügen zu stehen oder zu fallen. Langsam und sicher bahnte sich meine Geschichte ihren Weg durch alle negativen Kritiken und erreichte einen Platz in der Gunst der Öffentlichkeit, den sie hoffentlich nie wieder verloren hat.

Dies ist ein Auszug aus Teil I, Kapitel II von:
BASIL

Ich könnte an dieser Stelle versuchen, meinen eigenen Charakter zu skizzieren, so wie er zu dieser Zeit war. Aber welcher Mensch kann schon sagen: "Ich werde die Tiefe meiner eigenen Laster ausloten und die Höhe meiner eigenen Tugenden messen, und ich werde so gut sein wie mein Wort? Wir können uns selbst weder kennen noch beurteilen; andere können uns zwar beurteilen, aber nicht kennen; Gott allein beurteilt und kennt uns auch. Mein Charakter soll sich - soweit ein menschlicher Charakter in dieser Welt in seiner Integrität erscheinen kann - in meinen Taten zeigen, wenn ich den einen ereignisreichen Abschnitt in meinem Leben beschreibe, der die Grundlage für diese Erzählung bildet. In der Zwischenzeit ist es notwendig, dass ich mehr über die Mitglieder meiner Familie erzähle. Mindestens zwei von ihnen werden für den Fortgang der Ereignisse auf diesen Seiten von Bedeutung sein. Ich versuche nicht, ihre Charaktere zu beurteilen; ich beschreibe sie nur - ob zu Recht oder zu Unrecht, weiß ich nicht - so, wie sie mir erschienen sind. (4)

F: Es wurde gesagt, dass du ein "zwanghafter Überarbeiter" bist. Ist diese Aussage richtig?

A: Fair? Was ist fair? Ich habe überarbeitet. Wenn mich jemand als "zwanghaften Überprüfer" bezeichnet, muss er die Manuskripte und Korrekturfahnen meiner Romane gesehen haben. Ich habe sie vor der Veröffentlichung gründlich überarbeitet, geändert, hinzugefügt und gestrichen, bis die Seite zu einem fast unlesbaren Palimpsest wurde. Wann immer eine Neuauflage eines Romans anstand, nutzte ich die Gelegenheit, ihn erneut zu überarbeiten. Meistens handelte es sich dabei um kleinere Änderungen an der Zeichensetzung und der Satzstruktur. Die Ausnahme war "Hide and Seek", wo die Änderungen viel umfangreicher waren. Es war meinem lieben Freund Charles Dickens gewidmet, deshalb musste ich es so perfekt wie möglich machen. Im Vorwort zur Ausgabe von 1861 schrieb ich: "Ich habe einige Passagen gekürzt und in vielen Fällen weggelassen, die die Geduld des Lesers stärker beanspruchen, als ich es jetzt für wünschenswert halte. (5)

F: Einige Kritiker behaupten, "Hide and Seek" sei autobiografisch, weil dein Familienhund "Snooks" darin vorkommt.

A: Leider war der einzige Teil von "Hide and Seek", der autobiografisch war, mein liebes Kätzchen

"Snooks". Ich erinnere mich, dass ich 1844 an meine Mutter schrieb und mich über das Verhalten des Hausmädchens ihm gegenüber beschwerte:

Ich habe ihr neulich einen Vortrag über Unmenschlichkeit gehalten. In ihrem Eifer für die Wissenschaft oder für ihre Küche (ich weiß nicht, was von beidem) versuchte sie, dem Kätzchen durch die Nase das wieder einzuführen, was das unschuldige Tier kurz zuvor als wertlos aus einem anderen und minderwertigen Teil seines Körpers ausgestoßen hatte. Charles (mein Bruder) versuchte, mit der Köchin über das Thema zu schimpfen. Ich versuchte es mit Philosophie bei dem Hausmädchen. Er scheiterte. Ich hatte Erfolg - die Nase von "Snooks" war gereinigt. (6)

F: Könntest du deine Vorstellungen über die Familie der Fiktion erläutern?

A: Ich bin der Meinung, dass der Roman und das Theaterstück Zwillingsschwestern in der Familie der Belletristik sind; dass das eine ein erzähltes Drama ist, während das andere ein gespieltes Drama ist; und dass alle starken und tiefen Emotionen, die der Autor eines Theaterstücks zu erregen vermag, auch der Autor eines Romans zu erregen vermag. Mit anderen Worten, ich habe mich nicht so weit herabgelassen, mich des Glaubens des Lesers an die Wahrscheinlichkeit meiner Geschichte zu versichern, aber ich habe ihn nicht ein einziges Mal um die Ausübung seines Glaubens gebeten. Die außergewöhnlichen Unfälle und Ereignisse, die nur wenigen Menschen widerfahren, schienen mir ein ebenso legitimer Stoff für die Fiktion zu sein - wenn man einen guten Zweck damit verfolgte - wie die gewöhnlichen Unfälle und Ereignisse, die uns allen widerfahren können und auch widerfahren. Indem ich an echte Quellen des Interesses innerhalb der eigenen Erfahrung des Lesers appellierte, konnte ich sicherlich zunächst seine Aufmerksamkeit gewinnen; aber nur, wenn ich an andere (ebenso echte) Quellen außerhalb seiner eigenen Erfahrung appellierte, konnte ich hoffen, sein Interesse zu wecken und seine Spannung zu steigern, seine tieferen Gefühle zu beschäftigen oder seine edleren Gedanken anzuregen. (7)

F: Ist es die Aufgabe des Romanciers, seinen Lesern Realismus zu vermitteln?

A: Für diejenigen, die von den hier genannten Grundsätzen abweichen, die leugnen, dass es die Aufgabe des Schriftstellers ist, mehr zu tun als nur zu unterhalten, die vor jeder ehrlichen und ernsthaften Erwähnung von Themen in Büchern zurückschrecken, an die sie privat denken und über die sie öffentlich sprechen, die versteckte Andeutungen sehen, wo nichts angedeutet wird, und unpassende Anspielungen, wo nichts Unpassendes angedeutet wird; deren Unschuld im Wort und nicht im Gedanken liegt; deren Moral auf der Zunge aufhört und nie zum Herzen vordringt - für diese Menschen würde ich es als Zeitverlust und schlimmer noch als die ausreichende Erklärung, die ich bereits gegeben habe, ansehen, wenn ich meine Beweggründe weiter erläutern würde. Ich wende mich in diesem Gespräch nicht an sie und werde auch nie daran denken, mich in einem anderen Gespräch an sie zu wenden. (8)

F: Ich glaube, du hast in "No Name" etwas versucht, was noch nie ein Romancier zuvor versucht hat.

A: Das einzige Geheimnis des Buches wurde in der Mitte des ersten Bandes gelüftet. Von da an wurden alle wichtigen Ereignisse der Geschichte absichtlich vorweggenommen, bevor sie eintraten - ich wollte das Interesse des Lesers wecken, die Umstände zu verfolgen, die zu den vorhergesehenen Ereignissen führten. Indem ich dieses neue Terrain ausprobierte, kehrte ich nicht im Zweifel dem Terrain den Rücken, das ich schon einmal betreten hatte. Mein einziges Ziel, das ich mit dem neuen Weg verfolgte, war es, meine Kenntnisse in der Kunst des Romanschreibens zu erweitern und die Form, in der ich den Leser anspreche, so attraktiv wie möglich zu gestalten. (9)

KEIN NAME

Die erste Szene

Die Zeiger der Fluruhr zeigten halb sieben Uhr morgens an. Das Haus war ein Landsitz in West Somerset Shire namens Combe-Raven. Es war der vierte März, und wir schrieben das Jahr 1846.

Keine Geräusche außer dem gleichmäßigen Ticken der Uhr und dem dumpfen Schnarchen eines großen Hundes, der auf einer Matte vor der Tür des Esszimmers lag, störten die geheimnisvolle morgendliche Stille in Flur und Treppenhaus. Wer waren die Schläfer, die sich in den oberen Räumen versteckten? Das Haus sollte seine Geheimnisse preisgeben und die Schläfer sollten sich einer nach dem anderen, während sie die Treppe hinunterstiegen, zu erkennen geben.

Als die Uhr Viertel vor sieben anzeigte, wachte der Hund auf und schüttelte sich. Nachdem er vergeblich auf den Lakaien gewartet hatte, der ihn hinauszulassen pflegte, irrte das Tier im Erdgeschoss ruhelos von einer geschlossenen Tür zur anderen, und als es verwirrt zu seiner Matte zurückkehrte, rief es die schlafende Familie mit einem langen, melancholischen Heulen.

Noch bevor die letzten Töne des Hundes verklungen waren, knarrte die Eichentreppe in den oberen Etagen des Hauses unter langsam herabsteigenden Schritten. Nach einer weiteren Minute erschien die erste der weiblichen Bediensteten mit einem schmuddeligen Wollschal über den Schultern - denn der Märzmorgen war düster, und Rheuma und die Köchin waren alte Bekannte.

Die Köchin empfing die ersten herzlichen Annäherungsversuche des Hundes mit der denkbar schlechtesten Anmut, öffnete langsam die Flurtür und ließ das Tier hinaus. Es war ein wilder Morgen. Die aufgehende Sonne bahnte sich ihren Weg über die weite Wiese und hinter die schwarzen Tannen;

schwere Regentropfen fielen in kurzen Abständen; der Märzwind zitterte um die Hausecken und die nassen Bäume schwankten müde. (10)

F: Ich bin mir sicher, dass unsere Leserinnen und Leser neugierig sind und in ihre Buchhandlung rennen werden, um zu erfahren, wie es weitergeht. Könntest du denjenigen, die "No Name" noch nicht gelesen haben, erklären, worum es in dem Buch geht?

A: Der Hauptzweck der Geschichte ist es, das Hauptinteresse des Lesers an einem Thema zu wecken, mit dem sich schon einige der größten lebenden und toten Schriftsteller beschäftigt haben - das aber nie ausgeschöpft wurde und auch nie ausgeschöpft werden kann, weil es ein Thema ist, das die ganze Menschheit ewig interessiert. Es ist ein weiteres Buch, das den Kampf eines menschlichen Wesens unter den gegensätzlichen Einflüssen von Gut und Böse schildert, die wir alle gespürt haben und die wir alle kennen. (11)

F: "No Name" erzählt, wie eine brutale Wendung des Schicksals die Existenz zweier Schwestern verändert. Romane, die über so ernste Themen geschrieben werden, haben selten Humor.

A: Ich habe versucht, die ernsten Passagen des Buches aufzulockern, nicht nur, weil ich glaubte, dass die Gesetze der Kunst mich dazu berechtigen, sondern auch, weil mich die Erfahrung gelehrt hat, dass es in der Welt um uns herum kein moralisches Phänomen gibt, das nicht mit Tragödien verbunden ist. Egal, wo wir hinschauen, die dunklen und hellen Fäden kreuzen sich ständig in der Struktur des menschlichen Lebens. (12)

F: Kein Autor hat es so gut wie Sie geschafft, die Leser in die von Ihnen geschaffene Welt zu locken. Ein perfektes Beispiel, das mir sofort einfällt, ist deine Kurzgeschichte: "Mr. Polizist und der Koch" - würdest du bitte die ersten paar Absätze der Geschichte vorlesen?

A: Wenn es die Zeit erlauben würde, würde ich sie ganz lesen. Aber aus Zeitgründen müssen diese wenigen Absätze genügen:

MR. POLIZIST UND DER KOCH

Ein erstes Wort für mich selbst

Bevor der Arzt mich eines Abends verließ, fragte ich ihn, wie lange ich wohl noch zu leben hätte. Er antwortete: "Das ist schwer zu sagen; vielleicht sterben Sie, bevor ich morgen früh wieder bei Ihnen bin, oder Sie leben noch bis zum Ende des Monats."

Am nächsten Morgen war ich lebendig genug, um an die Bedürfnisse meiner Seele zu denken und (als Mitglied der römisch-katholischen Kirche) den Priester zu holen.

Die Geschichte meiner Sünden, die ich in der Beichte erzählte, beinhaltete die schuldhafte Vernachlässigung einer Pflicht, die ich den Gesetzen meines Landes schuldete. Nach Meinung des Priesters - und ich stimmte ihm zu - war ich verpflichtet, meine Schuld öffentlich einzugestehen, als Akt der Buße, wie es sich für einen katholischen Engländer gehört. Wir kamen daraufhin überein, eine Arbeitsteilung zu versuchen. Ich schilderte die Umstände, während seine Hochwürden zur Feder griff und die Sache in Form brachte.

Hier folgt, was dabei herauskam: - (13)

Noch einmal, liebe Leserinnen und Leser, damit ihr wisst, was passiert ist, müsst ihr das Buch lesen!

F: Hast du einen Ratschlag, den du zukünftigen Schriftstellern mit auf den Weg geben möchtest?

A: Bring sie zum Lachen, bring sie zum Weinen und lass sie warten. (14)

Als Mr. Collins zu Ende gesprochen hatte, verschwand er für eine Sekunde und war dann verschwunden. Seine letzten Worte hallten in meinem Kopf nach, als ich sie mir immer wieder auf der Zunge zergehen ließ: "Bring sie zum Lachen, bring sie zum Weinen, bring sie zum Warten." Worte, nach denen man leben sollte!

Hier sind einige Werke von Mr. Collins, die du unbedingt auf deine MUST-READ-Liste setzen solltest:

Armadale

Die Frau in Weiß

Kein Name

Der Mondstein

Basil: Eine Geschichte des modernen Lebens

Das Geld meiner Frau

Das Erbe des Kain

Verstecken und Suchen

Mann und Frau
Kleine Romane
Das tote Geheimnis
Die Königin der Herzen
Gabriels Heirat
Streifzüge jenseits der Eisenbahnen
Keine Durchgangsstraße
Die arme Miss Finch
Die gefrorene Tiefe und andere Geschichten
Das Gesetz und die Dame
Das gefallene Laub
Das böse Genie
Die schwarze Robe
Das Spukhotel
Blinde Liebe
The Lazy Tour of Two Idle Apprentices.

Bis dahin: CHEERIO!

Cathy McGough
Deine Interviewerin von Legendary Writers From Beyond

# SILVESTER MIT ROBBIE BURNS

HERZLICH WILLKOMMEN IM TAM O'Shanter Pub. Nehmt euch ein kleines Schlückchen, während wir auf die Ankunft unseres Ehrengastes warten: Mr. Robbie Burns!

In der Zwischenzeit möchte ich euch ein wenig über ihn erzählen. Robbie Burns wurde am 25. Januar (der heute als Robbie Burns Day gefeiert wird) in einem heftigen Schneesturm in Ayrshire, Schottland, im Jahr 1759 geboren. Sein Vater war Bauer und Robbie versuchte alles, um in seine Fußstapfen zu treten, aber sein Herz war nicht dabei. Sein Herz wollte singen und über die schottischen Highlands schweben, die er so sehr liebte.

Leider wurden bei Robbie die Symptome eines rheumatischen Herzens diagnostiziert, und er war nicht mehr lange auf dieser Welt. Er starb im Jahr 1796 und hinterließ ein erstaunliches Repertoire.

Um Robbie Burns, sein Herz und seinen Verstand besser kennenzulernen, musst du alles lesen, was er geschrieben hat. Denn je mehr du liest, desto mehr wird sich dir sein Geist offenbaren.

Madame Delatour hat mir soeben zu verstehen gegeben, dass sie sich in einen abgelegenen Bereich im hinteren Teil des Pubs begeben wird, um Mr. Burns zu kontaktieren.

In der Zwischenzeit habe ich die immer größer werdende Menschenmenge gebeten, leiser zu sein, damit sie Mr. Burns nicht einschüchtert. Sobald er sich in seiner neuen Umgebung wohlfühlt, werde ich ihn um Erlaubnis bitten, diese Bande von Rowdys zu uns zu lassen. Ich hoffe nur, dass sie ihre Aufregung lange genug zügeln können! Immerhin wurde dieser Pub nach Robbie Burns benannt und jeder, der sich hier versammelt, versammelt sich in seinem Namen.

Lasst uns mit einem Gedicht beginnen, das Robbie in einer sehr dunklen Zeit geschrieben hat, als er darüber nachdachte, Schottland für immer zu verlassen:

DIE LAMENTE

Über die nebelverhangenen Klippen ihres einsamen Berges streunend,

Wo die wilden Winde des Winters unaufhörlich toben,

Welcher Schmerz ringt mein Herz, während ich aufmerksam den

den düsteren Weg des Sturms auf der Brust der Welle!

Ihr schaumgekrönten Wogen, erlaubt mir zu klagen,

Bevor ihr mich von meinem geliebten Heimatufer wegschleudert;

Wo die Blume, die am süßesten blühte in Coilas grünem Tal,

Der Stolz meines Busens, meine Maria, ist nicht mehr!

Nie mehr werden wir an den Ufern des Bächleins wandern,

Und lächeln dem Mond zu, der sich in den Wellen kräuselt;

Nie mehr werden meine Arme sie zärtlich umschlingen,

Denn die Tautropfen des Morgens fallen kalt auf ihr Grab.

Nie mehr wird das sanfte Kribbeln der Liebe meine Brust wärmen;

Ich eile mit dem Sturm zu einem weit entfernten Ufer;

Wo meine Asche unbekannt und unbetrauert ruhen wird,

Und die Freude wird nicht mehr in meinen Schoß zurückkehren. (1)

Madame Delatour machte mich darauf aufmerksam, dass unser Besucher eingetroffen war.

Ich schnappte mir eine Flasche Glenfiddich Malt Scotch Whiskey, mehrere Gläser, gemischte Nüsse und Brezeln und machte mich auf den Weg ins Hinterzimmer. Der Besitzer des Pubs bot mir an, den Whisky von seiner drallen Bardame auf einem Tablett bringen zu lassen, aber ehrlich gesagt wollte und brauchte ich die Konkurrenz um Mr. Burns' Aufmerksamkeit nicht.

Der Raum brummte in Erwartung der Ankunft des Barden. Ich versuchte erfolglos, ihre Aufmerksamkeit zu erregen. Schließlich musste ich ihre Ohren mit einem lauten Schlag aus der Kapitänspfeife, die ich um den Hals trug, vollends attackieren.

Gott sei Dank hörte das Geschrei sofort auf - so hatte ich die Gelegenheit, sie zu bitten, leiser zu sein. Schließlich wollten wir Mr. Burns nicht verschrecken.

Sein Name löste einen weiteren Tumult aus, den ich zum Schweigen brachte, indem ich anbot, die nächste Runde Getränke zu bezahlen, und mich dann aus dem Staub machte. Ich schaute über meine Schulter auf das Chaos, das ich angerichtet hatte, und hoffte, der Barmann würde mir verzeihen.

Als ich durch das Bullauge ins Hinterzimmer schaute und Robbie Burns dort stehen sah, stockte mir der Atem.

Er sah umwerfend aus und hatte ein umwerfendes Grübchen am Kinn (das mich an das von Cary Grant erinnerte). Er war fast 1,80 m groß, hatte kohlrabenschwarzes Haar und selbst aus der Ferne konnte ich sehen, dass er geheimnisvolle dunkle Augen hatte. Seine Augen würde ich ohne Weiteres als Schlafzimmeraugen bezeichnen - und ich wusste sofort, warum er bei den Damen einen solchen Ruf hatte.

Madame Delatour saß da und schaute mit flatternden Augenlidern zu ihm auf, als ich den Raum betrat und mich vorstellte. Mir wurden die Knie weich, als er mir das schwere Tablett aus den Händen nahm und es auf den Tisch stellte. Dann schenkte er jedem von uns ein Glas Scotch ein und lächelte, während sein Blick durch den Raum schweifte.

Vor lauter Eifer, mit dem Gespräch zu beginnen, warf ich Madame Delatour einen Blick zu - von ihr zur Tür und dann wieder zu ihr - aber sie schien den Wink nicht zu verstehen.

Da die Zeit drängte, hatte ich keine andere Wahl - und trat sie sanft unter den Tisch. Das schien zu wirken.

Madame Delatour verließ den Raum unter dem Vorwand, uns etwas Privatsphäre bieten zu wollen - und rollte dann mit den Augen, als sie gegen die Schwingtüren stieß.

Obwohl sie sich entschuldigte, um uns mit unserem Gespräch allein zu lassen, war ich mir sicher, dass sie zu den Damen ging, um ihr Gesicht kurz mit kaltem Wasser abzuspritzen. Mr. Burns hatte einen ziemlichen Eindruck auf Madame Delatour gemacht.

Nach ein paar Sekunden war ich weniger beeindruckt und hieß Mr. Burns im Tam o'Shanter Pub in Sydney, Australien, willkommen.

Für den Fall, dass Blanchetta ihn nicht informiert hatte, erklärte ich ihm, dass wir gerade dabei waren, das Jahr 2003 einzuläuten. Dann begann unser Interview.

F: Wer hat dich als Kind inspiriert?

A: In meiner Kinder- und Bubenzeit verdanke ich viel einer alten Frau namens Betty Davidson, die von unserer Familie aufgenommen wurde. Betty zeichnete sich durch ihre Unwissenheit, Leichtgläubigkeit und ihren Aberglauben aus. Sie hatte wohl die größte Sammlung von Geschichten und Liedern über Teufel, Geister, Feen, Heinzelmännchen, Hexen, Hexenmeister, Spukgestalten, Kelpies, Elfenkerzen, tote Lichter, Gespenster, Erscheinungen, Kantraips, Riesen, verzauberte Türme, Drachen und anderen Unfug im ganzen Land. Dies förderte die latente Saat der Poesie, hatte aber eine so starke Wirkung auf meine Vorstellungskraft, dass ich bis heute bei meinen nächtlichen Streifzügen manchmal an verdächtigen Orten Ausschau halte; und obwohl niemand in solchen Dingen skeptischer sein kann als ich, braucht es oft eine philosophische Anstrengung, um diese müßigen Schrecken abzuschütteln. (2)

F: Wurde dein Talent zum Schreiben damals schon erkannt?

A: Als Kind zeichnete ich mich durch ein gutes Gedächtnis, eine sture, robuste Veranlagung und eine begeisterte Idiotenfrömmigkeit aus. Ich sage Idiotenfrömmigkeit, weil ich damals noch ein Kind war. Obwohl es den Lehrer einige Prügel gekostet hat, war ich ein hervorragender Englischschüler, und als ich zehn oder elf Jahre alt war, war ich ein Kritiker in Substantiven, Verben und Partikeln. (3)

F: Welche Bücher haben deine Fantasie als Junge angeregt?

A: Die ersten beiden Bücher, die ich privat gelesen habe und die mir mehr Freude bereitet haben als alle anderen Bücher, die ich seitdem gelesen habe, waren "Das Leben von Hannibal" und "Die Geschichte von Sir William Wallace".

Hannibal hat meine jungen Gedanken so sehr beflügelt, dass ich begeistert hinter der Rekrutierungstrommel und dem Dudelsack auf und ab stolzierte und mir wünschte, groß genug zu sein, um Soldat zu werden; während die Geschichte von Wallace ein schottisches Vorurteil in meine Adern goss, das immer in meinem Herzen und meinem Geist sein wird. (4)

F: Warum hast du angefangen, Gedichte zu schreiben?

A: Um mich inmitten der Mühsal und Ermüdung eines mühsamen Lebens mit den kleinen Schöpfungen meiner eigenen Fantasie zu vergnügen; um die verschiedenen Gefühle - die Liebe, den

Kummer, die Hoffnungen, die Ängste - in meiner eigenen Brust niederzuschreiben; um eine Art Gegengewicht zu den Kämpfen einer Welt zu finden, die immer eine fremde Szene ist, eine Aufgabe, die dem poetischen Geist ungewohnt ist - das waren meine Beweggründe, um die Musen zu umwerben, und darin fand ich, dass die Poesie ihre eigene Belohnung ist. (5)

F: Hast du nie daran gedacht, zu veröffentlichen?

A: Keines meiner Werke wurde mit Blick auf die Presse verfasst. Obwohl ich seit meinen frühesten Jahren reimte, zumindest seit dem ersten Impuls der sanften Leidenschaften, weckte der Beifall, vielleicht auch die Vorliebe der Freundschaft, meine Eitelkeit so weit, dass ich meine Werke für wert hielt, sie zu veröffentlichen. (6)

F: Als du deine Werke im Druck sahst, wusstest du doch sicher, dass du ein talentierter Dichter bist?

A: Ich trat mit Furcht und Zittern an die Öffentlichkeit. Ich, ein obskurer, namenloser Barde, fürchtete mich vor dem Gedanken, als unverschämter Schwachkopf abgestempelt zu werden, der der Welt seinen Unsinn aufdrängt; und weil ich es schaffte, ein paar schottische Reime zusammenzuklimpern, hielt ich mich für einen Dichter ohne jede Bedeutung, fürwahr! (7)

F: Wie kamst du dazu, dein erstes Lied zu schreiben?

A: Der dichterische Genius meines Landes fand mich am Pflug und warf ihren inspirierenden Mantel über mich. Sie forderte mich auf, die Liebe, die Freuden, die ländlichen Szenen und die ländlichen Freuden meiner Heimat in meiner Muttersprache zu singen; ich drehte meine wilden, kunstlosen Noten so, wie sie mich inspirierte. Sie flüsterte mir zu, in diese alte Metropole Kaledoniens zu kommen und meine Lieder unter ihren ehrenvollen Schutz zu stellen: Daraufhin gehorchte ich ihrem Diktat. Als Bauern hatten wir den Brauch, einen Mann und eine Frau als Partner für die Erntearbeit zu verpflichten. In meinem fünfzehnten Herbst war meine Partnerin ein bezauberndes Geschöpf, ein Jahr jünger als ich.

Da ich kaum Englisch spreche, kann ich ihr in dieser Sprache nicht gerecht werden; aber du kennst ja die schottische Redewendung - sie war ein bonnie, sweet, sonsie lass. Kurz gesagt, sie weihte mich, ohne es zu wissen, in die köstliche Leidenschaft ein, die ich trotz saurer Enttäuschung, Klugheit und Bücherwurm-Philosophie für die erste aller menschlichen Freuden und unseren größten Segen halte! Zu ihren anderen liebesanregenden Eigenschaften gehörte, dass sie sehr gut singen konnte, und es war ihr Lieblingslied, das ich in Reimform darzustellen versuchte.

Als mein Mädchen ein Lied sang, das angeblich von einem kleinen Gutsherrensohn komponiert worden war, sah ich keinen Grund, warum ich nicht genauso gut reimen sollte wie er. (8)

Madame Delatour war wieder da und spionierte uns durch das Bullauge aus. Zum Glück konnte Mr. Burns nicht sehen, dass sie ein freches kleines Äffchen war. Sie versuchte, Küsse in seine Richtung zu blasen - aber sie konnte ihn nicht dazu bringen, sich umzudrehen. Verärgert und verwirrt gab sie auf!

F: Ihr Name war Mary Campbell: Deine erste Liebe. Bitte erzähl mir von ihr.

A: Mary willigte ein, meine Frau zu werden. Wir sollten getrennt werden und trafen uns heimlich am zweiten Sonntag im Mai an einem einsamen Ort am Ufer des Ayr. Wir standen auf beiden Seiten eines kleinen plätschernden Baches. Wir tauchten unsere Hände in den klaren Bach und sprachen mit einer Bibel in der Hand unsere Ehegelübde aus. Dann tauschten wir die Bibeln aus. In die, die ich Maria gab, hatte ich geschrieben: "Und ihr sollt nicht falsch bei meinem Namen schwören. Ich bin der Herr. Du sollst dir selbst nicht schwören, sondern dem Herrn deine Eide erfüllen." (9)

F: Robbie, es wird dich freuen zu hören, dass genau diese Bibel erhalten geblieben ist und in Marias Denkmal liegt. (10)

Robbie nahm sein Taschentuch heraus und wischte sich die Tränen aus den Augen, während er zu rezitieren begann:

ZU MARIA IM HIMMEL

Du verweilender Stern, dessen Strahlen schwächer werden,

Du liebst es, den frühen Morgen zu grüßen,
Noch einmal scherst du in den Tag
Meine Maria wurde aus meiner Seele gerissen. (11)

Ich schenkte Robbie einen weiteren Drink ein, den er zurückschüttete und mir sein Glas für einen weiteren Drink entgegenstreckte. Ich staunte darüber, wie Liebe in Zeit und Raum existieren kann, und unterdrückte den starken Drang, ihn in meine Arme zu nehmen und zu trösten. Stattdessen konzentrierte ich mich auf meine Gedanken und ging zur nächsten Frage über.

F: Welchen Rat würdest du Schriftstellerinnen und Schriftstellern im Jahr 2003 und darüber hinaus geben?

A: Der beste Rat, den ich dir geben kann, ist, dich selbst zu kennen. Mach aus dir eine ständige Studie. Wiege dich selbst, gleiche dich mit anderen ab. Beobachte jedes Informationsmittel, um zu sehen, wie viel Boden du als Mensch und als Dichter einnimmst. Studiere fleißig den Entwurf und die Gestaltung der Natur - um zu sehen, wo die Lichter und Schatten in deinem Charakter beabsichtigt sind. (12)

Plötzlich ertönten Dudelsäcke. Nur noch ein paar Minuten bis Mitternacht!

F: Würdest du uns mit ein paar Liedern helfen, das neue Jahr einzuläuten? Draußen wartet schon ein Publikum auf dich. Darf ich sie bitten, sich uns anzuschließen?

A: Je mehr, desto besser, sage ich immer.

Robbie begann zu singen, als die Dudelsackspieler in den Raum kamen und sich ihm anschlossen:

EINE ROTE, ROTE, ROSE

Oh, meine Liebe ist wie eine rote, rote Rose,

die im Juni neu erblüht ist:

Oh, meine Liebe ist wie die Melodie

Die so schön gespielt wird.

So schön bist du, mein hübsches Mädchen,

So tief bin ich in dich verliebt;

Und ich werde dich immer noch lieben, meine Liebe,

Bis die Meere trocken sind.

Bis die Meere austrocknen, mein Schatz,

Und die Felsen in der Sonne schmelzen:

Ich werde dich immer noch lieben, meine Liebe,

Solange der Sand des Lebens noch fließt.

Und lebe wohl, meine einzige Liebe!

Und lebe wohl für eine Weile!

Und ich werde wiederkommen, meine Liebe,

Und wenn es zehntausend Meilen wären. (13)

Wir brachen in stürmischen Beifall aus, während Robbie sich auf eine Zugabe vorbereitete. Er wollte auf keinen Fall ohne mehr als ein Lied rausgehen!

MY HEART'S IN THE HIGHLANDS

Mein Herz ist in den Highlands, mein Herz ist nicht hier;

Mein Herz ist in den Highlands, auf der Jagd nach den Hirschen;

Ich jage den wilden Hirschen und folge den Rehen -
Mein Herz ist in den Highlands, wohin ich auch
gehe.

Lebe wohl, Highlands, lebe wohl, der Norden!

Die Wiege der Tapferkeit, das Land der Würde;

Wohin ich auch wandere, wohin ich auch streife,

Die Hügel der Highlands liebe ich für immer.

Lebt wohl, ihr hohen, schneebedeckten Berge!

Lebt wohl den Straths und den grünen Tälern
unten!

Lebt wohl, ihr Wälder und wild hängenden Wälder!

Lebt wohl, ihr Sturzbäche und lauten Fluten!

Mein Herz ist in den Highlands, mein Herz ist nicht
hier,

Mein Herz ist in den Highlands und jagt die Hirsche;

Ich jage den wilden Hirschen und folge den Rehen -

Mein Herz ist in den Highlands, wohin ich auch gehe.
(14)

Die Korken knallten und der Champagner floss in
Strömen und wurde überall im Raum ausgeschenkt.
Als Robbie zu Ende sang und sein Glas in die Hand
nahm, begann der Countdown:

"10,9,8,7,6,5,4,3,2,1 - FROHES NEUES JAHR!"

Wir standen alle Schulter an Schulter, legten die
Arme umeinander und begannen zu singen:

AULD LANG SYNE

Sollte alte Bekanntschaft vergessen werden,

Und nie wieder in Erinnerung gebracht werden?

Sollte alte Bekanntschaft vergessen werden,

And auld lang syne?
Cho - For auld lang syne, my dear,
For auld lang syne,
Nehmen wir noch eine Tasse Freundlichkeit
For auld lang syne!
Und du wirst sicher dein Pint-Stowp sein,
Und ich bin sicher der meine,
Und wir nehmen eine Tasse Freundlichkeit zu uns
For auld lang syne!
Cho - For auld lang syne, my dear,
For auld lang syne,
Wir nehmen eine Tasse Freundlichkeit
For auld lang syne!
Wir sind zu zweit über das Gebüsch gerannt
Und haben die Gowans gestreichelt,
Aber wir sind viel gewandert und müde
Sin' auld lang syne.
Cho - For auld lang syne, my dear,
For auld lang syne,
Wir nehmen eine Tasse Freundlichkeit
For auld lang syne!
Wir haben zwei im Feuer bezahlt
Von der Morgensonne bis zum Abendbrot,
Doch das Meer zwischen uns brauste
Sin' auld lang syne.
Cho - For auld lang syne, my dear,
For auld lang syne,
Wir trinken noch eine Tasse Freundlichkeit
For auld lang syne! (15)

Robbie begann zu verblassen, obwohl er sich unser Ständchen noch ansah. Er kehrte zurück und wurde noch ein bisschen schwächer.

Wir sangen weiter - denn das war das größte Kompliment, das wir ihm machen konnten. Seine Arbeit zu lieben, die Gefühle zu spüren und zu verstehen, die er empfand, als er "Auld Lang Syne" schrieb. Es war eine Tradition für uns und würde es immer bleiben. Robbie Burns hatte sich für immer einen Platz in unseren Herzen geschaffen.

Ich hoffe, ihr wollt mehr über Robbie Burns erfahren. Ich applaudiere dem Folgenden:

On The Death of a Favourite Child

Die Rechte der Frau

Tam o'Shanter

To a Mountain Daisy

The Poet's Welcome to His Love-Begotten Auld Lang Syne

The Young Highland Rover

Lament

Das Epitaph eines Barden

Eine Winternacht

Epigramm an einen Künstler

Ihre Antwort

Winter: Eine Dirge

Ich liebe meine Liebe im Geheimen

Zeilen über den Tod des Autors

Yon Wild Mossy Mountains

Auf den Meeren und weit weg

Eine Vision

Der Winter des Lebens

Ein Fiddler im Norden

Eine Widmung

Anna, dein Charme

Schloss Gordon

Geh weiter, süßer Vogel, und beruhige meine Sorgen

Wie lang und trostlos ist die Nacht

Zeilen zum Tod des Autors

Der Mensch wurde geschaffen, um zu trauern: Ein Klagelied

Das Gesetz der Natur - Ein Gedicht.


Beannachd leat!


Cathy McGough

Deine Interviewerin für legendäre Schriftsteller aus dem Jenseits

# TWAIN ERKLÄRT, WAS IN EINEM NAMEN STECKT

GUTEN TAG ZUSAMMEN! BEVOR unser Ehrengast eintrifft, möchte ich euch einen Moment Zeit nehmen, um euch etwas zu verraten.

Bevor ich mit den Vorbereitungen für dieses Interview begann, wusste ich nichts über Mark Twain. Ich dachte, ich wüsste etwas über ihn, weil ich ihn gelesen hatte: "The Prince and the Pauper", "The Adventures of Tom Sawyer", "Huckleberry Finn" und "Pudd'n'head Wilson". Ich dachte, ich hätte den Mann hinter diesen Büchern verstanden, aber ich habe mich geirrt.

Ich werde hier nicht auf Mark Twains persönliches Leben eingehen, aber bevor er kommt, muss ich dir sagen, dass du seine Schriften unmöglich verstehen kannst, wenn du nicht über ihn liest. Du kannst ihn vielleicht oberflächlich verstehen, aber du wirst nicht erkennen, dass er mehr als nur Amerikas größter Spaßvogel war. Er war auch einer der tiefgründigsten Philosophen Amerikas.

Samuel Langhorne Clemens wurde am 30. November 1835 in Florida, Missouri, geboren. Bevor er dreißig Jahre alt war, sah er viele schwere Ungerechtigkeiten, die ein kleiner Junge niemals miterleben sollte. Tragödien umgaben Mr. Twain in seinem persönlichen Leben und durch die Grausamkeiten, die er in der Welt um ihn herum sah. Zu diesem Zeitpunkt war er so angewidert vom Leben, dass er sich eine geladene Pistole an den Kopf hielt, aber nicht den Mut hatte, abzudrücken. (1)

Als ich darüber nachdachte, was die Welt verpasst hätte, wenn Mr. Twain sich das Leben genommen hätte -

schaute ich auf und sah ihn auf mich zukommen. Er trug einen weißen Hosenanzug, einen weißen, breitkrempigen Chapeau und braune Schuhe. In seiner rechten Hand trug er eine nicht angezündete Pfeife, und seine Augen zogen mich mit ihrer Sanftheit in ihren Bann. Ich reichte ihm die Hand und hieß ihn zum zweiten Mal in Sydney, Australien, willkommen. (Sein erster Besuch war am 15. September 1885.) (2)

Er neigte seinen Hut zu mir und lehnte sich dann auf den Balkon, um die Aussicht zu genießen. Er lauschte nach seinem alten Freund, der Elster, und nahm dann neben mir Platz. Ich bot ihm einen großen erfrischenden Mint Julep an. Er nippte daran und ließ sich den Inhalt schmecken.

F: Gibt es einen Ort in Australien, der deine Fantasie beflügelt hat?

A: Ohne zu zögern, die Blue Mountains. Ein treffender Name. "Meine Güte!", wie die Australier sagen, aber die Farbe dieses Blaus war atemberaubend. Tief, stark, satt, exquisit; hoch aufragende und majestätische Massen von Blau - ein sanft leuchtendes Blau, ein schwelendes Blau, als ob es von einem Feuer in seinem Inneren erleuchtet würde. Es löschte das Blau des Himmels aus - machte ihn fahl und unheilsam, weiß und verwaschen. Eine wunderbare Farbe - einfach göttlich.

Ein Anwohner sagte mir, dass das keine Berge seien, sondern Kaninchenhaufen. Und er erklärte mir, dass die lange Belichtung und der überreife Zustand der Kaninchen dafür verantwortlich seien, dass sie so blau aussehen.

Dieser Mann mag Recht gehabt haben, aber die Lektüre vieler Reisebücher hat mich misstrauisch gegenüber kostenlosen Informationen gemacht, die von inoffiziellen Einwohnern eines Landes gegeben werden. Die Fakten, die solche Leute den Reisenden mitteilen, sind meist falsch und oft auch unangemessen. Die Kaninchenplage war in der Tat sehr schlimm in Australien, und sie könnte für einen Berg verantwortlich sein, aber nicht für eine ganze Bergkette, wie mir scheint. Das ist ein zu großer Auftrag. (3)

F: Gibt es noch etwas, das du erwähnen möchtest?

A: Ja, in der Tat! Der Melbourne Cup - der australische Nationalfeiertag. Seine Bedeutung kann gar nicht hoch genug eingeschätzt werden. Er stellt alle anderen Feiertage und besonderen Tage in diesem Konglomerat von Kolonien in den Schatten. Überschattet? Ich würde fast sagen, er blendet sie aus.

Jeder von ihnen erhält Aufmerksamkeit, aber nicht die von allen; jeder von ihnen weckt Interesse, aber nicht das von allen; jeder von ihnen weckt Begeisterung, aber nicht die von allen; in jedem Fall ist ein Teil der Aufmerksamkeit, des Interesses und der Begeisterung eine Sache der Gewohnheit und des Brauchs, und ein anderer Teil davon ist offiziell und oberflächlich. Der Tag des Pokals, und nur der Tag des Pokals, zieht die Aufmerksamkeit, das Interesse und die Begeisterung aller auf sich - und er ist spontan und nicht oberflächlich.

Der Cup Day ist überragend, er hat keinen Rivalen. Mir fällt kein spezieller jährlicher Tag in irgendeinem Land ein, der mit diesem großen Namen bezeichnet werden kann - Supreme. Mir fällt kein besonderer jährlicher Tag in irgendeinem Land ein, dessen

Herannahen das ganze Land mit einer Flamme von Gesprächen, Vorbereitungen, Vorfreude und Jubel erfüllt. Kein Tag außer diesem; aber dieser tut es. (4)

F: Wie hast du deinen Namen gewählt?

A: Ich wollte etwas Kurzes, Knackiges, Eindeutiges, Unvergessliches. Ich habe viele Kombinationen ausprobiert, aber keine schien mir überzeugend. Dann - im Jahr 1863 - erhielt ich die Nachricht, dass ein alter Pilot, den ich einst kannte, Isaiah Sellers, tot war. Sofort kam mir das Pseudonym Captain Sellers in den Sinn. Das war es; das war die Art von Name, die ich wollte. Er war nicht trivial; er hatte alle richtigen Eigenschaften - Sellers würde ihn nie wieder brauchen. Mit diesem Gedanken kam mir der Name Mark Twain in den Sinn. Es war ein alter Flussname, ein Ruf des Vormannes, der für zwei Faden stand - zwölf Fuß. Der Name hatte etwas Reiches an sich, er war immer ein angenehmes Geräusch für einen Lotsen in einer dunklen Nacht und bedeutete sicheres Wasser. (5)

F: Du hast die ganze Welt bereist. Welcher Ort oder welche Sache hat dich am meisten beeindruckt?

A: Das Grab von Adam! Wie rührend war es, im Land der Fremden, weit weg von zu Hause, von Freunden und allen, die sich um mich sorgten, das Grab eines Blutsverwandten zu entdecken. Zwar ein entfernter, aber dennoch ein Verwandter. Der untrügliche Instinkt der Natur ließ mich das erkennen. Die Quelle meiner kindlichen Zuneigung wurde bis in die tiefsten Tiefen aufgewühlt, und ich brach in stürmische Gefühle aus. Ich lehnte mich an eine Säule und brach in Tränen aus. Es ist keine Schande, über das Grab meines armen toten Verwandten zu weinen. Wer sich über meine Rührung lustig machen will, soll selbst das Heilige Land besuchen und sehen, wie es um seine Gefühle bestellt ist. (6)

F: Tom lernte eine wertvolle Lektion an dem Samstag, an dem seine Tante Polly ihn zwang, ihren Zaun zu tünchen. Könntest du diese Passage für uns vorlesen?

A: Ah ja, Tom, immer ein unternehmungslustiger Junge:

DIE ABENTEUER DES TOM SAWYER

Tom sagte sich, dass die Welt doch nicht so hohl war. Er hatte ein großes Gesetz des menschlichen Handelns entdeckt, ohne es zu wissen: Um einen Mann oder einen Jungen dazu zu bringen, eine Sache zu begehren, muss man sie nur schwer erreichbar machen. Wäre er ein großer und weiser Philosoph gewesen, wie der Autor dieses Buches, hätte er jetzt verstanden, dass Arbeit aus allem besteht, was ein Körper tun muss, und dass Spiel aus allem besteht, was ein Körper nicht tun muss. Und das würde ihm helfen zu verstehen, warum es Arbeit ist, künstliche Blumen zu züchten oder auf einem Laufband zu laufen, während Kegeln oder das Besteigen des Mont Blanc nur Vergnügen ist. In England gibt es wohlhabende Herren, die im Sommer täglich zwanzig oder dreißig Meilen mit vierspännigen Passagierkutschen fahren, weil sie das Privileg viel Geld kostet; aber wenn man ihnen einen Lohn für diesen Dienst anbieten würde, der sich in Arbeit verwandeln würde, würden sie kündigen. (7)

F: Mein Sohn steht kurz vor dem Beginn seines ersten Schuljahres. Hast du einen Rat für ihn?

A: Sag ihm, wenn ein Rüpel ihn angreifen will, soll er langsam und bedächtig seinen Mantel ausziehen und ihm direkt in die Augen schauen. Dann soll er immer noch langsam und bedächtig seine Weste ausziehen. Dann krempelst du die Ärmel hoch und schaust ihm weiterhin direkt in die Augen. Und wenn sein Gegner bis dahin noch nicht weggelaufen ist, dann sollte er besser selbst rennen. (8)

F: Was für einen Schatz hast du mit der Figur des Pudd'n'head Wilson geschaffen, so voller Humor und Weisheit. Hast du ein Lieblingszitat aus dem Buch?

A: Es gibt keinen Charakter, wie gut und fein er auch sein mag, der nicht durch Spott zerstört werden kann, wie arm und witzlos er auch sein mag. Schau dir zum Beispiel den Esel an: Sein Charakter ist nahezu perfekt, er ist der edelste Geist unter all den bescheideneren Tieren, doch sieh, wozu ihn der Spott gebracht hat. Wenn wir als Esel bezeichnet werden, fühlen wir uns nicht beglückwünscht, sondern zweifeln. (9)

F: Ich habe in deiner Sammlung ein eindringliches Antikriegsgedicht entdeckt. Bitte erkläre mir, wie du dazu gekommen bist, es zu schreiben?

A: Die Geschichte der Menschheit ist kaum mehr als eine Zusammenfassung des menschlichen Blutvergießens. Zuerst gab es eine lange Reihe von unbekannten Kriegen, Morden und Massakern... Dann kamen die assyrischen Kriege... Dann gab es ägyptische Kriege, griechische Kriege, römische Kriege, die die Erde mit Blut tränkten... Und immer wieder gab es Kriege, mehr Kriege - in ganz Europa, auf der ganzen Welt. Manchmal aus privatem Interesse der königlichen Familien, manchmal um eine schwache Nation zu vernichten; aber niemals ein Krieg, der von einem Aggressor zu einem sauberen Zweck begonnen wurde - es gibt keinen solchen Krieg in der Geschichte der Rasse. (10)

F: Würdest du es uns bitte vorlesen?

A: Ich kann es auswendig:

DAS KRIEGSGESPRÄCH

Herr, unser Gott, hilf uns, ihre Soldaten mit unseren Granaten in blutige Fetzen zu reißen; hilf uns, ihre lächelnden Felder mit den bleichen Gestalten ihrer patriotischen Toten zu bedecken; hilf uns, den Donner der Kanonen mit den Schreien ihrer Verwundeten zu übertönen, die sich vor Schmerzen winden; hilf uns, ihre bescheidenen Häuser mit einem Feuerhagel zu verwüsten; hilf uns, die Herzen ihrer unschuldigen Witwen mit vergeblichem Kummer zu zerreißen;

hilf uns, sie mit ihren kleinen Kindern ohne Dach auszustoßen, damit sie in Lumpen, Hunger und Durst durch die Einöden ihres verwüsteten Landes wandern, in den Sonnenflammen des Sommers und den eisigen Winden des Winters, gebrochenen Geistes, erschöpft von der Mühsal, Sie flehen zu dir um die Zuflucht des Grabes und es wird ihnen verwehrt - um unsertwillen, die wir dich anbeten, Herr, zerstöre ihre Hoffnungen, verdirb ihr Leben, beschütze ihre bittere Pilgerschaft, mache ihre Schritte schwer, tränke ihren Weg mit Tränen, beflecke den weißen Schnee mit dem Blut ihrer verwundeten Füße! Erhöre unser Gebet, Herr, und Dein sei das Lob und die Herrlichkeit jetzt und in Ewigkeit, Amen. (11)

F: Was ist der schnellste Weg, das Herz eines Autors zu erobern?

A: Es gibt drei unfehlbare Wege, einem Autor zu gefallen, die drei bilden eine ansteigende Skala von Komplimenten: 1. Du sagst ihm, dass du eines seiner Bücher gelesen hast; 2. du sagst ihm, dass du alle seine Bücher gelesen hast; 3. du bittest ihn, dir das Manuskript seines nächsten Buches vorzulesen. Nr. 1 verschafft dir seinen Respekt; Nr. 2 verschafft dir seine Bewunderung; Nr. 3 trägt dich direkt in sein Herz. (12)

F: Findest du, dass Horaz Recht hatte, als er sagte: "Kein Schriftsteller kann andere zum Weinen bringen, der nicht selbst geweint hat"? (13)

A: Worte erkennen nichts, sie beleben dich nicht, wenn du nicht selbst das erlitten hast, was die Worte zu beschreiben versuchen. (14)

F: Hast du einen Ratschlag, den du Schriftstellern aus dem Jahr 2003 und darüber hinaus geben möchtest?

A: Verwende eine klare, einfache Sprache, kurze Wörter und kurze Sätze. So sollte man Englisch schreiben - das ist die moderne Art und Weise und die beste. Halte dich daran; lass nicht zu, dass sich Fluff und Blumen und Wortklauberei einschleichen. Wenn du ein Adjektiv erwischst, töte es. Nein, ich meine nicht völlig, aber töte die meisten von ihnen - dann wird der Rest wertvoll. Sie schwächen, wenn sie eng beieinander stehen. Sie geben Kraft, wenn sie weit auseinander liegen. Eine adjektivische Angewohnheit oder eine wortreiche, diffuse, blumige Angewohnheit, die sich einmal festgesetzt hat, ist genauso schwer loszuwerden wie jedes andere Laster. (15)

F: Ich glaube, du hast eine Fabel, um deinen Standpunkt zu belegen?

A: Ja, das habe ich in der Tat!

EINE FABEL

Es war einmal ein Künstler, der ein kleines, sehr schönes Bild gemalt hatte und es so hinstellte, dass er es im Spiegel sehen konnte. Er sagte: "So wird es doppelt so groß und weich, und es ist doppelt so schön wie vorher."

Die Tiere draußen im Wald erfuhren davon durch die Hauskatze, die von ihnen sehr bewundert wurde, weil sie so gelehrt, so kultiviert, so höflich und wohlerzogen war und ihnen so viel erzählen konnte, was sie vorher nicht wussten und worüber sie sich auch danach nicht sicher waren. Sie waren sehr aufgeregt über diesen neuen Klatsch und stellten Fragen, um alles zu verstehen. Sie fragten, was ein Bild sei, und die Katze erklärte es ihnen.

"Es ist ein flaches Ding", sagte er, "wunderbar flach, wunderbar flach, bezaubernd flach und elegant. Und ach, so schön!"

Das brachte die beiden fast zur Raserei und sie sagten, sie würden alles geben, um es zu sehen.

Dann fragte der Bär: "Was ist es, das es so schön macht?"

"Es ist sein Aussehen", sagte die Katze.

Das erfüllte sie mit Bewunderung und Ungewissheit, und sie waren aufgeregter denn je.

Dann fragte die Kuh: "Was ist ein Spiegel?"

"Es ist ein Loch in der Wand", sagte die Katze. "Du schaust hinein, und da siehst du das Bild, und es ist so zierlich und bezaubernd und ätherisch und inspirierend in seiner unvorstellbaren Schönheit, dass sich dein Kopf immer wieder umdreht und du fast in Ohnmacht fällst vor Ekstase."

Der Esel hatte bisher noch nichts gesagt; jetzt begann er zu zweifeln. Er sagte, so etwas Schönes habe es noch nie gegeben und werde es wohl auch jetzt nicht geben. Er sagte, wenn man einen ganzen Korb voller sesquipedalischer Adjektive brauche, um etwas Schönes zu beschreiben, sei es an der Zeit, Verdacht zu schöpfen.

Es war leicht zu erkennen, dass diese Zweifel eine Wirkung auf die Tiere hatten, also ging die Katze beleidigt davon. Das Thema wurde für ein paar Tage ad acta gelegt, aber in der Zwischenzeit erwachte die Neugierde von Neuem, und es war ein Wiederaufleben des Interesses zu spüren. Die Tiere beschimpften den Esel, weil er ihnen das Vergnügen verdorben hatte, nur weil sie den Verdacht hatten, dass das Bild nicht schön war, ohne dass es dafür einen Beweis gab. Der Esel ließ sich nicht beunruhigen; er war ruhig und sagte, es gäbe nur einen Weg, um herauszufinden, wer im Recht sei, er selbst oder die Katze: Er würde hingehen und in dem Loch nachsehen und zurückkommen und erzählen, was er dort gefunden habe. Die Tiere waren erleichtert und dankbar und baten ihn, sofort zu gehen, was er auch tat.

Aber er wusste nicht, wo er stehen sollte, und so stand er irrtümlich zwischen dem Bild und dem Spiegel. Das Ergebnis war, dass das Bild keine Chance hatte und nicht auftauchte.

Er kehrte nach Hause zurück und sagte: "Die Katze hat gelogen. In dem Loch war nichts außer einem Arsch. Es war keine Spur von einem flachen Ding zu sehen. Es war ein hübscher Esel und freundlich, aber nur ein Esel und sonst nichts."

Der Elefant fragte: "Hast du ihn gut und deutlich gesehen? Warst du nah dran?"

"Ich habe es gut und deutlich gesehen, oh Hathi, König der Tiere. Ich war so nah dran, dass ich seine Nase berührte."

"Das ist sehr seltsam", sagte der Elefant, "die Katze war bisher immer wahrheitsgemäß - soweit wir es erkennen konnten. Lass es einen anderen Zeugen versuchen. Geh, Balu, schau in das Loch und komm und berichte."

Also ging der Bär. Als er zurückkam, sagte er: "Sowohl die Katze als auch der Esel haben gelogen; in dem Loch war nichts außer einem Bären."

Die Überraschung und Verwirrung der Tiere war groß. Jedes wollte nun selbst den Test machen und die Wahrheit herausfinden. Der Elefant schickte sie einen nach dem anderen.

Zuerst die Kuh. Sie fand nichts in dem Loch außer einer Kuh.

Der Tiger fand darin nichts anderes als einen Tiger.

Der Löwe fand darin nichts anderes als einen Löwen.

Der Leopard fand darin nichts anderes als einen Leoparden.

Das Kamel fand ein Kamel, aber sonst nichts.

Da wurde Hathi zornig und sagte, er wolle die Wahrheit haben, und wenn er sie selbst holen müsse. Als er zurückkam, beschimpfte er seine ganze Untertanenschaft als Lügner und war in einer unstillbaren Wut über die moralische und geistige Blindheit der Katze. Er sagte, dass jeder, außer einem kurzsichtigen Dummkopf, sehen könne, dass in dem Loch nichts anderes als ein Elefant sei.

MORAL, VON DER KATZE

Du kannst in einem Text alles finden, was du mitbringst, wenn du dich zwischen ihn und den Spiegel deiner Vorstellungskraft stellst. Du wirst deine Ohren vielleicht nicht sehen, aber sie werden da sein. (16)

Als er geendet hatte, begann Mr. Twain mich zu verlassen. Ich wollte ihm noch von seinem Stern auf dem "Writer's Walk" am Circular Quay erzählen. Ich erzählte es ihm kurz, während er ein und aus ging. Ich wollte noch mehr sagen - leider verschwand er. Die folgenden Werke erhalten mein höchstes Lob:

Dem Äquator folgen

Die Abenteuer von Tom Sawyer

Das Leben auf dem Mississippi

Die Unschuldigen im Ausland

The Prince and the Pauper

Pudd'n'head Wilson

Adams Tagebuch

Der geheimnisvolle Fremde

Ein Yankee aus Connecticut am Hofe des Königs

Ist Shakespeare tot?

Ein Monument für Adam

Ein humanes Wort von Satan
Wie man eine Geschichte erzählt
Meine erste Lüge und wie ich da rauskam
Der Mann, der Hadleyburg verderbte
War es der Himmel? Oder die Hölle?

Wir sehen uns!

Cathy McGough
Deine Interviewerin für legendäre Schriftsteller aus
dem Jenseits

# COLERIDGE UND DIE PASSIONSFRUCHT

Hallo an alle! Heute werden wir Samuel Taylor Coleridge kennenlernen, der am 21. Oktober 1772 geboren wurde. Samuel war der jüngste Sohn des Pfarrers von Ottery, St. Mary's in Devonshire, England.

Herr Coleridge ist ein seltener Schriftsteller, denn er war Philosoph, Kritiker und Dichter in einer Person. Als Philosoph und Kritiker konnte Herr Coleridge die Ergebnisse seiner Arbeit sofort sehen. Als Dichter hingegen musste Coleridge auf die Inspiration seiner Muse warten.

Als Dichter wurde Herr Coleridge als "Apostel der Schönheit" (1) bezeichnet, was ein ziemlich anspruchsvoller Titel ist, dem niemand gerecht werden kann.

Coleridge erlangte diesen Status durch das Schreiben von Strophen, wie sie in alten Volksballaden wie "The Rime of the Ancient Mariner" vorkommen. Es wurde in sieben Teilen erzählt und wird auch heute noch von vielen als sein größtes Meisterwerk angesehen.

Während wir auf seine Ankunft warten, werde ich Teil III des Gedichts für dich lesen:

DAS RIME DES

DES ALTEN SEEFAHRERS

Sind das ihre Rippen, durch die die Sonne

Wie durch ein Gitter spähte?

Und ist die Frau ihre ganze Besatzung?

Ist das ein Tod? Und sind es zwei?

Ist der Tod die Gefährtin der Frau?


Ihre Lippen waren rot, ihr Blick war frei,

Ihre Locken waren gelb wie Gold:

Ihre Haut so weiß wie Lepra,

Der Nachtmahr Leben im Tod war sie,

die das Blut der Menschen mit Kälte verdickt.


Der nackte Hüne kam daneben,

Und die beiden würfelten;

'Das Spiel ist vorbei! Ich habe gewonnen! Ich habe gewonnen!'

Sagte sie und pfiff dreimal. (2)

Ich blickte von meinem blauen Hardcover-Buch der Schätze auf und sah Samuel Taylor Coleridge durch mein Wohnzimmer gehen, wo er sich zu mir auf unsere Terrasse gesellte.

Er war nicht groß, aber stämmig und hatte sehr dunkles Haar. Ich erinnerte mich, gelesen zu haben, dass Mr. Coleridge sich selbst einmal als "großes Faultier" bezeichnet hatte. (3)

Als er durch den Raum ging, hatte ich das Gefühl, dass er sich selbst ein großes Unrecht getan hatte. Mr. Coleridge war nicht gerade schick gekleidet, aber er hatte eine liebenswerte Sanftheit an sich - wie ein Teddybär.

Wir begrüßten uns gegenseitig und ich bot ihm einen Platz an. Er zog es vor, durch den Garten zu schlendern.

Ich ermutigte ihn und wies ihn auf reife Passionsfrüchte hin, die schwer an der Rebe hingen.

Er schien von ihnen fasziniert zu sein, nahm eine in die Hand und hielt sie fest, als wäre sie kostbar. Er schnupperte an ihr und drehte sie um.

Ich fragte ihn, ob er sie probieren wolle und eilte in die Küche, um ein Messer und ein Schneidebrett zu holen.

Er legte die Frucht auf das Brett und schien zunächst recht interessiert, aber als ich sie halbierte, verging ihm die Lust. Er betrachtete die großen schwarzen

Kerne inmitten des gelblichen Fruchtfleisches und wandte sich angewidert ab.

Als er damit fertig war, ging er eine Weile mit hinter dem Rücken verschränkten Händen durch den Garten und drehte sich dann abrupt in meine Richtung, wo er meine erste Frage erwartete.

F: Mr. Coleridge, wie waren Sie als Kind?

A: Als Kind habe ich immer allein gespielt. Ich habe Bücher nachgespielt und so getan, als wäre ich ein Held wie König Artus, Hamlet oder Robinson Crusoe. (4)

F: Dein Leben wurde noch einsamer und schwieriger, als dein Vater starb und du zu deinem Onkel ziehen musstest. Kannst du uns ein paar Erinnerungen aus dieser Zeit erzählen?

A: Mein Onkel schickte mich ins Christ's Hospital, eine berühmte Wohltätigkeitsschule für Blaumantelschüler. Jeden Morgen gab es ein Stück trockenes Brot und ein schlecht riechendes Bier. Jeden Abend ein großes Stück Brot und Käse oder Butter…. Außer mittwochs hatte ich nie einen vollen Bauch. Unser Appetit war gedämpft, nie gesättigt; wir hatten kein Gemüse.

Die Tage, die schwierigsten Tage waren Urlaubstage. Familie und Freunde kamen zu Besuch. Diejenigen, die zurückblieben, die ohne Familie oder Freunde waren, mussten einen Tag ertragen, an dem die Tore von morgens bis abends geschlossen waren. Bei einer seltenen Gelegenheit flüchtete ich allein nach London und versteckte mich auf den Märkten, um darauf zu warten, dass die Zeit vergeht. (5)

F: Wer war "Silas Titus Comberbach"?

A: Silas Titus Comberbach war ein Name, den ich während meines zweiten Jahres in Cambridge erfunden habe. Ich beschloss, mich bei einem Regiment von Dragonern zu melden. Das war nichts für mich. Ich war ein äußerst ungeschickter Reiter und konnte mich nicht rittlings im Sattel halten. Ich konnte nicht einmal mein Pferd richtig putzen und verlor den größten Teil meiner Ausrüstung. Sogar mein Karabiner verrostete. Aber meine Kameraden schien das nicht zu stören, denn ich erzählte ihnen Geschichten und Gedichte. Eines Tages schrubbte ich mein Pferd im Stall und fand ein Stück Kreide. Ich schrieb eine lateinische Inschrift an die Wand. Ein Offizier sah, was ich geschrieben hatte und ernannte mich zu seinem Ordonnanzmeister. Meine Aufgabe war es nun, hinter meinem Offizier durch die Straßen zu laufen. Leider erkannte mich jemand aus Cambridge und zeigte mich an. Das war das Ende von Silas Titus Comberbach. (6)

F: Als "The Rime of the Ancient Mariner" veröffentlicht wurde, erschreckten sein Inhalt und sein Stil viele Leser. Ein Kritiker schrieb, dass es "keinem normalen Geist" entspringt. Kannst du erklären

was in "The Morning Post" geschrieben wurde?

Mr. Coleridge lachte, setzte sich neben mich, legte seine Hand an sein Kinn und sagte dann:

A: Einer der Kritiker von "The Morning Post" schrieb: "Hier ist ein Alptraum, wie ihn nur ein Mann in einem Ohnmachtsanfall kennt, wenn das Blut kalt wird und der Schweiß lautlos von seinen Gliedern rinnt."

Mir war klar, dass viele Leser das Gedicht nicht verstehen konnten, und einer schickte eine anonyme Strophe an die Zeitung, in der es hieß:

"Dein Gedicht muss für die Ewigkeit sein,

Lieber Herr! Es kann nicht scheitern,

Denn es ist unverständlich,

Und ohne Kopf und Schwanz."

Ein Freund brachte mir die Zeitung und fragte verärgert: "Wer, zum Teufel, kann das geschickt haben?" Ich schaute ihm tief in die Augen und sagte: "Ich war es." Daraufhin fielen wir beide lachend durch den Raum. Die Moral ist also: Um einen Kritiker zu täuschen, sei ein Kritiker! (7)

F: Oder du könntest sie einfach ignorieren und hoffen, dass sie verschwinden! Du willst doch sicher nicht, dass sie die Macht haben, dich dazu zu bringen, das Schreiben aufzugeben und dich an etwas anderem zu versuchen, wie zum Beispiel Predigen, oder? Ich spiele damit auf deine kurzlebige Berufung als Pfarrer in Bath an.

A: Es waren siebzehn Leute in der Kapelle, und kaum hatte ich angefangen, stahl sich einer von ihnen leise aus der Kapelle. Ein paar Minuten später noch einer, dann noch einer und dann noch einer und dann noch einer. Als die Predigt zu Ende war, war niemand mehr da außer einer älteren Frau. Sie war fest eingeschlafen. Ich beschloss, mir einen anderen Weg zu suchen, um Brot und Käse zu verdienen. (8)

F: Würdest du mir vielleicht etwas vorlesen?

A: Gewiss, liebe Frau:

KUBLA KHAN

In Xanadu hat Kubla Khan
einen prächtigen Vergnügungspalast erbaut;
Wo Alph, der heilige Fluss, floss
Durch Höhlen, die der Mensch nicht kennt
hinunter zu einem sonnenlosen Meer.
So wurden zweimal fünf Meilen fruchtbaren Bodens
Mit Mauern und Türmen umgürtet
Und hier waren Gärten mit gewundenen Rinnsalen,
Wo mancher Weihrauchbaum blühte
.
Und hier gab es Wälder, so alt wie die Hügel,
Mit sonnigen, grünen Flecken


Doch oh, diese tiefe romantische Schlucht, die
schräg abfällt
den grünen Hügel hinunter, quer durch eine Zederndecke!
Ein wilder Ort! So heilig und verwunschen
Wie einst unter dem abnehmenden Mond

Eine Frau, die um ihren dämonischen Liebhaber
weint!
Und aus dieser Schlucht, in der es unaufhörlich
brodelt
brodelnd,
Als ob diese Erde in schnellem, dickem Atem
atmet,
Eine mächtige Fontäne wurde in diesem Moment
gezwungen;
In deren raschem, halb unterdrücktem Ausbruch
Riesige Fragmente wölbten sich wie abprallender
Hagel,
Oder häckselndes Korn unter des Dreschers
Dreschflegel;
Und inmitten dieser tanzenden Felsen auf einmal
und
immer
sprang der heilige Fluss in die Höhe;
Fünf Meilen schlängelte sich der heilige Fluss mit
einer wirren Bewegung
Durch Wald und Tal floss der heilige Fluss,
Dann erreichte er die Höhlen, die der
Menschen,
und versank im Taumel in einen leblosen Ozean;
Und inmitten dieses Getöses hörte Kubla von
weitem
Die Stimmen der Vorfahren, die den Krieg
prophezeiten!

Der Schatten der Kuppel des Vergnügens
schwebte mitten auf den Wellen;
Dort hörte man das gemischte Rauschen
Aus dem Brunnen und den Höhlen.
Es war ein Wunder von seltener Art,
Ein sonniger Vergnügungsdom mit Höhlen aus Eis!
Ein Fräulein mit einem Hackbrett
sah ich einst in einer Vision;
Es war eine abessinische Maid,
Und sie spielte auf der Hackbrettflöte,
Sie sang vom Berg Abora
Könnte ich in mir wiederbeleben,
Ihre Symphonie und ihren Gesang,
so würde mich das in tiefe Freude versetzen,
dass ich mit lauter und langer Musik,
Ich würde die Kuppel in der Luft bauen,
Die sonnige Kuppel! Diese Höhlen aus Eis!
Und alle, die es hörten, sollten sie dort sehen,
Und alle sollten schreien: Vorsicht! Hütet euch!
Seine blitzenden Augen, sein schwebendes Haar!
Und schließe deine Augen mit heiligem Schrecken,
Denn er hat sich von Honigtau ernährt,
Und trinkt die Milch des Paradieses. (9)

F: Hast du einen Rat für Dichter im Jahr 2003 und darüber hinaus?

A: Poesie muss nicht nur einfach sein, sie muss auch magisch sein. Der Dichter muss in die tiefen Zisternen seines Unterbewusstseins hinabsteigen und die Kristallflüsse seiner Fantasie, die die Landschaft einer übernatürlichen wie auch natürlichen Welt widerspiegeln, in den gesunden Sonnenschein der Welt der normalen Erfahrung sprudeln lassen. Ein Gedicht ist die Art von Komposition, die sich von den Werken der Wissenschaft dadurch unterscheidet, dass sie nicht die Wahrheit, sondern das Vergnügen zum unmittelbaren Ziel hat; und von allen anderen Arten (die dieses Ziel mit ihr gemeinsam haben) unterscheidet sie sich dadurch, dass sie sich selbst ein solches Vergnügen am Ganzen vorschlägt, das mit einer deutlichen Befriedigung aus jedem Teil vereinbar ist. Der gute Verstand ist der Körper des poetischen Genies, die Phantasie sein Gewand, die Bewegung sein Leben und die Vorstellungskraft die Seele, die überall und in jedem ist und alles zu einem anmutigen, intelligenten Ganzen formt. Die Sprache eines jeden Menschen ist unterschiedlich, je nach dem Umfang seines Wissens, der Aktivität seiner Fähigkeiten und der Tiefe oder Schnelligkeit seiner Gefühle. (10)

F: Würdest du noch ein Gedicht mit uns teilen, bevor du das Jahr 2003 verlässt? Danke, dass du dich mit mir getroffen hast.

A: Ich möchte euch mit Hoffnung verlassen, denn als ich unter euch war, fand ich mich nie allein in der Umarmung von Felsen und Hügeln wieder... sondern mein Geist bewegte sich, trieb und wirbelte wie ein Blatt im Herbst; eine wilde Aktivität von Gedanken, Vorstellungen, Gefühlen und Bewegungsimpulsen stieg in mir auf... Je weiter ich mich von der belebten Natur entfernte... desto intensiver wurde in mir das Gefühl für das Leben. Das Leben erschien mir damals als ein universeller Geist, der weder ein Gegenteil hatte noch haben konnte. Gott war überall, und doch gab es Raum für den Tod? (11)

ARBEIT OHNE HOFFNUNG

Die ganze Natur scheint zu arbeiten. Schnecken verlassen ihre

Unterschlupf -

Die Bienen rühren sich - Vögel sind auf den

Flügel -

Und der Winter schlummert in der freien Natur,

Trägt auf seinem lächelnden Gesicht einen Traum

vom

Frühling!

Und ich, das einzige untätige Ding,

Ich mache keinen Honig, ich baue kein Paar, ich

singe


Doch ich kenne die Ufer, wo die Amaranths

wehen,

Ich habe die Quelle gefunden, aus der Ströme von

Nektar fließt,

Blüht, o ihr Amaranten! Blüht für wen ihr wollt

mögt,

Für mich blüht ihr nicht! Gleitet, reiche Ströme,

fort!

Mit ungeschminkten Lippen, ohne Kranz, schreite ich

spazieren:
Und willst du die Zaubersprüche lernen, die
meine Seele betäubt?
Arbeit ohne Hoffnung zieht Nektar in ein Sieb,
Und Hoffnung ohne ein Ziel kann nicht leben.
(12)

Samuel Taylor Coleridge nahm eine Passionsfrucht in jede Hand und deutete an, dass er sie gerne mitnehmen würde. Ich nickte zustimmend. Er steckte vorsichtig je eine in seine Tasche und irgendwie wusste ich, dass er sie als Erinnerung an seine Reise bei sich trug. Ihm zu Ehren rezitierte ich die süßen Worte von:

ASRA
Geliebt zu werden ist alles, was ich brauche,
Und wen ich liebe, den liebe ich wirklich. (13)
Ich persönlich unterstütze die folgenden
Werke von Samuel Taylor Coleridge:
Christabel
Liebe
Jugend und Alter
Dejection: an Ode
Die Piccolomini
Ode an die Gelassenheit
Ode an das scheidende Jahr
Frost um Mitternacht
Biographia Literaria: 1817

Überlegungen zum Verlassen eines
Rückzugsort
Die Lindenlaube, mein Gefängnis
Der Kerker
Ängste in der Einsamkeit
Die Qualen des Schlafs
Das Phantom
Was ist das Leben?
Inschrift für einen Brunnen auf einer Heide
Das menschliche Leben
Zeit, real und imaginär
Vernunft
Sehnsucht

Beod ge healthy

Cathy McGough
Deine          Interviewerin          für          legendäre
Schriftstellerinnen und Schriftsteller
Von jenseits

# NATHANIEL HAWTHORNE DREHT DEN SPIESS UM

MADAME DELATOUR WAR SEHR krank. Ihr Leibarzt - Dr. Weinstein - machte einen Hausbesuch und ordnete an, dass sie sich dringend erholen sollte.

Da ich eine unwillige Patientin hatte, teilte ich Blanchetta mit, dass Dr. Weinstein mir die Verantwortung für sie überlassen hatte. (Merke: Wenn du deiner Patientin sagen musst, dass du die Verantwortung trägst, kannst du immer mit Ärger rechnen!) Deshalb würden wir keines unserer geplanten Interviews durchführen, auch nicht das mit

Mr. Nathaniel Hawthorne, bis sie wieder ganz gesund sei.

"Ha!", rief sie aus und fügte dann hinzu: "The Show must go on!", und dann stimmte sie in einen mitreißenden Refrain von Freddie Mercurys gleichnamigem Song ein. Es dauerte nicht lange, bis sie anfing zu husten und zu stottern und sich schließlich auf das Sofa hackte, wo sie sich mit dem Kopf in den Händen zurücklehnte.

Da stand sie nun, in ihren pelzigen rosa Ugg-Stiefeln, mit einem bordeauxroten Morgenmantel, der bis zum Boden reichte und im Nacken befestigt war, die Haare unter einer psychedelischen Badekappe und ohne Make-up, abgesehen von einem dicken Klecks knallroten Lippenstifts.

Wenn du sie in diesem Zustand unerwartet angetroffen hättest, hättest du denken können, dass du in Mr. Serlings "Twilight Zone" gelandet wärst. Wenn du genau hingehört hättest, hättest du wahrscheinlich gehört: "Do, do do do do, Do, do, do, do." Ich wette sogar, du hörst gerade die Titelmelodie der Serie.

Zurück zu unserer Patientin... Es war zu der Zeit, als ich Madame ein schönes kühles Glas Wasser anbot, um ihr Fieber zu senken. Sie verscheuchte mich und verlangte stattdessen einen großen Schuss Chivas Regal auf Eis. Ich äußerte meine Besorgnis über ihre ungesunde Getränkewahl, da Dr. Weinstein Alkohol so gut wie verboten hatte.

Schließlich einigten wir uns auf einen Kompromiss: einen einzigen verwässerten Shot mit viel Eis.

Danach lehnte sie sich auf der Chaiselongue zurück, nippte mit dem kleinen Finger in der Luft und versuchte, genug Kraft zu sammeln, um in die Welt hinauszugehen.

Leider merkte sie bald, dass sie noch viel zu schwach war und bettelte um einen weiteren Schluck. Ich stimmte nur sehr widerwillig zu.

Nachdem sie ihn zurückgeschlagen hatte, stieg sie etwas unsicher die Treppe hinauf, um sich auszuruhen und ihre Kräfte zu sammeln.

Ich entdeckte eine volle Schnapsflasche unter ihrem Arm und konfiszierte sie, bevor ich sie nach oben schickte, damit sie sich ausruhen konnte. In der Zwischenzeit nutzte ich die Ruhe und schaute mir die Informationen an, die ich im Laufe der Zeit über unseren Gesprächspartner, Herrn Nathaniel Hawthorne, gesammelt hatte.

Mr. Hawthorne wurde am 4. Juli 1804 in Salem, Massachusetts, geboren. Sein Vater starb, als er vier Jahre alt war, und ließ seine Mutter zurück, die ihn und seine beiden Schwestern Elizabeth und Maria aufzog. Mrs. Hawthorne war nach dem Tod ihres Mannes verzweifelt und nahm ihre drei Kinder mit zu ihrem Vater. Ihr Bruder Robert interessierte sich für Nathaniel und nahm es auf sich, seinen Neffen zu erziehen.

Als ich in den Nachthimmel schaute, kam mir eines von Mr. Hawthornes Gedichten in den Sinn:
ADRESSE AN DEN MOND
Wie süß ist der blasse Strahl des silbernen Mondes,
Fällt zitternd auf die ferne Bucht,
Über der die Brisen nicht mehr seufzen,
Noch peitschen die Wogen das klingende Ufer.
Sag, sehen die Augen derer, die ich liebe,
Sieh dich an, wie du hinaufschwebst,
Einsam, majestätisch und heiter,
Die ruhige und friedliche Königin des Abends?
Sag, wenn an deiner friedlichen Brust
finden die Geister der Verstorbenen ihre Ruhe,
Denn wer würde sich ein schöneres Zuhause wünschen,
als in dieser hellen, leuchtenden Kuppel? (1)
Ich zitterte und drehte mich gerade noch rechtzeitig um, um Blanchettas Stimme zu hören, die mich von oben rief: "Huhu, Cathy, Mr. Hawthorne ist auf dem Weg."

Er hatte einen schokoladenfarbenen Schnurrbart mit grauen Flecken und langes, welliges Haar. Seine Stirn wurde von einer kleinen Locke verdeckt und seine dunklen, schweren Augenbrauen schienen die dunkelblaue Farbe seiner Augen zu betonen.

Er streckte mir seine Hand entgegen, nahm dann meine andere Hand in seine und hielt sie fest, während er mir in die Augen sah. Es fühlte sich an, als würde er versuchen, in mir zu lesen.

Nach ein paar Sekunden atmete er tief ein, verbeugte sich und äußerte dann seine Sorge um Madame Delatour. Ich versicherte ihm, dass sie von einem Arzt untersucht worden war und es ihr gut gehen würde, wenn sie seine Anweisungen befolgte.

Dann fragte Mr. Hawthorne ganz unerwartet:

F: Sie sind ein angehender Schriftsteller, wie ich höre?

A: Ja, Mr. Hawthorne.

F: Dann habe ich einen Rat für dich, und das ist der wichtigste Rat, den ich dir geben kann. Hör gut zu - das ist vielleicht alles, was ich dir zu bieten habe.

Wenn er seine Blätter in den Wind wirft, wendet sich der Autor nicht an die vielen, die sein Buch wegwerfen oder nie zur Hand nehmen werden, sondern an die wenigen, die ihn besser verstehen werden als die meisten seiner Schulkameraden oder Lebensgefährten.

Manche Autoren gehen sogar noch weiter und geben sich so vertraulichen Offenbarungen hin, dass sie sich nur an das eine Herz und den einen Verstand vollkommener Sympathie richten können, als ob das gedruckte Buch, das in die weite Welt hinausgeworfen wird, den geteilten Teil des eigenen Wesens herausfinden und den Kreis seines Daseins vervollständigen würde, indem es ihn mit ihm in Verbindung bringt.

Aber da die Gedanken gefroren und die Sprache betäubt ist, wenn der Redner nicht in einer echten

Beziehung zu seinem Publikum steht, ist es vielleicht verzeihlich, sich vorzustellen, dass ein Freund, ein freundlicher und besorgter, wenn auch nicht der engste Freund, unserem Gespräch zuhört; und dann, wenn die angeborene Zurückhaltung durch dieses wohlwollende Bewusstsein aufgetaut ist, können wir über die Umstände um uns herum und sogar über uns selbst sprechen, aber unser innerstes Ich immer noch hinter seinem Schleier halten. In diesem Umfang und innerhalb dieser Grenzen kann ein Autor autobiografisch sein, ohne die Rechte des Lesers oder seine eigenen zu verletzen. (2)

F: Vielen Dank, Herr Hawthorne, Sie haben mich sehr zum Nachdenken gebracht. Wenn du jetzt ein Glas Limonade trinken und dich setzen möchtest, könnten wir dann bitte mit dem Interview beginnen?

A: Ich bin zufrieden, Cathy. Du hast das Wort, also kannst du fortfahren.

F: Stimmt es, dass du "The Pilgrim's Progress" schon in jungen Jahren gelesen hast?

A: Es war eine Freude, dieses Buch und andere zu lesen, als ich sechs Jahre alt war. Mein Vater starb, als ich vier Jahre alt war und das Lesenlernen eröffnete mir eine ganz neue Welt. Ich liebte "The Pilgrim's Progress" und "Castle of Indolence" von James Thomson bereitete mir besondere Freude. Ich las Spensers "Faerie Queene", das ich mit dem ersten Geld kaufte, das ich je verdient hatte. (3)

F: An welche Zeit in deinem Leben erinnerst du dich am liebsten?

A: Als ich vierzehn war, zogen wir an den Sebago Lake in Maine. Ich lebte wie ein Vogel in der Luft, so vollkommen war die Freiheit, die ich genoss ... Ach, wie gut erinnere ich mich an die Sommertage; auch daran, als ich mit meinem Gewehr nach Belieben durch die Wälder von Maine streifte! In der Jugend ist alles schön - denn dann ist alles erlaubt... Obwohl ich dort meine verfluchten Gewohnheiten der Einsamkeit zum ersten Mal bekam. (4)

F: Jeder Schriftsteller braucht Einsamkeit, aber als Kind empfiehlst du sie nicht?

A: Empfehlen? Nein. Aber diese Einsamkeit, die ich als Kind spürte, zwang mich dazu, alles zu lesen, was ich finden konnte. Ich las "Die Waverley-Romane", Rousseau und "Der Newgate-Kalender" und erfand lange Geschichten darüber, was ich tun und wohin ich gehen wollte, wenn ich groß war. Ich beendete meine Geschichten immer mit "Und ich komme nie wieder zurück! (5)

F: Stimmt es, dass du als Junge deine eigene Zeitung gegründet hast?

A: Ja, das habe ich tatsächlich. Ich nannte sie "The Spectator" - nicht sehr originell, oder? Sie bestand nur sechs Ausgaben lang und dann informierte ich meine Abonnenten - von denen ich nur einen hatte -, dass es keine nennenswerten Todesfälle gegeben hatte, außer dem des Herausgebers der Zeitung, der wegen der geringen Zahl seiner Gönner verhungert war. (6)

F: Wie und wann hast du beschlossen, Schriftsteller zu werden?

A: Mit siebzehn Jahren ging ich auf das Bowdoin College. Ich schrieb an meine Mutter:

Ich will weder Arzt werden und von den Krankheiten der Menschen leben, noch Pfarrer, um von ihren Sünden zu leben, noch Anwalt, um von ihren Streitigkeiten zu leben. Mir bleibt also nichts anderes übrig, als Schriftstellerin zu werden. Wie würde es dir gefallen, eines Tages ein ganzes Regal voller Bücher zu sehen, die von deinem Sohn geschrieben wurden und auf deren Rückseite "Hawthornes Werke" steht?

Ich habe ihre Antwort nicht gesehen, als sie meinen Brief erhielt, aber später wusste ich mit Sicherheit, dass sie von meiner Berufswahl nicht beeindruckt war. (7)

F: Hattest du das Gefühl, du könntest deiner Familie das Gegenteil beweisen, oder gab es Hoffnung, ihre vorgefassten Meinungen über dich zu ändern?

A: Kein Ziel, das ich je verfolgt habe, würden sie als lobenswert anerkennen; kein Erfolg von mir - wenn mein Leben über den häuslichen Bereich hinaus jemals durch Erfolg erhellt worden wäre - würden sie als wertlos, wenn nicht gar als schändlich ansehen. "Was ist er?", murmelt der eine graue Schatten meiner Vorväter zum anderen. "Ein Autor von Geschichtenbüchern! Was für eine Art von Lebensaufgabe - was für eine Art, Gott zu verherrlichen oder der Menschheit in seiner Zeit und Generation nützlich zu sein - kann das sein? Der degenerierte Kerl hätte genauso gut ein Fiedler sein können!" So lauten die Komplimente, die zwischen meinen Urenkeln und mir über die Kluft der Zeit hinweg ausgetauscht werden! Doch so sehr sie mich auch verhöhnen mögen, starke Züge ihres Wesens haben sich mit dem meinen verwoben. (8)

F: Alle Schriftsteller/innen erhalten Ablehnungen. Wie bist du mit diesen Ablehnungen umgegangen, falls es welche gab?

A: Wenn es welche gab? Machst du Witze? In meiner Studienzeit schrieb ich Gedichte und Skizzen. Ich stellte sie zusammen und nannte sie "Seven Tales of My Native Land". Ich bot sie dem Verlag Nr. 1 an. Sie lehnten höflich ab. Ich bot sie dem Verlag Nr. 2 an, der sie unhöflich ablehnte. Verlag Nr. 3 nahm sie an und behielt sie so lange, bis ich sie zurückverlangte. Und wie bin ich mit der Ablehnung umgegangen? Ich habe das Buch verbrannt! (9)

F: Oh je, das muss weh getan haben. Hast du daran gedacht, das Handtuch zu werfen?

A: Ich kenne diesen Ausdruck nicht, aber ich verstehe, was du meinst. Deshalb lautet meine Antwort: Nein. Ich habe trotzdem geschrieben und anonym auf eigene Kosten einen Roman namens "Fanshawe" veröffentlicht. Er hat mich 100,00 $ gekostet und wurde nur selten verkauft. Deshalb habe ich auch nie öffentlich zugegeben, dass ich der Autor bin. (10)

F: Hast du später in deinem Leben Trost in der Einsamkeit gefunden?

A: Ich war wie ein verängstigtes Kind, selbst mit 38 Jahren. Ich wollte nichts mehr, als der Gesellschaft zu entkommen. Wenn ich einen Mann entlang schlendern sah, kletterte ich eilig über die Felsen und suchte Zuflucht in einer Ecke, die ich in so mancher heimlichen Stunde mein Eigen nennen durfte. So war ich auch, bis ich meine Frau Sophia kennenlernte. (11)

F: Du hast Sophia am 9. Juli 1842 geheiratet und bist in das Old Manse in Concord gezogen.

A: Dort habe ich "Mosses" geschrieben. Meine Frau war meine einzige Gefährtin und ich brauchte keine andere; in meinem Kopf gab es keine Leere, genauso wenig wie in meinem Herzen. In Wahrheit verbrachte ich so viele Jahre in völliger Abgeschiedenheit von jeglicher menschlicher Gesellschaft, dass es kein Wunder war, dass ich all meine Sehnsüchte durch diesen einzigen Umgang befriedigt sah. Aber sie war aus der Mitte vieler Freunde und eines großen Bekanntenkreises zu mir gekommen; dennoch lebte sie von Tag zu Tag in der Einsamkeit, sah niemanden außer mir und später unsere Kinder, während der Schnee unserer Allee wochenlang von keinem Schritt außer dem meinen betreten wurde; dennoch war sie immer so fröhlich. Gott sei Dank war ich in der Lage, ihr grenzenloses Herz zu befriedigen! (12)

F: Concord hatte in der Schriftstellergemeinde einen guten Ruf.

A: Wir lebten am Stadtrand, wo ich Geschichten erfand und von den Einnahmen daraus lebte oder mich durchschlug, bis ich 1846 zum Surveyor of Customs in Salem ernannt wurde, mit einem Gehalt von zwölfhundert Dollar im Jahr. Dieses Glück währte jedoch nicht lange und 1849 wurde ich aufgrund einer politischen Veränderung aus meiner Position verdrängt. Ich war fünfundvierzig Jahre alt, hatte eine Frau und zwei Kinder zu versorgen. Wir hatten sehr wenig Ersparnisse und kaum Aussichten auf eine neue Stelle. (13)

F: Du hattest das Gefühl, die Welt sei gegen dich und hast dann deinen berühmtesten Roman "Der scharlachrote Buchstabe" geschrieben?

A: Viele haben an mich geglaubt, obwohl ich nur wenig an mich selbst geglaubt habe. Meine Frau. Meine Freunde aus der Schule. Mein Verleger. Sie alle waren der Meinung, dass ich etwas in mir hatte, um einen großen Roman zu schreiben. Mein Verleger James T. Fields besuchte mich in Salem. Er fragte mich freundlich, wie er es schon oft getan hatte, ob ich in letzter Zeit etwas geschrieben hätte. Meine Antwort war: Welcher Verleger würde jemals ein Buch von mir, dem unbeliebtesten Schriftsteller Amerikas, riskieren? Er sagte mir, dass er das aus tiefster Überzeugung tun würde. Ich antwortete, dass ich nichts Lohnenswertes in meinem Repertoire hätte.

Gerade als er gehen wollte, griff ich in meinen Schreibtisch, holte ein Manuskript heraus und fragte ihn, ob er sich diesen Haufen Schrott ansehen wolle. Das Manuskript war der grobe Entwurf von "Der scharlachrote Buchstabe". (14)

F: "Der scharlachrote Buchstabe" wurde 1850 veröffentlicht und in zehn Tagen über 5.000 Mal verkauft. Was hat Sophia davon gehalten? Hat es ihr gefallen?

A: Ich versuchte, meiner Frau den Schluss vorzulesen, denn meine Stimme schwoll an und hob sich, als würde ich auf einem Meer auf und ab geworfen, das sich nach einem Sturm legt. Es brach ihr das Herz - und schickte sie mit heftigen Kopfschmerzen ins Bett - was ich als triumphalen Erfolg betrachtete. (15)

F: Woher kam die Idee?

A: Ein mysteriöses Paket kam im Zollhaus an, und der Gegenstand, der meine Aufmerksamkeit am meisten erregte, war ein feines rotes Tuch, das stark abgenutzt und verblasst war. Es wies Spuren von Goldstickereien auf, die jedoch stark ausgefranst und verunstaltet waren, so dass nichts oder nur sehr wenig von dem Glitzer übrig war. Die Stickerei war, wie man unschwer erkennen konnte, mit wunderbarem Geschick ausgeführt worden, und die Maschen zeugten - wie mir von Damen, die mit solchen Geheimnissen vertraut waren, versichert wurde - von einer inzwischen vergessenen Kunst, die nicht einmal durch das Herauszupfen der Fäden wiederhergestellt werden kann. Dieser scharlachrote Stofffetzen, der im Laufe der Zeit durch Abnutzung und Mottenfraß nur noch ein Fetzen war, nahm bei genauer Betrachtung die Form eines Buchstabens an. Es war der Großbuchstabe "A". (16)

F: Und dieses "A", wie sah es aus?

A: Bei einer genauen Messung stellte sich heraus, dass jedes Glied genau dreieinviertel Zentimeter lang war. Es war zweifelsohne als Zierde gedacht, aber wie es getragen werden sollte oder welchen Rang, welche Ehre und welche Würde es in vergangenen Zeiten bedeutete, war mir ein Rätsel, das ich nicht zu lösen hoffte, so flüchtig sind die Moden der Welt in diesen Dingen. Und doch interessierte es mich auf seltsame Weise. Meine Augen blieben an dem alten scharlachroten Buchstaben haften und ließen sich nicht abwenden. Sicherlich steckte darin eine tiefe Bedeutung, die es wert war, gedeutet zu werden, und die gleichsam aus dem mystischen Symbol herausströmte, sich meinem Empfinden subtil mitteilte, sich aber der Analyse meines Verstandes entzog. (17)

F: Hat dich das Geheimnis des Ganzen verschlungen?

A: Ja, während ich so verwirrt war und unter anderem darüber nachdachte, ob es sich bei dem Buchstaben nicht um eine der Dekorationen handelte, die sich die Weißen ausdachten, um die

Augen der Indianer abzulenken, legte ich ihn zufällig auf meine Brust. Es schien mir - du darfst lächeln, aber nicht an meinen Worten zweifeln -, als ob ich ein nicht ganz körperliches, aber doch fast so etwas wie brennende Hitze verspürte; als ob der Brief nicht aus rotem Stoff, sondern aus glühendem Eisen wäre. Ich erschauderte und ließ ihn unwillkürlich auf den Boden fallen.

Bei der Betrachtung des scharlachroten Buchstabens hatte ich es bisher versäumt, eine kleine Rolle schmuddeligen Papiers zu untersuchen, um das der Brief gewickelt war. Jetzt öffnete ich es und stellte mit Genugtuung fest, dass die Feder des alten Landvermessers eine einigermaßen vollständige Erklärung der ganzen Angelegenheit enthielt. (18)

F: Gab es irgendwelche konkreten Informationen über das Leben der echten Hester Prynne?

A: Ja, es gab mehrere Blätter, die viele Einzelheiten über das Leben und die Gespräche einer Hester Prynne enthielten, die in den Augen unserer Vorfahren eine recht bemerkenswerte Persönlichkeit gewesen zu sein schien. Sie lebte in der Zeit zwischen den frühen Tagen von Massachusetts und dem Ende des siebzehnten Jahrhunderts. Ältere Menschen, die zur Zeit von Mr. Surveyor Pue noch lebten und deren mündliche Aussagen er in seine Erzählung einfließen ließ, erinnerten sich an sie in ihrer Jugend als eine sehr alte, aber nicht altersschwache Frau mit einem stattlichen und feierlichen Aussehen. Seit jeher hatte sie die Angewohnheit, als eine Art freiwillige Krankenschwester durch das Land zu ziehen und alles Mögliche zu tun. Sie nahm es auf sich, in allen Angelegenheiten Ratschläge zu erteilen, vor allem in Herzensangelegenheiten, wodurch sie, wie es bei einer Person mit solchen Neigungen unvermeidlich ist, bei vielen Menschen die einem Engel gebührende Verehrung erlangte, während sie von anderen wohl als Eindringling und Plage angesehen wurde. (19)

F: Gab es weitere Entdeckungen?

A: Als ich das Manuskript genauer untersuchte, fand ich die Aufzeichnungen über weitere Taten und Leiden dieser einzigartigen Frau mit dem Titel "Der scharlachrote Buchstabe" - und es sollte sorgfältig bedacht werden, dass die wichtigsten Fakten dieser Geschichte durch das Dokument von Mr. Surveyor Pue autorisiert und beglaubigt sind. Die Originaldokumente und der scharlachrote Buchstabe selbst - ein höchst merkwürdiges Relikt - befinden sich noch immer in meinem Besitz und werden allen, die aufgrund meines großen Interesses an der Geschichte einen Blick darauf werfen möchten, gerne gezeigt. (20)

F: Du wusstest also sofort, dass dieses "A" - diese Informationen, die du gefunden hast - etwas war, worüber du schreiben wolltest?

A: Ich wusste, dass die Geschichte von Hester Prynne viel Nachdenken erfordert. Die Atmosphäre eines Zollhauses ist so wenig geeignet für die zarte Ernte der Fantasie und der Sensibilität, dass ich bezweifle, dass die Geschichte vom "Scharlachroten Buchstaben" jemals an die Öffentlichkeit gelangt wäre, wenn ich während der nächsten zehn Präsidentschaften dort geblieben wäre. Meine Fantasie war ein trüber Spiegel. Er spiegelte die Figuren, mit denen ich mein Bestes tat, um sie zu bevölkern, nicht oder nur sehr schemenhaft wider. Die Figuren der Erzählung wurden nicht durch die Hitze erwärmt und formbar gemacht, die ich durch mein geistiges Vergessen entfachen konnte. Sie nahmen weder die Glut der Leidenschaft noch die Zärtlichkeit der Gefühle an, sondern behielten die Starrheit toter Leichen und blickten mir mit einem starren und grässlichen Grinsen des verächtlichen Trotzes ins Gesicht. (21)

F: Stimmt es, dass "Der scharlachrote Buchstabe" einmal zu einer Oper gemacht wurde?

A: Ja, als ich im Ausland war, nahm ich eine amerikanische Zeitung in die Hand. Darin stand, dass eine noch unfertige Oper zu meinem Buch geschrieben wurde und dass einige Szenen davon in New York erfolgreich aufgeführt wurden. Ich denke, dass es vielleicht als Oper Erfolg haben könnte, aber als Theaterstück würde es sicher scheitern. (22)

F: Mein erstes Buch war eine Romanze. Welchen Rat würdest du Schriftstellern in diesem speziellen Genre geben?

A: Wenn ein Autor sein Werk als Roman bezeichnet, ist es kaum verwunderlich, dass er sich einen gewissen Spielraum in Bezug auf die Art und Weise und das Material herausnehmen möchte, den er sich nicht zugestehen würde, wenn er einen Roman schreiben würde. Bei der letzteren Form der Komposition wird davon ausgegangen, dass sie sich nicht nur an das Mögliche, sondern auch an das Wahrscheinliche und Gewöhnliche der menschlichen Erfahrung hält. Das erste Werk muss sich als Kunstwerk zwar streng an die Gesetze halten und sündigt unverzeihlich, wenn es von der Wahrheit des menschlichen Herzens abweicht, hat aber durchaus das Recht, diese Wahrheit unter Umständen darzustellen, die der Autor weitgehend selbst gewählt oder geschaffen hat.

Wenn er es für richtig hält, kann er sein atmosphärisches Medium so gestalten, dass es die Lichter hervorhebt oder abmildert und die Schatten des Bildes vertieft und bereichert. Zweifelsohne ist es klug, von den hier genannten Privilegien nur mäßig Gebrauch zu machen und das Wunderbare eher als einen leichten, delikaten und flüchtigen Geschmack unterzumischen, denn als einen Teil der eigentlichen Substanz des dem Publikum angebotenen Gerichts. Man kann jedoch kaum behaupten, dass er ein literarisches Verbrechen begeht, selbst wenn er diese Warnung missachtet. (23)

F: Wie wichtig ist deiner Meinung nach ein moralisches Ziel beim Schreiben eines Romans?

A: Viele Autorinnen und Autoren legen großen Wert auf ein bestimmtes moralisches Ziel, das sie mit ihren Werken verfolgen wollen. Um in diesem Punkt nicht zu kurz zu kommen, hat sich der Autor eine Moral zurechtgelegt, nämlich die Wahrheit, dass das Unrecht einer Generation in die nächste übergeht und ohne jeden vorübergehenden Vorteil zu reinem und unkontrollierbarem Unheil wird; Und er würde es als besondere Genugtuung empfinden, wenn dieser Roman die Menschheit - oder auch nur einen einzigen Menschen - davon überzeugen könnte, dass es töricht ist, eine Lawine von unrechtmäßig erworbenem Gold oder Grundbesitz auf die Köpfe einer unglücklichen Nachkommenschaft zu stürzen und sie dadurch zu verstümmeln und zu zerquetschen, bis die angehäufte Masse in ihre ursprünglichen Atome zerstreut ist. (24)

F: Du denkst also nicht, dass das Genre der Romantik versuchen sollte, zu erziehen?

A: Wenn Romane wirklich etwas lehren oder etwas bewirken, dann geschieht das in der Regel durch einen weitaus subtileren Prozess als den vordergründigen, bei dem der Autor es für kaum der Mühe wert hält, die Geschichte mit seiner Moral wie mit einer Eisenstange aufzuspießen - oder besser gesagt, wie mit einer Stecknadel durch einen Schmetterling zu stechen - und sie damit gleichzeitig ihres Lebens zu berauben und sie in einer unbeholfenen und unnatürlichen Haltung erstarren zu lassen. Eine hohe Wahrheit, die fair, fein und geschickt ausgearbeitet ist, die auf jeder Stufe aufleuchtet und die endgültige Entwicklung eines fiktiven Werks krönt, kann zwar einen künstlerischen Glanz verleihen, ist aber auf der letzten Seite nie wahrer und seltener offensichtlich als auf der ersten. (25)

F: Wie sollte ein Autor versuchen, eine Verbindung zu den Lesern herzustellen?

A: Ein Leser kann sich vielleicht dafür entscheiden, dem imaginären Ereignis der Erzählung einen tatsächlichen Ort zuzuordnen. Wenn es die historische Verbindung zuließe - die zwar geringfügig, aber für den Plan des Autors unerlässlich war - hätte der Autor so etwas nur zu gern vermieden. Von anderen Einwänden ganz zu schweigen, setzt es den Roman einer unflexiblen und äußerst gefährlichen Art von Kritik aus, indem es seine Phantasiebilder fast in positiven Kontakt mit der Realität bringt.

Es war nicht sein Ziel, die lokalen Sitten zu beschreiben oder sich in irgendeiner Weise in die Eigenschaften einer Gemeinschaft einzumischen, für die er einen angemessenen Respekt und eine natürliche Achtung hegt. Er vertraut darauf, dass es nicht als unverzeihlich angesehen wird, wenn er eine Straße anlegt, die niemandes Privatrechte verletzt, sich ein Stück Land aneignet, das keinen sichtbaren Besitzer hat, und ein Haus aus Materialien baut, die schon lange für den

Bau von Luftschlössern verwendet werden. Die Persönlichkeiten der Geschichte - auch wenn sie sich als alteingesessene und bedeutende Persönlichkeiten ausgeben - sind in Wirklichkeit das Werk des Autors oder zumindest seine eigene Erfindung; ihre Tugenden können nicht glänzen und ihre Fehler tragen nicht im Entferntesten dazu bei, die ehrwürdige Stadt, deren Bewohner sie zu sein vorgeben, in Misskredit zu bringen. Er würde sich daher freuen, wenn das Buch - vor allem in dem Viertel, auf das er anspielt - als Roman gelesen werden könnte, der viel mehr mit den Wolken über dem Himmel zu tun hat als mit irgendeinem Teil des tatsächlichen Bodens des Ortes, über den er schreibt. (26)

F: Was ist dir von deiner Reise nach Großbritannien besonders in Erinnerung geblieben?

A: Ich habe das Britische Museum besucht; eine äußerst langweilige Angelegenheit. Es erdrückt einen regelrecht, so viel auf einmal zu sehen, und ich wanderte mit müdem und schwerem Herzen von Saal zu Saal. Die Gegenwart ist zu sehr mit der Vergangenheit belastet. (27)

F: Hast du noch weitere Ratschläge für zukünftige Schriftstellerinnen und Schriftsteller?

A: Die einzigen sinnvollen Ziele der Literatur sind erstens die angenehme Arbeit des Schreibens, zweitens die Befriedigung der Familie und der Freunde und drittens das gute Geld. (28)

F: Ich bedaure, dass unsere Zeit jetzt zu Ende ist. Vielen Dank, dass du dich zu einem Interview bereit erklärt hast. Dieses Buch wäre nicht vollständig ohne ein Kapitel über dich.

A: Ich danke dir in aller Bescheidenheit und werde dich mit einer Lesung aus:

DER SCHARLACHROTE BUCHSTABE

Als die junge Frau - die Mutter des Kindes - in voller Größe vor der Menge stand, schien es ihr erster Impuls zu sein, den Säugling fest an ihre Brust zu drücken, nicht so sehr aus mütterlicher Zuneigung, sondern um ein bestimmtes Zeichen zu verbergen, das in ihr Kleid eingearbeitet oder befestigt war. In weiser Voraussicht, dass ein Zeichen ihrer Schande ein anderes nur schlecht verbergen würde, nahm sie das Kind auf den Arm und blickte mit glühender Röte, aber auch mit einem hochmütigen Lächeln und einem Blick, der sich nicht schämen wollte, zu ihren Mitbürgern und Nachbarn. Auf der Brust ihres Kleides erschien in feinem rotem Stoff, umgeben von kunstvollen Stickereien und fantastischen Schnörkeln aus Goldfäden, der Buchstabe A. Es war so kunstvoll gemacht und mit so viel Fruchtbarkeit und prächtiger Üppigkeit der Fantasie, dass es wie eine letzte und passende Dekoration zu ihrer Kleidung wirkte, die von einer Pracht war, die dem Zeitgeschmack entsprach, aber weit über das hinausging, was die Bekleidungsvorschriften der Kolonie erlaubten. (29)

Nachdem er seinen Vortrag beendet hatte, verschwand er, und ich las noch eine ganze Weile weiter, wo er aufgehört hatte.

Nathaniel Hawthorne war bei seinen Schriftstellerkollegen hoch angesehen, die ihm bei seiner Beerdigung die letzte Ehre erwiesen, darunter Longfellow, Holmes, Whittier, Lowell, Emerson, Agassiz und Pierce.

Ich lasse euch mit diesen Worten zurück, die Henry Wadsworth Longfellow zum Zeitpunkt von Mr. Hawthornes Tod schrieb:

HAWTHORNE [1804-1864]

Wie schön war er, dieser eine helle Tag

In der langen Woche des Regens!

Obwohl all sein Glanz nicht den allgegenwärtigen

Den allgegenwärtigen Schmerz.

Die schöne Stadt war weiß von Apfelblüten,

Und die großen Ulmen über dem Kopf

Dunkle Schatten webten auf ihren Webstühlen in der Luft

Durchzogen von goldenen Fäden.

Jenseits der Wiesen, beim grauen alten Herrenhaus,

floss der historische Fluss;

Ich war wie einer, der wie in Trance wandert,

ohne sich seines Weges bewusst zu sein.

Die Gesichter vertrauter Menschen schienen mir fremd;

Ihre Stimmen konnte ich hören,

Und doch schienen die Worte, die sie sprachen, ihre

ihre Bedeutung für mein Ohr.

Denn das eine Gesicht, das ich suchte, war nicht da,

Die eine leise Stimme war stumm;

Nur eine unsichtbare Präsenz erfüllte die Luft

und vereitelte meine Verfolgung.

Nun blicke ich zurück, und Wiese, Haus und Bach

Ich kann sie nur schemenhaft erkennen;

Ich sehe nur einen Traum im Traum.

Die mit Kiefern bewachsene Hügelkuppe.

Ich höre nur über seiner Ruhestätte

Ihren zarten Unterton,

Die unendlichen Sehnsüchte einer gequälten Brust,

Die Stimme, die seiner eigenen so ähnlich ist.

Dort in der Abgeschiedenheit und fern von den Menschen

Liegt die Hand des Zauberers kalt,

Die in höchster Eile die Feder fallen ließ,

Und die Geschichte nur halb erzählt hat.

Ah! Wer wird den Zauberstab der magischen Kraft erheben,

Und den verlorenen Schlüssel wiederfinden?

Die unvollendeten Fenster in Aladins Turm

müssen unvollendet bleiben! (30)

Ich empfehle dir, die Werke von Mr. Hawthorne zu lesen! Du wirst nicht enttäuscht sein:

Der scharlachrote Buchstabe

Zweimal erzählte Geschichten

Die Blithedale-Romantik

Das Haus der sieben Giebel

Rappaccinis Tochter
Der Marmorfaun
Tanglewood Tales
Die Dolliver-Romantik
Notizbücher
Englische Notizbücher
Our Old Home - Eine Reihe englischer Skizzen
Eine ganze Geschichte von Großvaters Stuhl
Der schwarze Schleier des Ministers
Der Künstler des Schönen
Die Formen der Helden
Die Prophetenbilder
Der sanfte Junge
Drowne's hölzernes Bild
Der Holocaust der Erde
Der Teufel im Manuskript
Die große steinerne Tatsache
Mr. Higginbothams Katastrophe
Die Prozession des Lebens
Die Canterbury-Pilger.

TTFN!

Cathy McGough
Deine Interviewerin von Legendary Writers From Beyond

# LEACOCK SORGT FÜR AUFSEHEN

I M HERBST 2000 WAREN Madame Delatour und ich auf einer Tour durch die Gatineau Hills in Quebec. Während wir die Hügel hinauffuhren, flatterten die Blätter an unserem Auto herunter und um uns herum. Die prächtigen Farben ließen uns nach einem Ort Ausschau halten, an dem wir einen Spaziergang machen und die Sehenswürdigkeiten und Gerüche des kanadischen Herbstes erleben konnten.

Endlich erreichten wir den Parkplatz, der uns zum Continental Shelf führen würde. Das Knirschen und Klappern der Blätter auf dem Weg zum Aussichtspunkt machte es notwendig, dass wir uns durch Zurufe verständigten. Es war ein ziemlich kühler Mittag und es gab nicht viele andere, die mutig genug waren, sich aus der Wärme ihrer

Autos zurückzuziehen, um eine Sightseeing-Tour zu unternehmen.

Wir schlenderten einen Wanderweg entlang, während die duftenden, moosbewachsenen Wege unsere Sinne betörten und uns vor dem Wind schützten. Wir diskutierten über kanadische Literatur, während wir schlenderten und alles in uns aufnahmen, und in meinem Kopf entstand ein Gedicht:

Die knirschenden Blätter unter meinen Füßen,

erzeugte ein rhythmisches Pulsieren in meinem Kopf.

Steigend, dann fallend - meine Sohlen küssten den Boden,

Das Gedicht in meinem Kopf drehte sich immer weiter.

Mr. Leacocks Stimme holte mich mit einer Rezitation in die Gegenwart zurück:

DER SOZIALPLAN

Ich kenne einen sehr lästigen Mann

der immer wieder "Sozialplan" sagt.

Bei jedem Abendessen, jedem Gespräch

Wo Männer sich versammeln, essen oder spazieren gehen,

Egal wo, dieser schreckliche Mann

Bringt seinen gottverdammten Sozialplan vor.

Der Rückgang des Weizens, der Anstieg des Brotes,

Die sozialen Brecher liegen direkt vor uns,

Das wirtschaftliche Paradoxon

das die Nation in den Abgrund treibt,
Die Räder, die der falsche Überfluss verstopft -
Und uns davon abschreckt, Schweine zu züchten,
--

Dieses trostlose Feld, das der Gloomy Man
Überwacht und hustet, den Sozialplan.
Bis einfachere Menschen anfangen zu finden
Sein Krächzen verschlimmert ihr Gemüt,
und sie darauf bedacht sind, alles zu vermeiden
Arbeitslose nicht zu erwähnen,
und sie sogar dazu bringt, die Menschen zu
verabscheuen
Die Menschen, die man als verdiente Arme
bezeichnet.
Meine Sympathien gelten jetzt
Zu der armen plutokratischen Klasse.
Die Menge, die mich jetzt anspricht
ist das, was er die Bourgeoisie nennt
Also habe ich einen sozialen Plan
Ihn am Hals zu packen,
Und ihn in einen Koffertransporter zu sperren
Und einen Scheck darauf zu binden,
mit der Aufschrift MOSCOW VIA TURKESTAN,
Na, ist das nicht ein toller Plan? (1)

Madame Delatour hatte keine Ahnung, wer den "Sozialplan" geschrieben hatte, aber sie war sehr amüsiert darüber. Ich erzählte ihr, dass es das Werk von Kanadas Stephen Leacock ist und erwähnte, dass er unser bester Humorist ist. Madame Delatour wollte wissen, warum ich sie nicht gebeten hatte, Herrn Leacock für ein Interview zu kontaktieren.

Um ehrlich zu sein, war ich mir nicht sicher, warum wir nicht versucht hatten, mit ihm zu sprechen. Ich schlug vor, dass wir das Thema weiter besprechen könnten - nachdem ich die Gelegenheit hatte, ein paar Nachforschungen anzustellen.

Wenige Augenblicke später bemerkte ich einen Herrn, der in der Ferne auf dem Weg auf uns zukam. Madame Delatour zuckte mit den Schultern und erklärte mir, dass Mr. Leacock bereit und in der Lage sei, hier und jetzt befragt zu werden.

Ich war etwas verärgert, weil ich keine Zeit hatte, mich vorzubereiten, aber wenn man mit einem Psycho - oops, ich meinte Hellseher - zusammenarbeitet, lernt man, mit dem Strom zu schwimmen.

Der Regen begann sanft zu fallen und ab und zu fielen ein paar Tropfen durch die Lücken, die die halb entlaubten Bäume hinterließen. Wir rannten und hielten uns mit dem Rücken an einem riesigen Ahornbaum fest und warteten auf Mr. Leacock, der sich uns anschloss.

Er trug eine braune, bequeme Strickjacke und sah aus, als würde er sich in einem großen, knackigen La-Z-Boy-Sessel vor einem knisternden Kamin wohlfühlen und eine Pfeife rauchen. Er trug eine braune Hose, dazu passende Schuhe (die mit feuchten Blättern bedeckt waren) - und eine braun-karierte schottische Mütze. Seine Schultern waren angewinkelt, um den Wind abzuhalten, und seine Hände steckten in den warmen Taschen seiner Strickjacke.

Stephen Leacock wurde am 30. Dezember 1869 in Hampshire, England, geboren. Er war das dritte Kind in einer Familie mit elf Kindern. Seine Familie wanderte 1876 nach Kanada aus. Sie kauften eine 100-Hektar-Farm im Dorf Sutton, Ontario.

Mr. Leacock setzte sich bald zu uns unter den Ahornbaum. Wir unterhielten uns kurz über das Wetter (wie es in Kanada üblich ist), bevor wir mit dem Interview fortfuhren.

F: Du musst aufgeregt gewesen sein, als du dein erstes kanadisches Haus gesehen hast. Woran erinnerst du dich?

A: Unsere Farm mit ihren Gebäuden war, das kann ich sagen, der verdammt schönste Ort, den ich je gesehen habe. Ich kann mich daran erinnern, als wäre es gestern gewesen.

Stinkende Gitter und Ställe. Eine traurige kleine Kerze, bei der man nachts lernen konnte. Oh, und Winternächte, eiskalte Nächte im Haus. (2)

F: Du hast dich entschieden, Lehrerin zu werden?

A: Ich hatte damals eine gewisse natürliche Begabung für Mimik, konnte die Stimmen der Leute leicht nachahmen und ihre Gesten instinktiv nachmachen. Als Jimmy Wetherell [der Senior Instructor] nach der Hälfte einer Englischstunde zu mir sagte: "Würdest du die Stunde an dieser Stelle übernehmen und fortsetzen?" Ich tat dies mit einer Vollständigkeit und Ähnlichkeit zu Jimmys Stimme und Verhalten, die die Klasse natürlich begeisterte. Ein Raunen ging durch den Raum.

Als Künstlerin ermutigt, habe ich es zu dick aufgetragen. Der freundliche Schulleiter sah es selbst und wurde rot. Als ich fertig war, sagte er leise: "Ich fürchte, ich bewundere deinen Verstand mehr als deine Manieren."

Diese Worte trafen mich mitten ins Herz. Ich spürte, dass sie so wahr und doch so ganz ohne Bosheit waren. Denn ich hatte keine echten "Nerven", keine echte "Galle". Es war die Kunst der Nachahmung, die mich reizte. Ich hatte nicht bedacht, wie sie auf die betreffende Person wirken könnte. Ich lernte dadurch meine erste Lektion über die Notwendigkeit von menschlicher Freundlichkeit als Element des Humors. (3)

F: Eine gut gelernte Lektion. Trotzdem hast du eine Karriere als Lehrer angestrebt.

A: Der Weg in den Lehrerberuf war eine reine Notwendigkeit. Meine Ausbildung taugte zu nichts anderem als dazu, sie an andere Menschen weiterzugeben. (4)

F: Wie wurdest du zum Schreiben von "Der Sozialplan" inspiriert?

A: Als ich vor einer brillanten Schar junger Männer und Frauen, die in der Hochschule, zu der sie gehören, als "Economics Three" bekannt sind, eine Vorlesung hielt, kam mir die Metapher eines Sozialreformers in den Sinn, der wie ein Rabe auf dem Fensterbrett sitzt und "Social Plan" krächzt. Economics Three" wachte auf und lachte.

Das brachte mich auf die Idee, dass es von großem Nutzen sein könnte, wenn wirtschaftliche Probleme in Form von Literatur der Fantasie diskutiert werden könnten. Das würde dazu beitragen, den Streit von der Wut und der Bitterkeit zu befreien, die ihn so oft umgeben. Wenn wir schon nicht wie Gentlemen diskutieren können, sollten wir es wenigstens wie Idioten tun. Als ich die Idee hatte, musste ich nur noch das Gedicht schreiben.

Vierzig Jahre harte Arbeit an der Wirtschaft haben so ziemlich alle Ideen, die ich je hatte, über den Haufen geworfen. Ich glaube, die ganze Wissenschaft ist ein Wrack und muss neu aufgebaut werden. Für unsere sozialen Probleme ist in der älteren Wirtschaftswissenschaft so viel Licht zu finden wie in einem Glühwürmchen.

Nur ein oder zwei Dinge scheinen mir klar zu sein. Der gusseiserne Kommunismus ist nichts anderes als ein Zuchthaus. Früher oder später ist er dem Untergang geweiht, oder der Mensch ist dem Untergang geweiht. Ich glaube, dass die einzig mögliche Grundlage für eine organisierte Gesellschaft die ist, dass jeder Mensch für sich selbst sorgt - für sich selbst und für die, die ihm nahestehen. Aber auf dieser Grundlage muss ein viel effizienterer und gerechterer sozialer Mechanismus in Gang gesetzt werden. Wir brauchen kein neues Spiel, sondern ein neues Regelwerk. Es muss Brot und Arbeit für alle geben, und das sollte heißen: sehr wenig Arbeit und viel Brot. (5)

F: Würdest du eine deiner Kurzgeschichten vorlesen?

A: Ich hatte gehofft, dass du mich das noch fragen würdest!

MEINE FINANZKARRIERE

Wenn ich eine Bank betrete, werde ich unruhig. Die Angestellten verunsichern mich, die Schalter verunsichern mich, der Anblick des Geldes verunsichert mich, alles verunsichert mich.

In dem Moment, in dem ich die Schwelle einer Bank überschreite und versuche, dort Geschäfte abzuschließen, werde ich zu einem verantwortungslosen Idioten.

Ich wusste das schon vorher, aber mein Gehalt war auf fünfzig Dollar im Monat erhöht worden und ich hatte das Gefühl, dass die Bank der einzige Ort dafür war.

Also watschelte ich hinein und schaute mich ängstlich bei den Angestellten um. Ich hatte die Idee, dass jemand, der ein Konto eröffnen will, mit dem Manager sprechen muss.

Ich ging zu einem Schalter mit der Aufschrift "Buchhalter". Der Buchhalter war ein großer, kühler

Teufel. Schon sein Anblick machte mich nervös. Meine Stimme war düster.

"Kann ich den Manager sprechen?" sagte ich und fügte feierlich hinzu, "allein". Ich weiß nicht, warum ich "allein" sagte.

"Sicherlich", sagte der Buchhalter und holte ihn herbei.

Der Manager war ein ernster, ruhiger Mann. Ich hielt meine sechsundfünfzig Dollar in einem zerknitterten Knäuel in meiner Tasche fest.

"Sind Sie der Manager?" sagte ich. Ich hatte weiß Gott keinen Zweifel daran.

"Ja", sagte er.

"Kann ich Sie sprechen?", fragte ich, "allein?" Ich wollte nicht schon wieder "allein" sagen, aber ohne das Wort schien die Sache selbstverständlich.

Der Manager sah mich besorgt an. Er spürte, dass ich ein schreckliches Geheimnis zu enthüllen hatte.

"Kommen Sie hier rein", sagte er und führte mich in ein privates Zimmer. Er drehte den Schlüssel im Schloss.

"Hier sind wir vor Störungen sicher", sagte er, "Setz dich."

Wir setzten uns beide und sahen uns an. Ich fand keine Stimme, um zu sprechen.

"Du bist einer von Pinkertons Männern, nehme ich an", sagte er.

Er hatte aus meiner geheimnisvollen Art geschlossen, dass ich ein Detektiv war. Ich wusste, was er dachte, und das machte mich noch schlimmer.

"Nein, nicht von Pinkerton's", sagte ich und schien damit anzudeuten, dass ich von einer konkurrierenden Agentur kam.

"Um die Wahrheit zu sagen", fuhr ich fort, als ob ich dazu aufgefordert worden wäre, zu lügen, "ich bin überhaupt kein Detektiv. Ich bin hier, um ein Konto zu eröffnen. Ich habe vor, mein ganzes Geld in dieser Bank zu deponieren."

Der Manager schaute erleichtert, aber immer noch ernst; er schloss daraus, dass ich ein Sohn des Barons Rothschild oder ein junger Gould war.

"Ein großes Konto, nehme ich an", sagte er.

"Ziemlich groß", flüsterte ich, "ich habe vor, jetzt sechsundfünfzig Dollar einzuzahlen und regelmäßig fünfzig Dollar im Monat."

Der Manager stand auf und öffnete die Tür. Er rief nach dem Buchhalter.

"Mr. Montgomery", sagte er unfreundlich laut, "dieser Herr eröffnet ein Konto, er wird sechsundfünfzig Dollar einzahlen. Guten Morgen."

Ich stand auf.

Eine große Eisentür stand an der Seite des Raumes offen. "Guten Morgen", sagte ich und trat in den Tresor.

"Komm raus", sagte der Manager kalt und wies mir den anderen Weg.

Ich ging zum Schalter des Buchhalters und warf ihm mit einer schnellen, krampfhaften Bewegung den Geldball zu, als ob ich einen Zaubertrick machen würde.

Mein Gesicht war grässlich blass.

"Hier", sagte ich, "zahl es ein." Der Tonfall der Worte schien zu bedeuten: "Lass uns diese schmerzhafte Sache erledigen, solange der Anfall noch andauert."

Er nahm das Geld und gab es einem anderen Angestellten.

Er zwang mich, die Summe auf einen Zettel zu schreiben und meinen Namen in einem Buch zu unterschreiben. Ich wusste nicht mehr, was ich da tat. Die Bank schwamm vor meinen Augen.

"Ist es eingezahlt?" fragte ich mit einer hohlen, vibrierenden Stimme.

"Ja", sagte der Buchhalter.

"Dann möchte ich einen Scheck ausstellen."

Ich wollte sechs Dollar davon abheben, um sie sofort zu verwenden. Jemand drückte mir ein Scheckbuch in die Hand und ein anderer erklärte mir, wie ich den Scheck ausstellen sollte. Die Leute in der Bank hatten den Eindruck, dass ich ein ungültiger Millionär war. Ich schrieb etwas auf den Scheck und drückte ihn dem Angestellten in die Hand. Er schaute ihn an.

"Was! Zeichnest du schon wieder alles aus?", fragte er erstaunt.

Dann bemerkte ich, dass ich sechsundfünfzig statt sechs geschrieben hatte. Ich war zu weit weg, um noch zu denken. Ich hatte das Gefühl, dass es unmöglich war, die Sache zu erklären.

Alle Angestellten hatten aufgehört zu schreiben und sahen mich an.

Rücksichtslos vor Elend machte ich einen Sprung.

"Ja, die ganze Sache."

"Du hast dein Geld von der Bank abgehoben?"

"Jeden Cent davon."

"Willst du nichts mehr einzahlen?", fragte der Angestellte erstaunt.

"Niemals."

Eine idiotische Hoffnung überkam mich, dass sie denken könnten, dass mich etwas beleidigt hatte, während ich den Scheck ausstellte und dass ich meine Meinung geändert hatte. Ich unternahm einen kläglichen Versuch, wie ein Mann mit einem furchtbar schnellen Temperament auszusehen.

Der Angestellte bereitete sich darauf vor, das Geld zu bezahlen. "Wie möchten Sie es haben?", fragte er.

"Was?"

"Wie willst du es haben?"

"Oh" - ich verstand, was er meinte und antwortete, ohne zu überlegen - "in Fünfzigern."

Er gab mir einen Fünfzigdollarschein.

"Und die Sechs?", fragte er trocken.

"In Sechsen", sagte ich.

Er gab ihn mir und ich eilte hinaus.

Als die große Tür hinter mir zuschlug, hörte ich das Echo eines schallenden Gelächters, das bis zur Decke der Bank drang.

Seitdem gehe ich nicht mehr zur Bank. Ich bewahre mein Geld in bar in meiner Hosentasche und meine Ersparnisse in Silberdollar in einer Socke auf. (6)

Mr. Leacock griff in seine Hosentaschen, zog ein paar kanadische Scheine heraus und klimperte mit einem kleinen Betrag Kleingeld. Ein Streifenhörnchen lief über den Weg, in der Hoffnung, dass es etwas zu essen gab - aber es war keine Brotkruste in Sicht.

F: Wie definierst du Humor?

A: Humor in seiner höchsten Bedeutung und seiner weitesten Reichweite ... hängt nicht von verbalen Ungereimtheiten oder von Tricks des Sehens und Hörens ab. Er findet seine Grundlage in der Unstimmigkeit des Lebens selbst und im Kontrast zwischen den Sorgen und Nöten des Tages und dem langen Geheimnis des Morgens. Hier werden Lachen und Weinen eins, und der Humor wird zur Betrachtung und Interpretation unseres Lebens. (7)

F: Hast du einen Rat für Möchtegern-Humoristen?

A: Versuche nie, lustig zu sein, denn das ist ein schrecklicher Fluch. Die Welt geht in die Brüche und ich mache mir Sorgen. Doch wenn ich vor ein Publikum trete und meine ernsten Gedanken vortrage, fangen sie an zu lachen. Ich bin ihnen als lustig angepriesen worden, und sie weigern sich, mich als etwas anderes zu akzeptieren. (8)

F: Ich bin fasziniert von deinen Studien zur Erziehung und zu den ersten Schuljahren, denn mein Sohn ist im Kindergarten. Könntest du mir etwas über deine Erkenntnisse in diesem Bereich erzählen?

A: Viele Jahrhunderte lang basierte die Elementarerziehung weitgehend auf der Idee, dass das Schonen der Rute das Kind verwöhnt und dass der schnellste Weg, den jugendlichen Intellekt zu erreichen, von unten nach oben führt. Aber man erinnert sich auf der anderen Seite an Rousseaus kleinen "Emile", der zwischen den Blumen umherwandert, und an den Aufstieg des Kindergartens, der sich von der Kindheit an durch unser gesamtes Bildungssystem nach oben gearbeitet hat.

Aus meiner eigenen Kindheit in England erinnere ich mich an eine kleine Grundschulfibel namens "Lesen ohne Tränen". Das wurde damals als erfreuliche Neuerung angesehen. (9)

F: Könntest du das vielleicht ein bisschen genauer erklären?

A: Mit anderen Worten, ich will damit sagen, dass es in vielen Bereichen unserer Bildung (zumindest in der Praxis) schneller geht, vom Unbekannten zum Bekannten zu gelangen. Ad obscurum per obscurius vorzugehen ist oft so sinnvoll wie durch einen Tunnel zu gehen, um sich den Weg um einen Berg zu sparen. (10)

In unserer Zeit können wir die Bildung nicht mehr allein dem Wunsch des Einzelnen nach Wissen und seinem Eigeninteresse an Wissen überlassen. Bildung kann nicht sich selbst überlassen werden. Die schöpferischen Künste wie Malerei, Bildhauerei und Musik können vom Staat und vom Gesetz weitgehend nur mit einer großzügigen finanziellen Unterstützung gefördert werden. Aber die Bildung muss zwangsläufig unter der ständigen Obhut und der detaillierten Kontrolle der Gesellschaft stehen. Welche Mängel auch immer damit verbunden sind, wir müssen sie zugeben und uns ihnen stellen oder sie so gut es geht abmildern. (11)

F: Du bist viel auf Vortragstour gegangen. Was ist dein einprägsamster Moment?

A: Auf ein Erlebnis meiner Vortragsreise werde ich immer mit Genugtuung zurückblicken können. Ich hatte fast das Vergnügen, einen Mann mit einem Lachen zu töten: und das im wahrsten Sinne des Wortes. Amerikanische Dozenten haben oft davon geträumt, dies zu tun. Ich habe es fast geschafft.

Der Mann, um den es ging, war ein gemütlicher, apoplektisch aussehender Mann mit einem fröhlichen, rötlichen Gesicht, wie man es in Ländern sieht, in denen es keine Prohibition gibt. Er saß in der Nähe des hinteren Teils des Saals und lachte schallend.

Plötzlich bemerkte ich, dass etwas passiert war. Der Mann war seitlich auf dem Boden zusammengebrochen; eine kleine Gruppe von Männern versammelte sich um ihn; sie hoben ihn hoch und ich konnte sehen, wie sie ihn hinaus trugen, eine stumme und träge Masse.

Wie es meine Pflicht war, fuhr ich mit meinem Vortrag fort. Aber mein Herz schlug hoch vor Zufriedenheit. Ich war mir sicher, dass ich ihn getötet hatte.

Du kannst dir vorstellen, wie groß diese Hoffnung war, als ein oder zwei Augenblicke später dem Vorsitzenden ein Zettel gereicht wurde, der mich aufforderte, meinen Vortrag kurz zu unterbrechen, aufstand und fragte: "Ist ein Arzt im Publikum?"

Ein Arzt erhob sich und ging schweigend hinaus.

Die Vorlesung wurde fortgesetzt, aber es wurde nicht mehr gelacht; mein Ziel war nun, einen weiteren von ihnen zu töten, und sie wussten es. Sie wussten, dass sie sterben könnten, wenn sie anfangen zu lachen.

Nach ein paar Minuten wurde dem Vorsitzenden ein zweiter Zettel gereicht. Er verkündete mit ernster Miene: "Ein zweiter Arzt wird gesucht." Die Vorlesung ging in noch größerer Stille als zuvor weiter. Alle Zuhörer warteten auf eine dritte Ankündigung. Sie kam.

Eine neue Nachricht wurde dem Vorsitzenden überreicht. Er erhob sich und sagte: "Wenn Mr. Murchison, der Bestatter, im Publikum ist, würde er bitte nach draußen gehen."

Der Mann wurde leider gesund. (12)

F: Gibt es etwas Schlimmeres, als einen Zwischenrufer im Publikum zu haben?

A: Ja! Ich stelle zum Beispiel fest, dass überall, wo ich hinkomme, immer ein schweigsamer Mann mit einem großen, unbeweglichen Gesicht wie eine Melone im Publikum sitzt, etwa drei Plätze weiter vorne. Er ist immer da. Ich habe diesen Mann in jeder Stadt gesehen, von Richmond, Indiana, über Bournemouth bis nach Hampshire. Er verfolgt mich. Ich gewöhne mich daran, ihn zu erwarten. Ich habe Lust, ihm vom Podium aus zuzunicken. Und ich stelle fest, dass alle anderen Dozenten die gleiche Erfahrung machen. Wo auch immer sie hingehen, der Mann mit dem großen Gesicht ist immer da. Er lacht nie; egal, ob sich die Leute um ihn herum vor Lachen krümmen, er sitzt da wie ein Fels - oder nein, wie eine Kröte - unbeweglich.

Was er denkt, weiß ich nicht. Warum er zu den Vorlesungen kommt, kann ich nicht erraten. (13)

F: Du hast überall auf der Welt Vorträge gehalten. Gibt es Eindrücke, die du gerne teilen möchtest?

A: Ich stelle fest, dass ich Eindrücke nur sehr schwer aufnehmen kann und nichts von der Leichtigkeit habe, mit der britische Schriftsteller über Amerika schreiben. Ich erinnere mich, dass Hugh Walpole mir erzählte, dass er kaum den Broadway hinuntergehen konnte, ohne Eindrücke im Wert von mindestens drei Dollar und auf der Fifth Avenue im Wert von fünf Dollar zu bekommen; und ich erinnere mich, dass St.

John Ervine zu meinem Haus in Montreal kam, eine Tasse Tee trank, sich etwas Tabak auslieh und mit Eindrücken vom kanadischen Leben und Charakter im Wert von sechzig Dollar nach Hause ging. (14)

F: Darf ich es für dich ein wenig eingrenzen? Was war dein Eindruck von London, England?

A: Einen viel tieferen Eindruck erhält man, wenn man sich die großen historischen Monumente der Stadt ansieht. Die wichtigsten davon sind der Tower of London, das Britische Museum und die Westminster Abbey.

Kein Besucher Londons sollte es versäumen, diese zu sehen. Er sollte sogar das Gefühl haben, dass sein Besuch in England verschwendet ist, wenn er sie nicht gesehen hat.

Ich spreche mit Nachdruck über diesen Punkt, weil ich ihn für wichtig halte.

Für mich haben die düstere Faszination des historischen Towers, die klösterliche Stille des Museums und die Erhabenheit der alten Abtei etwas an sich, das mich mein Leben lang bedauern lässt, dass ich nicht eine der drei Sehenswürdigkeiten gesehen habe. Ich hatte es vor, aber ich habe versagt und kann nur hoffen, dass die Umstände meines Versagens für andere Besucher hilfreich sind. (15)

F: Du hast keinen der Orte gesehen, die man unbedingt gesehen haben muss? Mr. Leacock, warum nicht?

A: Den Tower of London wollte ich auf jeden Fall besichtigen. Jeden Tag schrieb ich mir, wie jeder Tourist, eine kleine Liste mit Dingen, die ich tun wollte, und der Tower of London stand immer darauf. Der Leser weiß sicher, was für eine kleine Liste ich meine. Sie lautet wie folgt:

1. Zur Bank gehen.

2. Kaufe ein Hemd.

3. Nationale Gemäldegalerie.

4. Rasierklingen.

5. Tower of London.

6. Seife.

Dieser Plan wurde leider nie vollständig umgesetzt. (16)

F: Vielleicht hast du es vorgezogen, dich unauffällig zu verhalten, damit die Leute nicht den Touristen spielen konnten?

A: Wenn die Londoner ihre eigenen Wunder nicht sehen, sind sie genau wie der Rest der Welt. Die Menschen in Buffalo gehen nie zu den Niagarafällen; die Menschen in Cleveland wissen nicht, wo das Haus von Mr. Rockefeller steht, und die Menschen in New York leben und sterben sogar, ohne auf das Woolworth Building zu gehen.

Und überhaupt, die Vergangenheit ist weit weg und die Gegenwart ist nah.

Ich kenne einen Taxifahrer in Quebec, dessen Lebensaufgabe es ist, die Leute zu den Plains of Abraham zu fahren, aber wenn sie ihn nicht darum bitten, zeigt er ihnen nicht die Stelle, an der Wolfe gefallen ist, sondern die Stelle, an der der Bürgermeister und der Stadtrat auf der hölzernen Plattform saßen, die sie für das Stadtfest im Sommer errichtet haben. (17)

Mr. Leacock wurde immer unruhiger, als der Regen auf uns niederprasselte, als wären wir mitten in einem Sturm. Er lächelte, als er sich bückte und ein paar knusprige Ahornblätter aufhob. Er betrachtete ihre feurigen Farben und war sichtlich erstaunt, wie lebendig sie zu sein schienen, obwohl sie nicht mehr Teil des Baumes waren. Er hielt sie an seine Nase, atmete tief ein und nahm den Duft auf. Ein Eichhörnchen schnatterte über uns und versuchte, unsere Aufmerksamkeit zu erregen, während Mr. Leacock die Blätter in seine Tasche steckte und aus meinem Blickfeld verschwand.

Ich rannte zurück zum Auto, wo Madame Delatour bereits Schutz gesucht hatte. Sie saß drinnen mit beschlagenen Scheiben und hörte "Barry Manilow's Greatest Hits".

Bald waren wir auf dem Weg aus den Gatineau Hills, nachdem wir das Privileg hatten, Herrn Stephen Leacock zu einer sehr unerwarteten Zeit und an einem sehr unerwarteten Ort zu treffen.

Herr Leacock bietet eine sehr umfangreiche Liste von Arbeiten an, darunter auch Essays über Wirtschaft und viele andere Themen. Ich hoffe, dieses

Interview hat deinen Appetit geweckt und ich kann mich persönlich für das Folgende verbürgen:

Literarische Entgleisungen

Sunshine Sketches of a Little Town

Arcadian Adventures with the Idle Rich

Weitere Dummheiten

Rasende Fiktion

Wie man zwei Menschen einander vorstellt

Kurze Schaltkreise

Der trockene Pickwick

Letzte Blätter

Meine Entdeckung von England

Humor: Seine Theorie und Technik,

Mit Beispielen und Kostproben; Ein Buch der Entdeckung

Der Junge, den ich hinter mir ließ

Die Halluzination des Herrn Butt

Mein bemerkenswerter Onkel

Die rückwirkende Existenz von Mr. Juggins

Die Morgendämmerung der kanadischen Geschichte: Eine Chronik der kanadischen Ureinwohner

Mondstrahlen aus dem größeren Wahnsinn

Nonsens-Romane

Eine Diskussion über Freiheit und Zwang in der Erziehung

Hinter dem Jenseits

Fiktion und Wirklichkeit.

Bis zum nächsten Mal!

Cathy McGough
Deine Interviewerin von Legendary Writers From Beyond

# KIPLING WIEDER DOWN UNDER

EINE WEITERE WOCHE IST vergangen. Meine Güte, wo ist nur die Zeit geblieben?

Für das Interview dieser Woche gehen wir in der Zeit zurück. Zurück, zurück, zu dem Moment, als Madame Delatour Rudyard Kipling zu mir nach Hause brachte.

Herr Kipling schrieb ein Gedicht, das in den schwierigen Teenagerjahren zu meiner Hymne wurde. Ich hatte es auf einem riesigen Poster an der Wand meines Schlafzimmers und kann es immer noch auswendig rezitieren:

ES KANN GESCHAFFT WERDEN

WENN du deinen Kopf behalten kannst, wenn alle um dich herum

den ihren verlieren und dir die Schuld geben,

WENN du dir selbst vertrauen kannst, wenn alle Männer an dir zweifeln, aber auch ihre Zweifel zulassen kannst;

WENN du warten kannst und nicht vom Warten müde wirst,

Oder wenn du belogen wirst, dann handle nicht mit Lügen,

Oder gehasst zu werden, gib nicht dem Hass nach,

Und dennoch: Sieh nicht zu gut aus und rede nicht zu klug:


WENN du träumen kannst - und die Träume nicht zu deinem Meister machst;

WENN du denken kannst - und Gedanken nicht zu deinem Ziel machst,

WENN du Triumphe und Katastrophen erleben kannst

Und diese beiden Hochstapler genauso behandeln

WENN du es ertragen kannst, dass die Wahrheit, die du gesprochen hast

von Schurken verdreht wird, um eine Falle für Narren zu sein,

Oder zusehen, wie die Dinge, für die du dein Leben gegeben hast, zerbrechen,

Und sich bücken und sie mit abgenutzten Werkzeugen wieder aufbauen;

Wenn du einen Haufen von all deinen Gewinnen machen kannst

Und es bei einer Runde Pitch-and-Toss riskierst,

Und verlierst du, fängst du wieder von vorne an

Und nie ein Wort über deinen Verlust verlieren;

WENN du dein Herz, deine Nerven und deine Sehnen zwingen kannst

um noch lange nach ihrem Tod für dich da zu sein,

Und so durchzuhalten, wenn nichts mehr in dir ist

Außer dem Willen, der zu ihnen sagt: "Halte durch!"

WENN du mit Menschenmassen reden und deine Tugend behalten kannst,

Oder mit Königen wandeln - und doch nicht die gemeinsame Note verlieren,

WENN dich weder Feinde noch liebevolle Freunde verletzen können,

WENN alle Menschen zu dir zählen, aber keiner zu viel;

WENN du die unversöhnliche Minute

mit einer Distanz von sechzig Sekunden ausfüllen kannst,

gehört dir die Erde und alles, was auf ihr ist,

Und - was noch wichtiger ist - du wirst ein Mann sein, mein Sohn! (1)

Wer kann und will sich von diesen Worten nicht inspirieren lassen?

Rudyard Kipling wurde am 30. Dezember 1865 geboren und verbrachte seine Kindheit in Bombay, Indien.

In diesem Moment kam Mr. Kipling auf den Balkon und ich begrüßte ihn in meinem Haus in Sydney, Australien.

Ich forderte ihn auf, Platz zu nehmen und bot ihm ein Glas des besten australischen Portweins an. Er nahm ein Glas an und ich schenkte mir selbst eines ein und dann stießen wir auf die Elstern an - unser einziges Publikum.

F: Wie kamst du dazu, dein Haus "Naulahka" zu nennen?

A: "Naulahka" stammt aus einem Roman, den ich zusammen mit meinem Schwager Wolcott-Balestier geschrieben habe. Es bedeutet "Das Juwel". Meine Frau Caroline und ich fanden den Namen perfekt für den Bungalow, den wir 1892 in Brattleboro, Vermont, gebaut hatten. Wir lebten dort fast fünf Jahre lang sehr glücklich. (2)

F: Hast du schon immer gerne gelesen?

A: Ich war von Geburt an kurzsichtig, aber als Junge las ich ununterbrochen und omnipräsent Dutzende von antiken Dramatikern... Hakluyt's Voyages, französische Übersetzungen der moskowitischen Autoren Puschkin und Lermontov.

Als Vater und Mutter hörten, dass ich lesen konnte, schickten sie mir unbezahlbare Bände. Eines davon habe ich mein ganzes Leben lang behalten, ein gebundenes Exemplar von "Aunt Judy's Magazine" aus den frühen siebziger Jahren, in dem "Mrs. Ewing's Six to Sixteen" erschien.

Auf Umwegen verdanke ich dieser Geschichte mehr, als ich sagen kann. Ich kannte sie, so wie ich sie immer noch kenne, fast auswendig. Hier gab es eine Geschichte über echte Menschen und echte Dinge. Sie war besser als Knatchbull-Hugessens "Tales at

Tea-time". Besser noch als "The Old Shikari" mit seinen Stahlstichen von angreifenden Schweinen und wütenden Tigern.

Auf einer anderen Ebene lag ein altes Magazin mit Scotts "I climbed the dark brow of the mighty Helvellyn". Ich wusste nichts über seine Bedeutung, aber die Worte bewegten und erfreuten mich. Das Gleiche gilt für andere Auszüge aus den Gedichten von A. Tennyson.

Als mein Vater mir "Robinson Crusoe" mit Stahlstichen schickte, machte ich mich allein als Händler mit Wilden selbstständig (die Wrackteile der Geschichte haben mich nie sonderlich interessiert), und zwar in einem schimmeligen Kellerraum, in dem ich meine einsame Gefangenschaft aushielt. Meine Ausrüstung bestand aus einer Kokosnussschale, die an einer roten Schnur aufgereiht war, einer Blechkiste und einem Stück Verpackungskiste, das jede andere Welt fernhielt. So umzäunt, war alles innerhalb des Zauns ganz real, aber mit dem Geruch feuchter Schränke vermischt. Wenn das Stück Karton herunterfiel, musste ich den Zauber wieder von vorne beginnen. Seitdem habe ich von Kindern, die viel alleine spielen, gelernt, dass diese Regel des Neuanfangs bei einem vorgetäuschten Spiel nicht ungewöhnlich ist. Der Zauber liegt in dem Ring oder Zaun, in den du dich flüchtest. (3)

F: Ich habe gehört, dass ihr in euren Flitterwochen ein Stück Land in Kanada gekauft habt?

A: Caroline und ich wurden in der Kirche am Langham Place - Gosse - getraut und ein paar Tage später waren wir auf unserem Zauberteppich, der uns um die Erde führen sollte, angefangen mit dem tief verschneiten Kanada.

Zu unseren Hochzeitsgeschenken gehörte ein großzügiger silberner Flachmann, der mit Whiskey gefüllt war, aber inkontinente Züge hatte. Er leckte in der Reisetasche, wo er mit Flanellhemden lag. Und es duftete im ganzen Pullman, bevor wir den Grund dafür erfuhren. Zu diesem Zeitpunkt hatten alle unsere Mitreisenden Mitleid mit dem armen Mädchen, das ihr Leben mit diesem schamlosen Säufer verband.

So kamen wir in einer ganz eigenen, falschen Atmosphäre nach Vancouver, wo wir mit Blick auf die Zukunft und als Beweis für unseren Reichtum zwanzig Hektar in der Wildnis von North Vancouver kauften, die jetzt zur Stadt gehört, oder dachten, wir hätten sie.

Aber die Sache hatte einen Haken, wie wir viele Jahre später feststellten, als wir, nachdem wir so lange Steuern dafür bezahlt hatten, entdeckten, dass es jemand anderem gehörte. Der einzige Trost, den wir damals von den lächelnden Menschen in Vancouver bekamen, war:

"Ihr habt es doch von Steve gekauft, oder? Aha, Steve! Ihr hättet nicht von Steve kaufen sollen. Nein! Nicht von Steve."

Und so hat uns der gute Steve von der Immobilienspekulation abgehalten. (4)

F: Bitte nimm meine Entschuldigung (als gebürtiger Kanadier) für Steves Veruntreuung deiner Gelder an. Vielleicht war Steve ein Tierrechtsaktivist und hat gehört, dass du eine Leidenschaft für die Jagd hast?

A: Ich ging in den Wäldern auf die Jagd, aber nicht mit der Waffe, sondern mit dem "Auge". Ich liebte die Wälder um ihrer selbst willen und nicht um des Schlachtens willen. Es gab nichts Herrlicheres als den sonnen- und kieferngetränkten Duft der Landschaft Neuenglands. Besonders im Sommer. Der Sommer in Neuengland hat kreolisches Blut in seinen Adern. (5)

F: Du warst ein erfolgreicher Journalist in Indien und hofftest, deine Karriere fortsetzen zu können, als du in die USA zogst. Der Herausgeber des "The Examiner" war jedoch nicht gerade kooperativ.

A: Ich war vierundzwanzig Jahre alt und schrieb schon seit einigen Jahren. Ich hatte bereits "The Man Who Would Be King" verfasst.

Jedenfalls sagte der Redakteur zu mir: "Es tut mir leid, Mr. Kipling, aber Sie wissen einfach nicht, wie man die englische Sprache benutzt. Verzeihen Sie mir meine Offenheit, aber "The Examiner" ist kein Kindergarten für Amateurschriftsteller. (6)

F: Autsch, das muss wehgetan haben! Aber du wurdest in Australien immer willkommen geheißen und verehrt. An deinen Besuch im Jahr 1821 erinnert in Australien sogar eine Gedenktafel am Circular Quay. Welche Erinnerungen hast du an Australien?

A: Meine Erinnerungen an Reisen durch Australien mischen sich mit Zügen, die mich zu unheiligen Zeiten von einer zu exklusiven staatlichen Spurweite zur anderen brachten; mit riesigen Himmeln und primitiven Erfrischungsräumen, in denen ich heißen Tee trank und Hammelfleisch aß, während ab und zu ein heißer Wind, wie im Punjab, aus der Leere dröhnte. Ich war auch in Sydney, wo es den ganzen Tag über nur hemdsärmelige Menschen gab, die picknickten. (7)

F: Ich würde dich gerne ein Gedicht vortragen hören. Würdest du "Städte, Throne und Mächte" lesen - ein weiteres Lieblingsgedicht von mir.

A: Ausgezeichnete Wahl!
STÄDTE THRONEN UND MÄCHTE
Städte und Throne und Mächte
Stehen im Auge der Zeit,
Fast so lang wie Blumen,
die täglich sterben:
Doch wie neue Knospen sprießen
Um neue Menschen zu erfreuen,
Aus der verbrauchten und unbedachten Erde
erheben sich die Städte wieder.
Die Narzisse dieser Saison,
Sie hört nie
Welche Veränderung, welche Chance, welche Kälte,
Die Narzissen des letzten Jahres abschneiden;

Aber mit kühner Miene,

Und kleinem Wissen,

Schätzt sie, dass sie sieben Tage bleibt,

Für ewig.

Also, die Zeit, die vorbei ist

Zu allem, was ist,

Sie macht uns so blind wie sie,

So kühn wie sie:

Dass wir im Tod selbst

Und das Begräbnis sicher,

Von Schatten zu Schatten, wohl überzeugt, sagt,

"Seht, wie unsere Werke fortbestehen!" (8)

F: Wie wahr! Apropos Zeitmanagement: Hattest du eine strenge tägliche Schreibroutine?

A: Ich habe jeden Tag von 9 Uhr morgens bis 13 Uhr nachts an meinem Schreibtisch gearbeitet. Ich wurde nie gestört, denn um in mein Arbeitszimmer zu gelangen, musste man durch einen kleineren Raum gehen - man nannte ihn die Drachenkammer -, in dem meine Frau mit ihren Stricknadeln saß und einen scharfen Blick auf unwillkommene Eindringlinge hatte. Dort schrieb ich: "Kapitän Mutig" und die beiden Dschungelbücher. Mrs. Kiplings Wachsamkeit blieb also nicht unbelohnt. (9)

F: Ich habe irgendwo gelesen, dass du jeden Tag zur gleichen Zeit und am gleichen Ort schreibst - dann weiß deine Muse immer, wo und wann sie dich findet. Stimmst du mir zu?

A: Der Zauber der Literatur liegt in den Worten und nicht in irgendeinem Menschen. Ein Zeuge: Tausend hervorragende, anstrengende Worte können uns kalt lassen oder in den Schlaf versetzen, wohingegen ein halbes Hundert Worte, die ein Mann vor zehn Generationen in seiner Qual, in seiner Begeisterung oder in seinem Müßiggang gehaucht hat, noch immer ganze Völker in die Gefangenschaft und aus der Gefangenschaft führen, uns die Tore zu den drei Welten öffnen oder uns so unerträglich aufrütteln können, dass wir es kaum aushalten können, unsere eigene Seele zu betrachten. Das ist ein Wunder - eines, das nur sehr selten geschieht. Aber insgeheim hat jeder der herrenlosen Menschen mit den Worten die Hoffnung oder hatte sie, dass das Wunder durch ihn wieder geschehen kann. (10)

F: Was denkst du über den Ursprung der Belletristik?

A: Fiktion begann, als ein Mann eine Geschichte über einen anderen Mann erfand. Sie entwickelte sich, als ein anderer Mann Geschichten über eine Frau erzählte. Diese anstrengende Epoche brachte die erste Schule der destruktiven Kritik hervor und auch den ersten Kritiker, der sein kurzes, aber lebhaftes Leben damit verbrachte zu erklären, dass ein Mann kein Huhn sein muss, um die Vorzüge eines Omeletts zu beurteilen. Er ist gestorben, aber die Frage, die er aufgeworfen hat, ist immer noch aktuell. Sie wurde von den frühesten Schriftstellern von ihren ungebildeten Vorfahren geerbt, die ihnen auch den gesamten Bestand an urzeitlichen Handlungen und Situationen vermachten - jene fünfzig ultimativen Komödien und Tragödien, auf die die Götter menschliches Handeln und Leiden gnädigerweise beschränken. Die meisten Künste geben zu, dass es nicht zweckmäßig ist, allen alles zu erzählen. Die Belletristik kennt keine solche Schranke. Es gibt kein menschliches Gefühl oder eine Stimmung, die nicht angegriffen werden darf - es gibt keinen Kanon der Zurückhaltung oder des Mitleids, der in der Fiktion respektiert werden muss. Warum sollte das auch so sein? Der Mann erzählt schließlich nicht die Wahrheit. Er schreibt nur Fiktion. Während er sie schreibt, wird seine Welt gerade so viel Wahrheit oder Vergnügen daraus ziehen, wie sie im Moment braucht. Mit der Zeit wird vielleicht ein bisschen mehr oder viel weniger von dem Rest in den allgemeinen Bericht übernommen und dort vielleicht zu Zwecken umgeleitet, von denen der Autor nie geträumt hat. (11)

F: Es gibt eine Geschichte, dass du das Manuskript des Dschungelbuchs an ein Mitglied deines Haushalts verschenkt hast. Stimmt das?

A: Ich habe es einer Krankenschwester geschenkt, die sich hingebungsvoll um mein erstgeborenes Kind gekümmert hat. Ich riet ihr, das Manuskript zu nehmen und es eines Tages, wenn sie Geld bräuchte, vielleicht zu einem guten Preis zu verkaufen.

Jahre später, als sie in Not war, verkaufte sie es und lebte für den Rest ihres Lebens gut. (12)

F: Was für eine großzügige Geste. Wie hast du dich dabei gefühlt, vom "Ladies Home Journal" umworben zu werden?

A: Überhaupt nicht. Millionen von Lesern haben das "Dschungelbuch" genossen, und ich habe mehr Angebote von Zeitschriften erhalten, als ich annehmen konnte.

Einmal bat mich der Herausgeber des "Ladies Home Journal", Edward W. Bok, darum, eine Geschichte für seine Zeitschrift zu schreiben. Ich mochte die Zeitschrift nicht und verlangte deshalb ein exorbitantes Honorar für die Geschichte, in der Hoffnung, den Redakteur abzuschrecken.

Herr Bok war jedoch mit dem Preis einverstanden, also schrieb ich die Geschichte über "Wilhelm den Eroberer" ab, warf sie in den Briefkasten und dachte, damit wäre die Sache erledigt. Aber das war es nicht.

Ein paar Tage später erhielt ich eine Nachricht von Mr. Bok, in der er mir mitteilte, dass die Geschichte "ausgezeichnet" sei, ich aber eine "kleine, aber notwendige Änderung im Text" vornehmen solle.

Die Geschichte enthielt einen Hinweis auf Whiskey und Champagner, zwei Getränke, die im "Ladies Home Journal" tabu waren. Mr. Bok fragte, ob ich "so freundlich wäre, ein paar mildere Getränke zu ersetzen".

Ich antwortete prompt mit: Nein, Mr. Kipling wäre nicht gnädig genug. Entweder du nimmst den Whiskey, oder du gibst die Geschichte zurück.

Am Ende veröffentlichte Mr. Bok die Geschichte so, wie ich sie geschrieben hatte.  So war ich der erste Mann, dem es vergönnt war, ein Glas Whiskey auf die Seiten des "Ladies Home Journal" zu gießen. (13)

F: Hast du einen Ratschlag, den du zukünftigen Schriftstellern mit auf den Weg geben möchtest?

A: Tu deine Pflicht, lebe stoisch, lebe sauber, lebe heiter. (14)

Herr Kipling verschwand augenblicklich, ohne auch nur Zeit für ein Nicken oder einen Abschiedsgruß zu haben.

Wenn du die Werke von Herrn Kipling noch nicht gelesen hast, kannst du dich auf einen echten Leckerbissen freuen. Schau dir diese für den Anfang an - und schon bald wirst du mehr und mehr wollen:

Der Mann, der König werden wollte

The Naulahka - Eine Geschichte von West und Ost

Das Dschungelbuch

Captains Courageous

Die Arbeit des Tages

Kim

Ein Buch der Worte

Etwas von mir selbst

Abteilungs-Liedchen

Der Garten eines Kindes

Eine Legende der Wahrheit

Die Stunde des Engels
Die Katze, die alleine spazieren ging
A Pilgrim's Way.

Poi carukiren!

Cathy McGough
Deine Interviewerin für legendäre Schriftsteller aus
dem Jenseits

# DICKENS UND TELETUBBY HILLS

WILLKOMMEN, MEINE FREUNDE, ZU unserem Interview mit einem der größten Schriftsteller der Weltgeschichte: Mr. Charles Dickens. Ein Schweigen geht über die Menge!

Ihr werdet gleich einen Mann kennenlernen, der es geschafft hat, in einem einzigen Jahr nicht nur einen, sondern gleich DREI Romane zu schreiben! Und Mr. Dickens blieb nicht dabei stehen! Er gab auch eine Zeitschrift heraus und schrieb in seiner "Freizeit" eine Operette. (1) Seine Muse war wirklich fleißig!

Ich glaube nicht, dass mir jemand widersprechen würde, wenn ich Herrn Dickens zum Sieger in der Kategorie "Berühmte erste Zeilen" ernennen würde. Während wir auf Herrn Dickens' Ankunft warten, wollen wir mal sehen, ob du das Werk, aus dem diese Zeile stammt, identifizieren kannst:

Ich bin geboren. (2)

Kennst du es? Vielleicht brauchst du einen kleinen Hinweis? Hier hast du ihn:

Ob ich der Held meines eigenen Lebens sein werde oder ob diese Position von jemand anderem eingenommen wird, müssen diese Seiten zeigen. (3)

Hast du es erraten? Ja, du liegst richtig, wenn du denkst, dass die Zeile aus "David Copperfield" stammt, das 1869 zum ersten Mal veröffentlicht wurde.

Es ist fast an der Zeit, dass Mr. Dickens auftritt, und so mache ich mich auf den Weg zu dem Ort, an dem unser Interview stattfinden wird. Hier werden Mr. Dickens und ich von Australiens natürlicher Schönheit umgeben sein: prächtige Eukalyptusbäume, der Cooks River, Tele-Tubby-ähnliche Hügel, ein Park und ein unbesetzter Fußballplatz.

Charles Dickens wurde am 7. Februar 1812 in Lanport, in der Grafschaft Hampshire, England, geboren. Als sein Vater in finanzielle Schwierigkeiten geriet, arbeitete Charles als Kind in einer Schwärzungsfabrik, während seine Familie 1824 in einem Schuldnergefängnis untergebracht wurde. Nach einer schwierigen Kindheit besuchte er die Wellington Academy in London, wo er eine gewisse Ausbildung erhielt und später Reporter wurde.

Ah, da ist Mr. Dickens, der in meine Richtung über den leeren Fußballplatz läuft.

Er schien seine Umgebung zu bewundern und während ich ihn beobachtete, fragte ich mich, wo zum Teufel Madame Delatour war. Sie schien Herrn Dickens nicht gerade willkommen zu heißen, denn sie war nirgends zu sehen.

Als ich merkte, dass er ganz allein war, erhob ich mich von der Holzbank und machte mich auf den Weg zu ihm. Als wir uns näher und näher kamen, bemerkte ich sein merkwürdiges Aussehen.

Da ich nicht wusste, wohin ich schauen sollte, blickte ich in die Ferne, wo ich Madame entdeckte, die sich hinter einem Baum versteckte und kicherte. Manchmal kann sie sehr unhöflich sein!

Mr. Dickens reichte mir die Hand und sagte:

Eine Blume, die zum Leben erwacht - das war der Blick, den ich gesucht habe. Wie ist es mir gelungen? (4)

Ich dachte über seine Absicht nach und betrachtete sein Aussehen von oben bis unten. Immerhin hatte er mich um meine Meinung gebeten. Seine feuerroten Haare, sein Bart und sein Schnurrbart. Seine leuchtend grüne Weste. Seine lavendelfarbene Hose. Seine scharlachrote Krawatte. Seine strahlenden Augen. (5)

Ich versicherte ihm, dass er tatsächlich erfolgreich gewesen war, denn die Vögel und Bienen lügen nie.

Zufrieden mit sich selbst, legte er seinen Arm unter meinen, während wir zur Parkbank gingen. Dann fragte Mr. Dickens:

Wie kann ich Ihnen behilflich sein, meine Dame?

F: Zunächst einmal danke, dass Sie heute bei mir sind. Viele Schriftsteller glauben, dass man Dinge aus erster Hand erfahren muss, um über sie zu schreiben. War "Oliver Twist" autobiografisch?

A: Mein Vater kam für drei Monate ins Schuldnergefängnis, weil er 40 Pfund Schulden hatte. Weil wir so arm waren, wurde ich im Alter von zwölf Jahren in eine Schwärzungsfabrik geschickt. Dort lernte ich meinen "Fagin" kennen. Sie befand sich in einem alten, verrottenden Gebäude in der Nähe der Hungerford Stairs. Ich passte dort nicht hinein und wusste, dass ich ohne Ausbildung zur hoffnungslosen Routine eines Lohnsklaven verdammt war. Ich war nur fünf Monate dort, aber als Kind hatte ich das Gefühl, dass ich für immer dort bleiben würde. (6)

F: Wie blickst du auf diesen Abschnitt deines Lebens zurück?

A: Ich finde es wundervoll, dass ich in diesem Alter so einfach weggeschickt werden konnte. Es ist wunderbar für mich, dass selbst nach meinem Abstieg zu dem armen kleinen Dummkopf, der ich war, seit wir nach London kamen, niemand so viel Mitleid mit mir hatte - einem Kind mit einzigartigen Fähigkeiten, schnell, eifrig, zart und bald körperlich oder geistig verletzt -, dass man mir etwas hätte ersparen können, wie es sicherlich möglich gewesen wäre, mich auf einer gewöhnlichen Schule unterzubringen. (7)

F: Du hast also eine Figur geschaffen, mit der du dich identifizieren konntest, und gleichzeitig deine Leser informiert?

A: Ich wollte, dass die Geschichte so ist, wie sie wirklich ist. "Oliver Twist" war ein soziales Dokument, eine Aufdeckung der Schrecken der Armen und Geächteten. Ich wollte die schrecklichen Zustände im Arbeitshaus zeigen, die durch das Poor Law von 1834 verursacht wurden, ein Gesetz, das die Abhilfe so unattraktiv machen sollte, dass nur die Verzweifeltsten sie in Anspruch nehmen würden. Die Philosophie hinter dem Poor Law war, dass die Bedürftigen ins Arbeitshaus strömten, weil sie sich dort wohlfühlten - eine Einstellung, die lächerlich war.

Deshalb beschrieb ich es als solches: ein regelmäßiger Ort der öffentlichen Unterhaltung... eine Taverne, in der man nichts bezahlen musste; ein öffentliches Frühstück, Abendessen, Tee und Abendbrot das ganze Jahr über; ein gemauertes Elysium. Das neue Gesetz machte die Rationen so mager, dass die Armen in einem Arbeitshaus schneller verhungern würden als draußen. Auf dem Speiseplan standen: Drei Mahlzeiten mit dünnem Haferschleim pro Tag, zweimal pro Woche eine Zwiebel und sonntags ein halbes Brötchen. (8)

F: Wie bist du dazu gekommen, "A Tale of Two Cities" zu schreiben?

A: Als ich mit meinen Kindern und Freunden in Mr. Wilkie Collins' Drama "Die gefrorene Tiefe" mitspielte, kam mir zum ersten Mal die Hauptidee zu dieser Geschichte. Damals hatte ich den starken Wunsch, sie in meiner eigenen Person zu verkörpern, und ich zeichnete in meiner Fantasie mit besonderer Sorgfalt und Interesse den Gemütszustand nach, den ein aufmerksamer Zuschauer vorfinden würde.

Als mir die Idee vertraut wurde, nahm sie allmählich ihre jetzige Form an. Während ihrer Ausführung hatte sie mich vollständig in der Hand; ich verifizierte, was auf den Seiten erlitten wurde, so wie ich es selbst erlitten hatte. (9)

F: "David Copperfield" ist ein von Anfang bis Ende fesselnder Roman. Wie lange hast du gebraucht, um ihn zu schreiben?

A: Es würde den Leser vielleicht wenig interessieren, wenn er wüsste, wie traurig man die Feder am Ende einer zweijährigen fantasievollen Arbeit niederlegt oder wie ein Autor sich fühlt, als würde er einen Teil von sich selbst in die Schattenwelt entlassen, wenn eine Menge der Geschöpfe seines Gehirns für immer von ihm geht. Aber mehr hatte ich nicht zu erzählen, es sei denn, ich müsste gestehen, dass niemand die Erzählung beim Lesen mehr glauben kann, als ich sie beim Schreiben glaubte. (10)

F: Viele haben das Schreiben eines Romans mit einer Geburt verglichen... Deine zweijährige harte Arbeit hat sicherlich eine unvergessliche Figur auf die Welt gebracht.

A: Von allen meinen Büchern gefällt mir dieses am besten. Man wird leicht glauben, dass ich jedes Kind meiner Fantasie liebe und dass niemand diese Familie jemals so sehr lieben kann wie ich. Aber wie viele liebevolle Eltern habe auch ich im Herzen ein Lieblingskind. Und sein Name ist David Copperfield. (11)

DAVID COPPERFIELD
Kapitel 1
Ich bin geboren.
Ob ich der Held meines eigenen Lebens sein werde oder ob diese Position von jemand anderem eingenommen wird, müssen diese Seiten zeigen. Um mit dem Beginn meines Lebens zu beginnen, halte ich fest, dass ich (wie mir gesagt wurde und wie ich glaube) an einem Freitag um zwölf Uhr nachts geboren wurde. Es wurde bemerkt, dass die Uhr zu schlagen begann und ich gleichzeitig zu weinen begann.

In Anbetracht des Tages und der Stunde meiner Geburt erklärten die Amme und einige weise Frauen aus der Nachbarschaft, die sich schon einige Monate vor unserer persönlichen Bekanntschaft für mich interessierten, dass ich erstens vom Pech verfolgt sein würde und zweitens das Privileg hätte, Geister und Gespenster zu sehen - beides Gaben, die, wie sie glaubten, allen unglücklichen Kindern beiderlei Geschlechts, die in den frühen Morgenstunden eines Freitags geboren wurden, zwangsläufig zu eigen seien. (12)

F: Mr. Dickens, als Sie 1842 zum ersten Mal nach Nordamerika reisten, woran erinnern Sie sich am meisten von der langen Reise?

A: Am dritten Morgen wurde ich durch einen grässlichen Schrei meiner Frau aus dem Schlaf geweckt, die wissen wollte, ob Gefahr bestehe. Ich öffnete meine Augen und schaute aus dem Bett.

Der Wasserkrug schwamm und hüpfte wie ein lebendiger Delphin; alle kleineren Gegenstände schwammen, bis auf meine Schuhe, die auf einem Teppichsack gestrandet waren, hoch und trocken, wie ein paar Kohlenkähne. Plötzlich sah ich, wie sie in die Luft sprangen, und siehe da, der Spiegel, der an die Wand genagelt war, klebte fest an der Decke. Gleichzeitig war die Tür ganz verschwunden und eine neue öffnete sich auf dem Boden. In diesem Moment begann ich zu begreifen, dass die Kabine auf dem Kopf stand. (13)

F: Du und deine Frau müsst wie versteinert gewesen sein. Wie bist du als jemand, der auf einer Fähre über den Hafen von Sydney seekrank wird, gereist?

A: Ich war nicht seekrank im üblichen Sinne, ich wünschte, ich wäre es gewesen, aber in einer Form, die ich noch nie gesehen oder gehört habe, die aber zweifelsohne sehr verbreitet ist.

Ich lag den ganzen Tag über ganz ruhig und zufrieden da, ohne ein Gefühl der Müdigkeit, ohne den Wunsch aufzustehen, sich zu erholen oder an die Luft zu gehen; ohne Neugier, Sorge oder Bedauern, egal welcher Art oder welchen Grades, außer dass ich mich daran erinnere, dass ich in dieser allgemeinen Gleichgültigkeit eine Art träge Freude empfand - eine teuflische Freude, wenn man etwas so Lahmes überhaupt so nennen kann -, dass meine Frau zu krank war, um mit mir zu reden. (14)

F: War das Reisen mit der Bahn besser?

A: Wir fuhren meilenweit durch tiefe Einsamkeiten, in denen es kein einziges Zeichen menschlichen Lebens und keine Spur eines menschlichen Schrittes gab. (15)

F: Oh ja, der Eichelhäher. Was für ein perfektes Bild du gemalt hast. Würdest du deine Erinnerungen an einen der schönsten Orte der Welt, die Niagarafälle, mit uns teilen?

A: Als ich mich ihnen auf der Fähre näherte, spürte ich, wie nahe ich meinem Schöpfer stand. Die erste Wirkung des gewaltigen Spektakels, die sofort und dauerhaft anhielt, war Frieden und Seelenfrieden: Gelassenheit: Ruhige Erinnerungen an die Toten: Große Gedanken an die ewige Ruhe und das Glück, nichts von Düsternis und Schrecken. Niagara war sofort in mein Herz eingeprägt, ein Bild der Schönheit, das unveränderlich und unauslöschlich bleiben sollte, bis sein Pulsschlag für immer aufhörte zu schlagen.

Oh, wie sehr verschwanden die Sorgen und Nöte unseres Alltags in den zehn denkwürdigen Tagen, die wir auf diesem verzauberten Boden verbrachten, aus meinem Blickfeld und rückten in weite Ferne!

Welche Stimmen sprachen aus dem tosenden Wasser, welche von der Erde verblichenen Gesichter blickten mich aus den schimmernden Tiefen an, welche himmlische Verheißung glitzerte in den Tränen der Engel, den Tropfen in vielen Farben, die sich um die prächtigen Bögen, die der wechselnde Regenbogen bildete, schlängelten!

Den ganzen Tag hin und her zu wandern und die Katarakte von allen Seiten zu betrachten; am Rand der großen Horse Shoe Falls zu stehen und zu sehen, wie das eilige Wasser an Kraft gewinnt, während es sich der Kante nähert, aber auch innezuhalten scheint, bevor es in den Abgrund stürzt; vom Flussniveau aus auf den herabstürzenden Strom zu blicken; auf die benachbarten Höhen zu klettern und ihn durch die Bäume zu beobachten und zu sehen, wie das Wasser in den Stromschnellen auf seinen furchterregenden Sturz zusteuert; im Schatten der feierlichen Felsen drei Meilen weiter unten zu verweilen; den Fluss zu beobachten, wie er ohne sichtbare Ursache aufgewühlt und aufgewühlt ist und die Echos weckt, während er weit unter der Oberfläche durch seinen riesigen Sprung aufgewühlt wird; den Niagara vor mir zu haben, der von der Sonne und vom Mond beleuchtet wird, rot in der Abenddämmerung und grau, wenn der Abend langsam über ihn hereinbricht; ihn jeden Tag zu sehen und in der Nacht aufzuwachen und seine unaufhörliche Stimme zu hören: das war genug. (16)

F: Was für eine Reise zurück nach Hause, Herr Dickens. Vielen Dank dafür! Haben Sie einen Rat für Schriftsteller im Jahr 2003 und darüber hinaus?

A: Ich würde einfach sagen, dass ich glaube, dass kein wahrer Mensch, der etwas zu erzählen hat, die geringsten Bedenken haben muss, entweder für sich selbst oder für seine Botschaft, wenn er vor einer großen Anzahl von Zuhörern spricht - immer vorausgesetzt, dass er nicht von der koketten Idee befallen ist, auf die populäre Intelligenz hinunter zu schreiben, anstatt die populäre Intelligenz zu sich hinauf zu schreiben, wenn er vielleicht darüber steht; - und vorausgesetzt, dass er sich immer klar und deutlich über das äußert, was in ihm steckt, was keine unvernünftige Bedingung zu sein scheint, wenn man davon ausgeht, dass er irgendeine schwache Absicht hat, sich verständlich zu machen. (17)

F: Ich fürchte, unsere Zeit neigt sich dem Ende zu. Würdest du mir ein Gedicht vortragen? Wenn du anfängst zu verblassen, werde ich es für dich beenden.

Als Herr Dickens zu lesen begann, erschienen die Kinder eines nach dem anderen jenseits der fernsehröhrenartigen Hügel. Zuerst kicherten sie über den lustigen Mann, der wie eine Blume gekleidet war, und er zwinkerte ihnen zu. Sie versammelten sich um ihn und hörten ihm aufmerksam zu:

A: Dieses Gedicht ist für euch alle, ihr Kleinen, kommt näher, ich beiße nicht.

Er lächelte, als die Kinder näher kamen und wartete, bis sie alle ruhig saßen, dann begann er:

DIE KINDER

Wenn der Unterricht zu Ende ist,

und die Schule für diesen Tag entlassen wird,

Und die Kleinen sich um mich versammeln

Um mir Gute Nacht zu sagen und geküsst zu werden;

Oh! Die kleinen weißen Arme, die meinen

Die kleinen weißen Arme, die mich zärtlich umarmen!

Oh, das Lächeln, das wie ein himmlischer Heiligenschein

Die Sonne der Freude auf mein Gesicht scheinen lassen!

Und wenn sie weg sind, sitze ich und träume

Von meiner Kindheit, die zu schön war, um zu dauern;

Von der Liebe, an die sich mein Herz gut erinnert

Wenn es am Puls der Vergangenheit erwacht,

Bevor die Welt und ihre Schlechtigkeit mich zu

Ein Teil von Leid und Sünde -

Als die Herrlichkeit Gottes um mich war,

Und die Herrlichkeit der Freude in mir.

Oh! Mein Herz wird so schwach wie das einer Frau
Und die Quelle der Gefühle wird fließen
Wenn ich an den steilen und steinigen Weg denke,
Auf dem die Füße der Lieben gehen müssen;
An die Berge der Sünde, die über ihnen hängen.
An den Sturm des Schicksals, der wild weht;
Oh! Es gibt nichts auf Erden, das halb so heilig ist
wie das unschuldige Herz eines Kindes.
Sie sind Götzen der Herzen und der Haushalte;
Sie sind verkleidete Engel Gottes;
Sein Sonnenlicht schläft noch in ihren Locken,
Seine Herrlichkeit leuchtet noch in ihren Augen.
Oh! Diese Schulschwänzer von zu Hause und vom
Himmel.
Sie machen mich mannhafter und milder;
Und ich weiß jetzt, wie Jesus das
Das Reich Gottes mit einem Kind vergleicht.
Ich frage nicht nach einem Leben für die Lieben,
So strahlend, wie andere es getan haben;
Sondern dass das Leben gerade genug Schatten
haben möge
um den Glanz der Sonne zu mildern.
Ich würde Gott bitten, dass er sie vor dem Bösen
bewahrt -
Doch mein Gebet würde zu mir selbst zurückkehren
-
Ein Seraph kann für einen Sünder beten,
Aber ein Sünder muss für sich selbst beten.
Der Zweig ist so leicht zu biegen,

Ich habe die Regel und die Rute verbannt;
Ich habe sie die Güte des Wissens gelehrt,
Sie haben mich die Güte Gottes gelehrt.
Mein Herz ist ein Kerker der Finsternis;
Wenn ich sie daran hindere, eine Regel zu brechen;
Mein Stirnrunzeln ist Korrektur genug -
Meine Liebe ist das Gesetz der Schule.
Im Herbst werde ich das alte Haus verlassen
Um seine Schwelle nicht mehr zu überschreiten.
Ach! Wie sehr werde ich nach den Lieben seufzen
Die mich jeden Morgen an der Tür empfangen!
Ich werde die "Gute Nacht" und die Küsse
vermissen,
Und den Schwall ihrer unschuldigen Fröhlichkeit,
Die Gruppe auf der Wiese und die Blumen
die jeden Morgen zu mir gebracht werden.
In Erwartung der bevorstehenden Abreise von Mr.
Dickens hat Madame Delatour ihn weggezaubert. Ich
las weiter:
Ich werde sie am Morgen und am Abend vermissen,
Ihre Lieder in der Schule und auf der Straße;
Ich werde das leise Summen ihrer Stimmen
vermissen,
Und das Getrampel ihrer zarten Füße
Wenn der Unterricht und die Aufgaben zu Ende sind,
Und der Tod sagt: "Die Schule ist entlassen".
Mögen die Kleinen sich um mich versammeln
Um mir gute Nacht zu sagen und geküsst zu werden.
(18)

Die Kinder und Eltern applaudierten gleichzeitig. Ich verbeugte mich und machte mich auf den Weg nach Hause.

Ein Teil meines Herzens fühlte sich unruhig an, als ich meinen üblichen Weg entlangschlenderte, der sich um den Cooks River schlängelte. Die Wellen sprangen auf und versuchten scheinbar, meine Aufmerksamkeit zu erregen. Ich sah sie, wie sie an die Ufer plätscherten, aber ich ignorierte ihren Auftritt. Mein Herz sehnte sich nach Niagara. Und heute konnte nichts diese Sehnsucht stillen.

Die folgenden Romane werden dir
Lust auf mehr machen:
Oliver Twist
Nicholas Nickleby
Der alte Kuriositätenladen
Ein Weihnachtslied
David Copperfield
Eine Geschichte aus zwei Städten
Große Erwartungen
American Notes For General Circulation
Das Lied vom Wrack
A School Boy's Story
Nobody Story
A Child's Story.


Cheerio!


Cathy McGough

Deine Interviewerin von Legendary Writers From Beyond

# DOSTOEVSKY IM HEATHROW

ICH KANN MICH GUT an diesen Tag erinnern, als wäre es gestern gewesen. Wir waren am Flughafen Heathrow und warteten auf unseren Flug. Die Fluggesellschaft hatte ihn gestrichen oder verschoben - und sie schienen keine Ahnung zu haben, wann wir wieder auf dem Weg sein würden.

Madame Delatour und ich waren schon seit zwölf Tagen in London. Mai in England bedeutete Regen und noch mehr Regen. Gut für die Blumen, aber nicht so gut für die Touristen. Ein Ort, den wir besuchten, bedeutete uns wegen des Regens mehr.

Meine Gedanken wanderten zurück zu John Fowles' Heimatstadt "Lyme Regis". Dort spazierte ich an "The Cobb" entlang - auf den Spuren von Fowles' Sarah Woodruff aus "The French Lieutenant's Woman". Der Regen durchnässte mich bis auf die Haut, während der Wind mich immer weiter die schmale steinige Hafenmauer entlang trieb. So weit, dass ich mich den Elementen schutzlos ausgeliefert fühlte, als würde der Wind die Ärmel meiner Jacke in die Flucht schlagen wollen.

Als mich eine Stimme aus dem Lautsprecher in die Realität zurückholte, sah ich mich in dem überfüllten Warteraum nach Blanchetta um. Es schien, als wäre sie verschwunden. Ich sah mich in den Geschenkeläden, auf den Toiletten und überall sonst um, aber ich konnte sie nicht finden. Da es immer noch keine Nachricht über unsere Abreise gab, legte ich mich für ein weiteres Nickerchen hin.

Stunden später weckte mich das Klipp-Klipp-Klipp von Stöckelschuhen, das durch die Gänge hallte, mit einem Schrecken. Jemand rief meinen Namen. Ich wischte mir den Schlaf aus den Augen, als Blanchetta auf mich zustürzte. Sie war so aufgeregt, dass kein Wort aus ihrem Mund kam, obwohl sie mit der Zunge wedelte.

Offenbar war sie eingeschlafen, und der russische Schriftsteller Fjodor Dostojewski hatte sie kontaktiert. Er fragte, ob es möglich wäre, in das Jahr 2001 zurückzukehren und ein Interview zu führen. Blanchetta war offensichtlich von Herrn Dostojewski begeistert.

Zuerst war ich mir über den Ort nicht sicher. Ich schaute mich um, sah die Fahrgäste kommen und gehen, hin und her gehen und fragte mich, ob jemand unseren Gast erkennen würde, wenn er einfach so vorbeikommt.

Nach einigem Überlegen entschieden wir, dass es zu riskant war, Herrn Dostojewski in diesem Chaos auf die Erde zurückzubringen. Überall lungerten verärgerte Reisende herum, unruhige Kinder und ungeduldige Eltern - es gab viel zu viele Ablenkungen, um Herrn Dostojewski die Aufmerksamkeit zu schenken, die er verdiente.

Schließlich baten wir um ein Zimmer für ein Geschäftstreffen, das uns die Fluggesellschaft freundlicherweise zur Verfügung stellte. (Wenigstens haben sie eine Sache richtig gemacht!)

Fjodor Dostojewski wurde am 30. Oktober 1821 in Varvara, Russland, geboren. Zu sagen, dass Herr Dostojewski ein schwieriges Leben hatte, ist die Untertreibung aller Zeiten. Bis 1866, als sein berühmtester Roman "Verbrechen und Strafe" erschien, hatte er bereits "Arme Leute", "Der Doppelgänger", "Notizen aus dem Totenhaus" und "Notizen aus dem Untergrund" geschrieben. Im Januar 1879 wurde sein letzter Roman, "Die Brüder Karamasow", innerhalb weniger Tage 1.500 Mal verkauft. (1) Zwei Jahre später starb er in großer Armut und hinterließ nichts "außer seinen Büchern". (2)

Ich holte mein Exemplar heraus und begann zu lesen:

NOTIZEN AUS DEM UNTERGRUND

Es war nicht nur so, dass ich nicht boshaft werden konnte, ich wusste auch nicht, wie ich irgendetwas werden sollte: weder boshaft noch gütig, weder ein Schurke noch ein ehrlicher Mann, weder ein Held noch ein Insekt.

Herr Dostojewski trat ein. Als er sah, dass ich sein Buch las, bedeutete er mir, es zu nehmen. Ich reichte es ihm, zusammen mit meinem Seitenmarker. Ich war begeistert, als er begann, mir sein Werk vorzulesen.

Jetzt verbringe ich mein Leben in meiner Ecke und verspotte mich mit dem boshaften und nutzlosen Trost, dass ein intelligenter Mensch nichts Ernstes werden kann und nur der Narr etwas wird. Ja, ein Mann im neunzehnten Jahrhundert muss und sollte moralisch gesehen in erster Linie ein charakterloses Wesen sein; ein Mann mit Charakter, ein aktiver Mann, ist in erster Linie ein begrenztes Wesen. Das ist meine Überzeugung seit vierzig Jahren. Ich bin jetzt vierzig Jahre alt, und du weißt, dass vierzig Jahre ein ganzes Leben sind; du weißt, dass es ein hohes Alter ist. Länger als vierzig Jahre zu leben ist schlechtes Benehmen, ist vulgär und unmoralisch. Ich werde dir sagen, wer Dummköpfe und wertlose Kerle sind. Das sage ich allen alten Männern ins Gesicht, all diesen ehrwürdigen alten Männern, all diesen silberhaarigen und ehrwürdigen Senioren! Ich sage es der ganzen Welt ins Gesicht. Ich habe das Recht, das zu sagen, denn ich werde selbst noch sechzig Jahre alt werden. Bis siebzig! Bis achtzig! (3)

Ich hatte Herrn Dostojewski bei seinem Auftritt beobachtet. Besonders interessant war die Art und Weise, wie sich sein kupferfarbener Bart in die Lücke der Jacke seines braunen Anzugs einfügte und das Hemd, das er darunter trug, völlig verdeckte. Während er las, lachten seine Augen, aber als er fertig war, verschwand das Lachen und machte einer tiefen Traurigkeit Platz. Er fasste sich wieder, lächelte und ging auf uns zu. Er dankte Madame Delatour und mir dafür, dass wir ihm die Möglichkeit gegeben hatten, im Jahr 2001 nach London zurückzukehren.

Der Tresor in meinem Kopf machte klick. Ich erinnerte mich daran, dass ich irgendwo über Herrn Dostojewskis Besuch der Londoner Weltausstellung im Crystal Palace im Jahr 1862 gelesen hatte. (4)

F: Herr Dostojewski, können Sie mir von Ihrem ersten Besuch in London erzählen?

A: Die Weltausstellung war wirklich großartig. Du hast die ungeheure Macht gespürt, die dort diese Masse von Menschen aus aller Welt in eine Herde gezogen hat... Und egal, wie frei und unabhängig du dich vorher gefühlt haben magst; dort wurdest du von einer unbekannten Angst ergriffen...

Die Szene hatte etwas Biblisches, etwas Babylonisches, als ob die Prophezeiung aus der Apokalypse wahr geworden wäre. Dir wurde plötzlich bewusst, dass es über Jahrhunderte hinweg viel geistigen Widerstand und Verweigerung brauchen würde, um dem Druck standzuhalten und dem ehrfurchtgebietenden Eindruck nicht völlig zu erliegen, sich nicht der Tatsache zu beugen und nicht den Mammon anzubeten, mit anderen Worten, das Bestehende nicht für das Ideal zu akzeptieren... (5)

Madame Delatour kehrte mit einigen Erfrischungen in das Zimmer zurück. Herr Dostojewski entdeckte sofort die Kanne mit dem dampfenden heißen Tee und nahm eine Tasse an. Dann fragte er Madame Delatour, ob sie so freundlich wäre, etwas Tabak zu kaufen, damit er sich eine Zigarette drehen könne. (6)

Da Madame Delatour ihn nicht über die schädlichen Auswirkungen des Rauchens schimpfen wollte (er war ja schon verstorben), brachte sie ihm das Notwendige. Er fragte unerwartet:

F: Könnte ich einen Federhalter haben? (7)

Keiner von uns hatte einen, aber ich reichte ihm meinen Parker Pen und sah zu, wie Herr Dostojewski die Zigarette drehte und sie dann zwischen seine Lippen steckte.

Als Madame Delatour feststellte, dass er keine Streichhölzer zur Hand hatte, machte sie den Vorschlag, den Raum zu verlassen und welche zu kaufen, aber Herr Dostojewski erklärte, dass das nicht nötig sei. Er schlug vor, mit dem Interview fortzufahren, da unsere Zeit begrenzt war.

F: Hast du schon immer gerne gelesen, schon als du ein kleiner Junge warst?

A: Meine Geschwister und ich (einschließlich mir waren wir sieben) schwelgten in Walter Scott und

"Tausendundeine Nacht" und wir kannten "Robinson Crusoe" sehr gut. Die Sommermonate verbrachten wir auf dem Landgut unseres Vaters in Darowoje, das zwei Autotage von Moskau entfernt war. Wir taten gerne so, als wären wir auf einer einsamen Insel oder als wären wir rote Indianer aus "Der letzte Mohikaner". (8)

F: Du wurdest in Sibirien inhaftiert und musstest vier Jahre lang Schwerstarbeit leisten. Was war das Schlimmste, an das du dich aus dem Gefängnis erinnerst?

A: Das Alleinsein ist eine Notwendigkeit der normalen Existenz, so wie Essen und Trinken; andernfalls wird man in diesem erzwungenen Gemeinschaftsleben zu einem Menschenhasser. Die Gesellschaft der Menschen wirkt wie ein Gift oder eine Infektion. Es gab Momente, in denen ich jeden hasste, der meinen Weg kreuzte, egal ob er schuldlos oder schuldig war, und ich betrachtete sie als Diebe, die mir ungestraft mein Leben raubten. (9)

Es kam mir in den Sinn, dass es, wenn man einen Menschen zu einem Nichts machen wollte - ihn so grausam bestrafen wollte, dass selbst der abgebrühteste Mörder vor der Strafe zitterte -, nur notwendig wäre, seinem Werk einen Charakter völliger Nutzlosigkeit und Absurdität zu geben. (10)

F: Wurden dir Bücher gegeben, um dir die Zeit zu vertreiben?

A: Offiziell durfte ich nur die "Bibel" lesen, aber in den letzten Monaten drückte mir ein freundlicher Arzt im Krankenhaus Übersetzungen von "The Pickwick Papers" und "David Copperfield" in die Hand. Sobald ich frei war, schrieb ich meinem Bruder und bettelte um Bücher, Bücher und noch mehr Bücher. (11)

F: Ich bin dabei, meinen ersten Roman zu schreiben. Kannst du mir einen Rat geben?

A: Als ich mit dem Schreiben von "Die Beleidigten und Verletzten", meinem ersten Roman, begann, wusste ich Folgendes mit Sicherheit: 1) dass der Roman, auch wenn er ein Misserfolg werden sollte, Poesie enthalten würde; 2) dass es zwei oder drei brennende und kraftvolle Passagen darin geben würde; 3) dass die beiden wichtigsten Charaktere wahrheitsgetreu und sogar künstlerisch dargestellt werden würden. Das reichte mir auf jeden Fall. Das daraus entstandene Werk war seltsam, aber es enthält etwa fünfzig Seiten, auf die ich stolz bin... (12)

F: Nachdem ich "Die Beleidigten und Verletzten" gelesen habe, kann ich aus erster Hand bestätigen, dass es noch viel mehr gibt, worauf du stolz sein kannst. Darf ich dich dazu überreden, eine Passage aus dem Buch zu lesen?

Herr Dostojewski griff in die Tasche seines Jacketts und zog seine Brille heraus. Er trug sie nie in der Öffentlichkeit, nur privat, und ich fühlte mich privilegiert, dass er sich wohl genug fühlte, sie in meiner Gegenwart aufzusetzen. (13)

A: Ich würde dir stattdessen lieber etwas aus diesem Buch vorlesen:

DIE TEUFEL

Es gab dort einen Wasserfall, einen sehr kleinen; er fiel von hoch oben in den Bergen, wie ein dünner Faden, ganz weiß und schäumend. Er fiel aus großer Höhe, schien aber ganz nah zu sein. Er war eine halbe Meile entfernt, aber man hätte sagen können, es seien nur fünfzig Meter. Ich liebte es, nachts dem Geräusch zu lauschen, und in solchen Momenten wurde ich furchtbar unruhig. Manchmal ging ich mittags in den Bergen spazieren und stand da, auf halber Höhe des Berghangs, mit den alten harzigen Kiefern um mich herum, so hoch waren sie, und irgendwo hoch oben auf den steilen Klippen lag eine mittelalterliche Burg in Ruinen, weit weg, und das kleine Dorf lag unten, weit weg, fast unsichtbar, und die Sonne schien, und der Himmel war so blau, und es war nur diese schreckliche Stille um mich herum. Ich glaubte, einen geheimnisvollen Ruf zu hören, und dann wurde mir klar, dass ich, wenn ich geradeaus weiterginge und lange Zeit weiterliefe, an die Linie käme, an der sich Erde und Himmel treffen, und dann würde ich den Schlüssel zu dem ganzen Geheimnis finden und eine neue Form des Lebens entdecken, die reicher und prächtiger war als die unsere. Ich träumte von einer großen Stadt, so groß wie Neapel, voller Paläste und Trubel und aufregendem Leben, und dann fiel mir ein, dass man das Leben im Gefängnis genauso prächtig genießen kann. (14)

F: Fanden die Leser dein Werk zu roh, zu realistisch?

A: Die Wirklichkeit ist nicht auf das beschränkt, was wir kennen. Denn sie enthält einen enormen Anteil an etwas in Form des ungesagten zukünftigen Wortes. Ich habe meine eigene Sicht auf die Wirklichkeit, und was die meisten Menschen als fantastisch und außergewöhnlich bezeichnen, ist für mich das eigentliche Wesen des Realen. Die alltägliche Seite der Ereignisse und die konventionelle Sichtweise auf sie sind noch kein Realismus, sondern eher das Gegenteil. Die Darstellung der Dinge ist viel schwächer als die Dinge selbst... Meine Ansichten über die Realität und den Realismus unterscheiden sich von denen unserer Realisten und Kritiker... Ihr Realismus ist nicht in der Lage, auch nur einen Bruchteil der realen, tatsächlichen Tatsachen zu erklären, aber wir versuchen sogar ständig, Tatsachen zu prophezeien. Doppelzüngigkeit verschleiert die andere Seite der Wahrheit - das alles ist schlimm genug. Aber wenn jetzt alle Menschen so auftauchen würden, wie sie wirklich sind, dann sage ich dir, dass es noch viel schlimmer wäre. Sie nennen mich einen Psychologen. Das ist nicht richtig. Ich bin Realist im wahrsten Sinne des Wortes, das heißt, ich versuche, die Tiefen der menschlichen Seele darzustellen... Als Realist suche ich das menschliche Wesen im Menschen. (15)

F: Stimmt es, dass du einen fast fertigen Entwurf von "Verbrechen und Strafe" verbrannt hast?

A: Ich saß über meinem Werk wie ein Gefangener. Es war ein Roman für den "Russischen Boten". Es war ein langer Roman in sechs Teilen. Gegen Ende November 1865 war eine Menge geschrieben und fertig. Ich habe alles verbrannt. Ich mochte es selbst nicht. Eine neue Form, ein neuer Plan riss mich mit und ich begann von neuem. Ich arbeitete Tag und Nacht und doch arbeitete ich zu wenig. Der Roman ist eine poetische Sache, er verlangt Ruhe im Kopf und in der Fantasie. Zu dieser Zeit quälten mich meine Gläubiger und drohten, mich ins Gefängnis zu schicken. (16)

F: Stimmt es, dass du beinahe die Urheberrechte an deinem Werk verloren hättest?

A: Ich habe dummerweise alle Urheberrechte an einen profitgierigen Verleger verkauft, um meine Schulden zu begleichen. Wenn ich nicht bis zum 1. November 1866 einen neuen Roman schreiben würde, sollten alle meine Werke, auch die, die ich noch nicht geschrieben hatte, in den Besitz dieses Verlegers übergehen. Ich begann "Verbrechen und Strafe" und verbrannte es im November. In sechsundzwanzig Tagen schrieb ich mehr als 200 Seiten, die zu "The Gambler" wurden, und schaffte es, die Frist einzuhalten und meine Schulden zu bezahlen. (17)

Das Gespräch über diese Dinge schien Herrn Dostojewski zu beunruhigen, der sich eine Zigarette nach der anderen drehte. Er schaute sich um, scheu wie ein Kaninchen - bis Madame Delatour hinüberreichte und ihm seine Zigarette anzündete.

Ich bin davon überzeugt, dass kein einziger unserer anderen Schriftsteller, ob früher oder heute, ob tot oder lebendig, unter solchen Bedingungen geschrieben hat, wie die, unter denen ich die ganze Zeit schreiben musste. Manche wie Turgenjew wären schon bei dem bloßen Gedanken daran gestorben. Wenn sie nur wüssten, wie deprimierend es ist, eine Idee zu ruinieren, die in dir geboren wurde, für die du dich begeistert hast, von der du wusstest, dass sie gut ist - und gezwungen zu sein, sie wissentlich zu ruinieren! (18)

Seine herzlichen Worte trieben mir die Tränen in die Augen, und ich nahm seine zitternden Hände in meine und begann, ihm seine eigenen Worte vorzulesen. Es waren genau dieselben Worte, für die er bei seiner Rede vor der "Gesellschaft der Freunde der russischen Literatur" im August 1880 mit stehenden Ovationen bedacht worden war. Diese Rede wurde später in "The Diary of a Writer" aufgezeichnet

Demütige dich, stolzer Mann! Zerbrich vor allem deinen Hochmut! Demütigt euch, ihr Müßiggänger, und lernt, auf unserer heiligen Erde zu arbeiten!

Die Wahrheit ist in dir selbst, sie ist nicht außerhalb zu finden. Deshalb: Finde dich selbst! Es ist nicht deine Aufgabe, andere zu überwältigen. Beherrsche dich selbst! Sei Herr über dich selbst! So wirst du die Wahrheit erkennen!

Nicht in den Dingen, nicht außerhalb von dir, nicht in fernen Ländern liegt die Wahrheit. Sie liegt in deinem eigenen Streben nach Selbstverbesserung. Wenn du dich selbst überwindest, wenn du dich selbst demütigst, dann wirst du freier sein als in deinen Träumen. Du wirst an einer würdigen Aufgabe arbeiten. Du wirst andere frei machen, und darin wirst du dein Glück finden, denn dein Leben wird erfüllt sein, und du wirst endlich ein Verständnis für dein eigenes Volk und seine heilige Wahrheit entdecken. (19)

Seine Augen füllten sich mit Mitgefühl, und Tränen flossen über seine ausgehöhlten Wangen, als sein Bild immer mehr verblasste. Er bereute es nicht, auf die Erde zurückgekehrt zu sein. Er hätte nie gedacht, dass es eine so schmerzhafte Wiederauferstehung sein würde.

Ich fühlte mich schuldig, dass ich die Erinnerungen in seinen Kopf zurückbrachte. Das war nicht meine Absicht gewesen. Herr Dostojewski las meine Gedanken und klopfte mir sanft und väterlich auf den Handrücken, als er vom Flughafen Heathrow verschwand, jetzt und für immer.

Als ich da saß und auf seinen leeren Stuhl blickte, musste ich an die folgenden Worte aus:

THE MEEK

"Warum ist sie gestorben?", weint er, "...O wir hätten alles lösen können... Warum, warum konnten wir nicht wieder zusammenkommen und ein neues

Leben beginnen? Nur ein paar Worte, zwei Tage, nicht mehr, und sie hätte alles verstanden... Was am meisten schmerzt, ist, dass das alles ein Unfall ist, ein einfach barbarischer, dummer Unfall! Das ist es, was weh tut. Fünf Minuten, einfach zu spät!!!... "Menschen, liebt einander" - wer hat das gesagt? Wer hat gesagt, dass wir einander lieben müssen? Wie gefühllos die Uhr weiter tickt. Es ist jetzt zwei Uhr nachts. Ihre Schuhe liegen neben dem Bett, als ob sie auf sie warten würden... Nein, wirklich, wenn sie sie morgen rausgetragen haben, was wird dann aus mir?" (20)

Ich klappte das Buch zu, nahm meinen Koffer und verlor mich in einer Menschenmenge. Mein Herz war schwer und als ich endlich auf dem Weg nach Hause war, schlief ich einen traumlosen Schlaf.

Du kannst nichts falsch machen, wenn du einen der Romane von Fjodor Dostojewski liest. Sei geduldig und du wirst reichlich belohnt werden!

Armes Volk

Der Glücksspieler

Der Idiot

Die Beleidigten und Verletzten

Die Teufel

Die Brüder Karamasow

Der ewige Ehemann

Die Sanftmütigen

Notizen aus dem Untergrund

Verbrechen und Strafe

Das Double

Eine rohe Jugend
Das Haus der Toten
Das Tagebuch eines Schriftstellers
Sanfter Geist
Krokodil
Der Traum eines lächerlichen Mannes
Das Waisenkind
Die Landlady
Die fremde Frau
Ein Weihnachtsbaum und eine Hochzeit
Ein ehrlicher Dieb.

Do svidaniya!

Cathy McGough
Deine Interviewerin von Legendary Writers From Beyond

# KEATS BESUCHT MEIN GEBURTSHAUS

Es war an einem sonnigen Tag im Frühherbst 1999, als ich in meinem Geburtsort Stratford (Ontario, Kanada) am Ufer des Avon River saß und ein unerwarteter Gast auftauchte.

Ich hatte eine Decke über das frisch gemähte Gras ausgebreitet, und der Duft wehte ganz leicht durch die Decke. Die prächtigen Schwäne bewegten sich auf mich zu und ließen ihre Stimmen in der Hoffnung auf eine Brotkruste hören.

Die Blauhäher und Rotkehlchen zwitscherten, und die Kulisse war perfekt für ein Gedicht von John Keats:
ZUM HERBST
Jahreszeit des Nebels und der milden Fruchtbarkeit,
Enger Busenfreund der reifenden Sonne;

Verschwörst mit ihm, wie du die Reben

Mit Früchten zu beladen und zu segnen die Reben, die um die Dachtraufe laufen;

Um die bemoosten Bäume mit Äpfeln zu schmücken,

Und alle Früchte mit reifem Kern füllen;

Den Kürbis schwellen zu lassen und die Haselschalen zu füllen

Mit einem süßen Kern; um mehr Knospen zu setzen,

Und noch mehr, spätere Blüten für die Bienen,

Bis sie denken, dass die warmen Tage nie aufhören,

Denn der Sommer hat ihre klammen Zellen überflutet.

Wer hat es nicht schon oft inmitten deines Vorrats gesehen?

Manchmal findet der, der in der Ferne sucht

Du sitzt sorglos auf dem Boden eines Kornspeichers,

Dein Haar wird vom Wind sanft gelüftet;

Oder auf einer halb geernteten Furche schlafend,

Vom Mohndunst ertränkt, während dein Haken

den nächsten Schwad mit all seinen Blumen ausspart:

Und manchmal, wie ein Sammler, hältst du

Den beladenen Kopf über einen Bach zu halten;

Oder bei einer Apfelweinpresse, mit geduldigem Blick,

Du beobachtest mit geduldigem Blick die letzten Tropfen, Stunde um Stunde.

Wo sind die Lieder des Frühlings? Ja, wo sind sie?

Denk nicht an sie, auch du hast deine Musik, -

Während die kahlen Wolken den sanften, sterbenden Tag erblühen lassen,

Und die Stoppelfelder mit rosiger Farbe berühren;

Dann klagen die kleinen Mücken in einem klagenden Chor

In den Flüssen, die in die Höhe getragen werden

oder sinken, wenn der leichte Wind lebt oder stirbt;

Und ausgewachsene Lämmer blöken von den Hügeln herab,

Heckenschrecken singen, und jetzt pfeift das Rotkehlchen mit dreifachem Ton

Das Rotkehlchen pfeift von einem Gartenhügel,

Und die Schwalben zwitschern in den Lüften. (1)

Ich erwachte mit einem Schreck, verursacht durch den rumpelnden Motor eines kehlig klingenden Trans Am, und schaute mich besorgt um, denn ich hatte Madame Delatour erwartet. Zuerst konnte ich sie nicht sehen, dann hörte ich Schritte auf der Island Bridge und bemerkte, dass sie John Keats zu mir führte.

John Keats wurde am 29. oder 31. Oktober 1795 als Frühgeburt in einem Stall am "Swan and Hoop", Finsbury Pavement, geboren - gegenüber der damaligen Freifläche von Lower Moorfield. (2) Er war nicht lange auf dieser Welt und starb im zarten Alter von 25 Jahren am 23. Februar 1821.

Langsam schritt er auf mich zu, während seine Stiefel ein klirrendes Geräusch machten, als sie die Holzbrücke küssten.

John Keats trug einen dunklen Anzug mit vielen silbernen Knöpfen auf der Vorderseite und an den Manschetten. Innen trug er ein weißes Hemd mit einer passenden Krawatte. Seine auffälligsten Merkmale waren sein rotes lockiges Haar und seine verträumten blauen Augen. Er blickte von einer Seite zur anderen wie ein Kind in einem Süßwarenladen.

Er nahm meine Hand in seine und fragte, zu welchem verzauberten Ort er eingeladen worden war. Er interessierte sich vor allem für das große gläserne atriumähnliche Gebäude, das von der Schönheit hinter uns eingerahmt wurde.

Ich erklärte ihm, dass es sich bei dem Gebäude um das "Stratford Festival" handelte - eine Idee, die Tom Patterson in den 1950er Jahren hatte und die den Live-Aufführungen von Theaterstücken, insbesondere den Werken von William Shakespeare, gewidmet war.

Ich bin nie ganz verzweifelt, wenn ich Shakespeare lese - ja, ich glaube, ich werde nie ein anderes Buch viel lesen.  Das könnte jetzt zu einem langen Gespräch führen, aber ich verzichte darauf.  Ich bin kurz davor, Hazlitt zuzustimmen, dass Shakespeare für uns genug ist. (3)

F: Jemand hat einmal gesagt: "Abwechslung ist die Würze des Lebens" - Shakespeare ja, aber ein bisschen Keats ist auch nötig. Würdest du uns deine früheste Kindheitserinnerung mitteilen?

A: Bitte nenne mich John - und danke für deine netten Worte. Ich kann mich zwar nicht mehr daran erinnern, warum ich es getan habe, aber ich weiß noch, dass ich mir ein Schwert geschnappt habe, dann in der Tür des Schlafzimmers meiner Mutter stand und verkündete: "Niemand darf dieses Haus betreten oder verlassen!" Ich war damals erst 5 Jahre alt und glaube, wir hatten Besuch. Ich lebte das Leben mit meinem ganzen Wesen und "konnte Freude und Leid mit meinen Händen spüren." (4)

F: Gibt es einen Zeitpunkt, an den du dich erinnern kannst - als du beschlossen hast, dass das Leben eines Dichters etwas für dich ist?

A: Meine lieben Eltern starben beide, bevor ich 15 Jahre alt wurde. Die Jahre mit ihnen, die ich gerne mit dem Lesen einer sich ständig verändernden Geschichte verglich, kamen zum Stillstand. Mein Vormund machte mich bei einem Chirurgen in Edmonton (in der Nähe von London) in die Lehre. Ich schrieb an meine Freunde und bat verzweifelt um ein Exemplar von Spensers "Faery Queen" und las die Szenen wie ein junges Fohlen, das auf einer Frühlingswiese losgelassen wird. Damals wurde ich zum ersten Mal vom Fieber des Dichters erfasst. (5)

F: Hattest du eine regelmäßige Routine beim Schreiben?

A: Ich habe etwa acht Stunden am Tag gelesen und geschrieben.  Es gibt ein altes Sprichwort: "Gut begonnen ist halb getan" - das ist ein schlechter Spruch.  Ich würde stattdessen sagen: "Angefangen ist halb getan". Demnach habe ich mein Gedicht nicht begonnen und kann folglich (a priori) nichts darüber sagen.  Gott sei Dank!  (6)

F: Hast du geglaubt, dass du eines Tages als großer Dichter gelten würdest?

A: Nach den sieben Todsünden gibt es keine größere Sünde, als sich einzubilden, ein großer Dichter zu sein - oder einer von denen, die das Privileg haben, ihr Leben im Streben nach Ehre zu vergeuden - wie wohltuend ist das Gefühl, dass ein solches Verbrechen eine schwere Strafe nach sich ziehen muss.  Dass, wenn man sich selbst betrügt, die Rechnung aufgeht? (7)

F: Welche Rolle hat die Fantasie beim Schreiben gespielt?

A: Ich bin mir über nichts anderes sicher als über die Heiligkeit der Gefühle des Herzens und die Wahrheit der Fantasie.  Was die Vorstellungskraft als Schönheit begreift, muss Wahrheit sein - egal, ob sie vorher schon da war oder nicht. Denn ich habe dieselbe Vorstellung von all unseren Leidenschaften wie von der Liebe: Sie alle sind in ihrer Erhabenheit Schöpfer der wesentlichen Schönheit.  Kurz gesagt: Du kennst meine Lieblingsspekulation aus meinem ersten Buch und aus dem kleinen Lied, das ich in meinem letzten Buch sende und das die wahrscheinliche Funktionsweise dieser Dinge in der Fantasie darstellt. Die Fantasie kann mit Adams Traum verglichen werden - er wachte auf und fand die Wahrheit. Ich bin in dieser Angelegenheit umso eifriger, weil ich noch nie erkennen konnte, wie etwas durch konsekutives Denken als Wahrheit erkannt werden kann - und doch muss es so sein. Der einfache, phantasievolle Verstand kann seine Belohnung in der Wiederholung seines eigenen, stillen Wirkens finden, das immer wieder mit einer schönen Plötzlichkeit auf den Geist trifft. (8)

F: Glaubst du, dass irdisches Glück erreichbar ist?

A: Ich kann mich kaum daran erinnern, dass ich mit Glück gerechnet habe - ich suche es, wenn auch nicht in der gegenwärtigen Stunde - nichts erschreckt mich über den Augenblick hinaus. Die untergehende Sonne wird mich immer aufrichten, oder wenn ein Spatz vor mein Fenster kommt, nehme ich an seinem Dasein teil und picke im Kies herum. Wenn ich höre, dass jemandem ein Unglück widerfahren ist, denke ich zuerst: "Nun, es ist nicht zu ändern: Er wird das Vergnügen haben, die Kräfte seines Geistes zu erproben." (9)

F: Bereust du, dass du nie geheiratet hast?

A: Ich habe gehofft, dass ich nie heiraten würde. Auch wenn die schönsten Geschöpfe am Ende einer Reise oder eines Spaziergangs auf mich warten würden, wenn der Teppich aus Seide wäre, die

Vorhänge aus den Morgenwolken, die Stühle und das Sofa mit Zygnetendaunen gefüllt, das Essen Manna, der Wein Claret und das Fenster, das sich auf die Winander Mere öffnet, würde ich mich nicht wohl fühlen - oder besser gesagt, mein Glück wäre nicht so schön, wie meine Einsamkeit erhaben ist.

Das Rauschen des Windes ist meine Frau und die Sterne, die durch die Fensterscheibe fallen, sind meine Kinder.  Die mächtige abstrakte Vorstellung, die ich von der Schönheit aller Dinge habe, erstickt das kleinste häusliche Glück - eine liebenswürdige Frau und süße Kinder betrachte ich als Teil dieser Schönheit, aber ich muss tausend dieser schönen Teilchen haben, um mein Herz zu füllen.

Ich fühlte jeden Tag mehr und mehr, je stärker meine Vorstellungskraft wurde, dass ich nicht allein in der Welt lebte, sondern in tausend Welten - Kaum war ich allein, waren Gestalten von epischer Größe um mich herum stationiert und dienten meinem Geist in einem Amt, das der Leibwache eines Königs gleichkam - dann "kam die Tragödie mit dem Zepter vorbei." Je nach Gemütsverfassung war ich mit Achilles in den Schützengräben oder mit Theokrit in den Tälern Siziliens.  Oder ich warf mein ganzes Wesen in Troilus und wiederholte die Zeilen: "Ich wandere wie eine verlorene Seele an den stygischen Ufern und warte auf den Wind", und verschmolz mit einer so zarten Wollust, dass ich zufrieden war, allein zu sein.  Diese Dinge, zusammen mit der Meinung, die ich über die meisten Frauen habe - die mir wie Kinder erscheinen, denen ich lieber eine Zuckerpflaume schenken würde als meine Zeit -, bilden eine Barriere gegen die Ehe, über die ich mich freue. (10)

F: Eine Zuckerpflaume! Vielleicht ist es gut, dass du damals nicht geheiratet hast. Glaubst du, dass man etwas aus erster Hand erfahren muss, um darüber schreiben zu können?

A: Nichts wird jemals real, bevor man es nicht erlebt hat - selbst ein Sprichwort ist kein Sprichwort für dich, bevor du es nicht durch dein Leben illustriert hast. Ich habe das menschliche Leben mit einem großen Haus mit vielen Wohnungen verglichen, von denen ich nur zwei beschreiben kann, da mir die Türen der anderen noch verschlossen sind. Die erste, die wir betreten, nennen wir das Kinderzimmer oder die gedankenlose Kammer, in der wir bleiben, wenn wir nicht denken.

Wir bleiben dort eine ganze Weile, und obwohl die Türen der zweiten Kammer offen stehen und einen hellen Anblick bieten, wollen wir nicht dorthin eilen; aber schließlich werden wir unmerklich durch das Erwachen des denkenden Prinzips in uns angetrieben - kaum sind wir in der zweiten Kammer, die ich die Kammer des jungfräulichen Gedankens nennen werde, berauschen wir uns an dem Licht und der Atmosphäre, sehen nichts als angenehme Wunder und denken daran, dort für immer in Entzücken zu verweilen.

Doch zu den Wirkungen, die das Atmen hervorruft, gehört auch die gewaltige Wirkung, den Blick für das Herz und die Natur des Menschen zu schärfen - die Nerven davon zu überzeugen, dass die Welt voller Elend und Herzschmerz, Schmerz, Krankheit und Unterdrückung ist - wodurch sich diese Kammer des jungfräulichen Gedankens allmählich verdunkelt und sich gleichzeitig auf allen Seiten viele Türen öffnen - aber alle sind dunkel - alle führen zu dunklen Gängen. Wir sehen das Gleichgewicht von Gut und Böse nicht; wir sind in einem Nebel, wir sind jetzt in diesem Zustand, wir fühlen die "Last des Geheimnisses". Wenn wir jetzt leben und weiter denken, werden wir alle Abschnitte erforschen. (11)

F: Hat es dich interessiert, was andere von dir dachten?

A: Manche hielten mich für mittelmäßig, andere für dumm, wieder andere für töricht - jeder dachte, er sähe meine schwache Seite gegen meinen Willen, obwohl sie in Wahrheit mit meinem Willen zusammenhängt - ich war damit zufrieden, dass man das alles von mir dachte, weil ich in meiner eigenen Brust eine so große Ressource habe.

Das war ein wichtiger Grund, warum sie mich so mochten: weil sie alle in einem Raum zur Geltung bringen und mit einem gewissen Taktgefühl denjenigen in den Schatten stellen konnten, den man für einen guten Dichter hielt.

Ich hoffte, dass ich hier keine Streiche spielte, "um die Engel zum Weinen zu bringen". Das dachte ich nicht, denn ich verachtete meine Art nicht im Geringsten, und obwohl es paradox klingen mag, wurde ich durch meine größten Höhenflüge jedes Mal gedemütigter - Genug davon, auch wenn du es in deiner Liebe zu mir nicht für genug hältst. (12)

F: Du hast recht, ich höre dir gerne zu und wünschte, wir hätten mehr Zeit. Kannst du beschreiben, wie du die Welt gesehen hast?

A: Ich habe die Welt gehasst: Sie hat die Flügel meines Eigensinns zu sehr zertrümmert, und ich wünschte, ich hätte ein süßes Gift von deinen Lippen nehmen können, um mich von ihr zu befreien. Von keinem anderen würde ich es nehmen. (13)

Ich war verblüfft über seine Aussage und errötete heftig.

F: In fünfundzwanzig Jahren hast du mehr erreicht als viele Schriftsteller in ihrem ganzen Leben. War Unsterblichkeit deine treibende Kraft?

A: Ich habe kein unsterbliches Werk hinterlassen - nichts, was meine Freunde stolz auf mein Andenken machen würde - aber ich habe das Prinzip der Schönheit in allen Dingen geliebt, und wenn ich Zeit gehabt hätte, hätte ich mich in Erinnerung gebracht. (14)

F: Welchen Rat hast du für künftige Dichter?

A: Erstens denke ich, dass Poesie durch ein feines Übermaß und nicht durch Einzigartigkeit überraschen sollte; sie sollte den Leser wie eine Formulierung seiner eigenen höchsten Gedanken treffen und fast wie eine Erinnerung wirken.

Zweitens sollte sie nie nur halbwegs schön sein und den Leser atemlos machen, anstatt ihn zufrieden zu stellen. Das Aufsteigen, das Fortschreiten und das Untergehen der Bildersprache sollte wie die Sonne ganz natürlich zu ihm kommen, ihn bescheinen und nüchtern untergehen, obwohl sie in ihrer Pracht den Luxus der Dämmerung hinterlässt.

Aber es ist einfacher zu denken, wie Poesie sein sollte, als sie zu schreiben. Und das führt mich zu einem weiteren Punkt.

Drittens: Wenn die Poesie nicht so natürlich kommt wie die Blätter an einem Baum, sollte sie besser gar nicht kommen. (15)

F: John, du bist einer der am meisten verehrten Dichter aller Zeiten. Du wirst in der Westminster Abbey in der Poet's Corner geehrt und Schulen auf der ganzen Welt studieren jedes Jahr deine Gedichte. Hast du das Gefühl, dass dein Erfolg eher von den Umständen abhing?

A: Die Umstände sind wie Wolken, die sich ständig sammeln und zerplatzen - Während wir lachen, wird die Saat irgendeines Ärgers in das weite Ackerland der Ereignisse gelegt - während wir lachen, sprießt sie, wächst und trägt plötzlich eine giftige Frucht, die wir pflücken müssen. (16)

F: Was ist deine Definition eines Dichters?

A: Ein Dichter ist das Unpoetischste, was es gibt, denn er hat keine Identität - er ist ständig auf der Suche nach einem anderen Körper und füllt ihn aus. Die Sonne, der Mond, das Meer und Männer und Frauen, die Geschöpfe des Impulses sind, sind poetisch und haben eine unveränderliche Eigenschaft - der Dichter hat keine; keine Identität - er ist sicherlich das unpoetischste aller Geschöpfe Gottes. (17)

F: Ich bin ein Dichter, und meine Muse hat mich verlassen. Kannst du mir einen Rat geben, um wieder zum Schreiben zu kommen?

A: Lass dich von einem Misserfolg nicht entmutigen. Es kann eine positive Erfahrung sein. Scheitern ist in gewisser Weise der Weg zum Erfolg, denn jede Entdeckung des Falschen bringt uns dazu, ernsthaft nach dem Wahren zu suchen, und jede neue Erfahrung weist uns auf eine Form des Irrtums hin, die wir danach sorgfältig vermeiden sollten.

Poesie sollte durch ein feines Übermaß und nicht durch Einzigartigkeit gefallen. Sie sollte dem Leser wie eine Formulierung seiner eigenen höchsten Gedanken vorkommen und fast wie eine Erinnerung erscheinen. (18)

F: Dein Freund Lord Byron wird mit den Worten zitiert, dass die Rezension in "The Quarterly" dich in einen frühen Tod getrieben haben könnte - stimmt das?

A: Es hat mir in der Gesellschaft nicht den geringsten Schaden zugefügt, mich klein und lächerlich erscheinen zu lassen: Ich weiß, wann ein Mann mir überlegen ist und zolle ihm den gebührenden Respekt - er wäre der Letzte, der über mich lachen würde, und was den Rest angeht, hatte ich das Gefühl, dass ich einen Eindruck auf sie gemacht habe, der mir persönlichen Respekt sicherte, solange ich in Sichtweite war, was auch immer sie gesagt haben mögen, wenn ich ihnen den Rücken zukehrte.

Das Einzige, was mich persönlich jemals länger als einen kurzen Tag beeinträchtigt hat, sind Zweifel an meinen dichterischen Fähigkeiten - ich habe selten welche, und ich hoffe auf die Zeit, in der ich keine mehr haben werde. Ich bin so glücklich, wie ein Mensch nur sein kann. (19)

F: Würdest du bitte eines deiner Gedichte vorlesen?

A: Lass mich nachdenken. Ja, ich weiß genau das Richtige:

DIE MENSCHLICHEN JAHRESZEITEN

Vier Jahreszeiten füllen das Maß des Jahres;

Es gibt vier Jahreszeiten im Geist des Menschen;

Er hat seinen lustvollen Frühling, wenn die Phantasie klar

Alle Schönheit mit leichter Spanne aufnimmt:

Er hat seinen Sommer, in dem er üppig

Er liebt es, im Frühling den Honig der jugendlichen Gedanken

Wiederkäut, und durch solche Träume hoch

Dem Himmel am nächsten ist: Stille Buchten

Seine Seele hat ihren Herbst, wenn sie ihre Schwingen

Wenn er seine Flügel zusammenrollt und zufrieden

Auf die Nebel zu blicken, die schönen Dinge

Unbeachtet vorbeiziehen zu lassen wie ein Schwellenbach.

Auch er hat seinen Winter mit blasser Mißgestalt,

Sonst würde er auf seine sterbliche Natur verzichten. (20)

Während John vorlas, versammelte sich eine Gruppe junger Mädchen in Schuluniformen um ihn. Als er fertig war, applaudierten sie, kicherten und flüsterten, während die Kühnste der Gruppe nach vorne ging und ihn um ein Autogramm bat.

John war von der ganzen Aufmerksamkeit überrascht, aber gleichzeitig auch unglaublich erfreut. Er fragte jedes der Mädchen nach ihrem Namen und unterschrieb mit seinem Namen für sie.

Die Mädchen tuschelten untereinander und verabschiedeten sich dann von uns, während sie sich auf den Weg machten. Sie waren noch nicht sehr weit gegangen, als ich bemerkte, dass John immer seltener zu sehen war. Ich hatte kaum die Gelegenheit, ihm zum Abschied zu winken, bevor er verschwand.

Als sie weggingen, hörte ich, wie eines der Mädchen seinen Namen laut vorlas und sagte:

"John Keats? Ich frage mich, in welchem Stück er mitspielt. Er ist wirklich süß!"

Ich rollte meine Decke zusammen und entfernte mich vom fließenden Avon River, in der Hoffnung, dass diese Mädchen eines Tages die Werke von John Keats lesen und entdecken würden. Ich hatte das Gefühl, dass das Autogramm, das sie bekamen, "Writ in water" sein könnte, wie die Worte, die auf seinem Grabstein standen.

Ich lasse dich jetzt mit den folgenden Worten zurück:

"Ihr Barden der Leidenschaft und des Frohsinns, die ihr eure Seelen auf der Erde gelassen habt. Ihr habt auch im Himmel Seelen, die in neuen Regionen doppelt leben." (21)

Erfahre mehr über John Keats, indem du die inspirierende Sammlung liest, die er hinterlassen hat. Ich möchte dich ermutigen, die folgenden zu lesen:

Der Abend der heiligen Agnes

Der Vorabend von St. Mark

Hyperion

Endymion

Lamia

Schlaf und Poesie

An eine Nachtigall

Auf einer griechischen Urne

An Psyche

Über Melancholie

Barden der Leidenschaft und des Vergnügens

Wenn ich Ängste habe

Über den ersten Blick in Chapmans Homer

Der Grashüpfer und die Grille
Über den Anblick einer Haarlocke von Milton
Die menschlichen Jahreszeiten
An Byron
Wo ist der Dichter?

Wes du hal!

Cathy McGough
Deine Interviewerin für legendäre Schriftsteller aus dem Jenseits

# Chapter Fifteen

# HENRY WADSWORTH LONGFELLOW

## ERINNERUNGSSTÜCKE

ES DÄMMERT UND SCHON bald wird unser Gast eintreffen. Heute Abend wird Madame Delatour Kontakt zu Henry Wadsworth Longfellow aufnehmen, der als der beste amerikanische Dichter aller Zeiten gilt.

Wir kontaktieren ihn am Abend, damit wir gemeinsam eine unserer Lieblingsbeschäftigungen genießen können - das Wandern. Mit etwas Glück wird der Weg relativ frei von Joggern, Radfahrern und dergleichen sein, so dass Mr. Longfellow und ich in Ruhe spazieren gehen können.

Henry Wadsworth Longfellow wurde am 27. Februar 1807 in Portland, Oregon, geboren. Mr. Longfellow war ein Dichter, der sein Leben nach den Worten "die Feder ist mächtiger als das Schwert" lebte. Er schreckte nie vor Konflikten zurück und kämpfte stets für die Rechte seiner Mitbürger. Im Grunde genommen nährte seine Seele die Wildnis Amerikas. (1)

Madame Delatour war damit beschäftigt, Mr. Longfellow zu kontaktieren, und in der Zwischenzeit las ich ein Gedicht ohne Titel vor, das ich kürzlich in einem Buch namens "Borrowings" entdeckt hatte. Der Einband aus Wildleder hat mit der Zeit geflattert, und das zu Recht, denn das Erscheinungsdatum war 1899. Obwohl es alles andere als perfekt erhalten war, wusste ich sofort, dass es mit viel Liebe bearbeitet und zerfleddert worden war. Im Inneren befanden sich viele Zeitungsausschnitte mit Gedichten.

Unter den Schätzen des Buches befand sich auch dieses unbetitelte Kleinod, das Mr. Longfellow zugeschrieben wird:

Wie eine müde Mutter, wenn der Tag zu Ende ist,
Führt sie ihr kleines Kind an der Hand ins Bett,
Halb willig, halb widerstrebend, sich führen zu lassen,
Und lässt seine zerbrochenen Spielsachen auf dem Boden liegen,
und schaut immer noch durch die offene Tür auf sie,
Nicht ganz beruhigt und getröstet

Durch das Versprechen, dass sie durch andere ersetzt werden,

Die zwar prächtiger sind, ihn aber nicht mehr erfreuen können

So geht die Natur mit uns um und nimmt

unsere Spielsachen, eine nach der anderen, und bei der Hand

Führt uns zur Ruhe, so sanft, dass wir gehen

Wir wissen kaum, ob wir gehen oder bleiben wollen,

Wir sind zu müde, um zu verstehen

Wie weit das Unbekannte über das Bekannte hinausgeht. (2)

Ich klappte das Buch vorsichtig zu und achtete darauf, dass alles drin blieb, als ich Henry Wadsworth Longfellow bemerkte, der mir auf dem Weg entgegenkam.

Er war mittelgroß und hatte einen Kopf und ein Gesicht, die außerordentlich poetisch waren. Der große Reiz seines Gesichts lag in seinen ungetrübten, tiefliegenden blauen Augen unter den überhängenden Brauen, die einen unbeschreiblichen Ausdruck von Gedanken und Zärtlichkeit vermittelten. Obwohl sein Gesicht von vielen Falten durchzogen war, wirkte es gesund und rosig, und sein Haar war schneeweiß. Sein Auftreten hatte die Einfachheit eines Kindes und war doch von einer unbezwingbaren Würde. (3)

Er stellte sich vor und reichte mir die Hand. Ich war beschämt über seine ruhige und bescheidene Art und hatte sofort das Gefühl, dass er ein alter Freund war, der von einer langen Reise zurückkehrte. Wir gingen Arm in Arm weiter, während ich in seine blauen Augen blickte und unser Gespräch begann.

F: Als du ein Kind warst, hast du gerne gelesen. Welche Bücher haben deinen jungen Geist am meisten beeindruckt?

A: Ich hatte das große Glück, als Kind eine ganze Bibliothek mit Büchern zu haben, die mich unterhalten konnten. Dafür hat mein Vater gesorgt, obwohl er nicht wollte, dass ich Schriftstellerin werde. Schriftsteller, die ich bewunderte, waren Shakespeare, Milton und Pope, Dryden und Goldsmith, um nur ein paar zu nennen. Ich liebte "Tausendundeine Nacht" und "Don Quijote" ... aber das erste Buch, das meine Fantasie faszinierte, war Washington Irvings "Skizzenbuch". Ich las es mit "immer größerem Staunen und Entzücken, gebannt von seinem angenehmen Humor, seiner melancholischen Zärtlichkeit, seiner Atmosphäre der Träumerei - ja, sogar von seinen graubraunen Einbänden, den schattierten Buchstaben seiner Titel und der hellen, klaren Schrift, die ein äußeres Symbol seines Stils zu sein schien. (4)

F: Dein Vater wollte nicht, dass du Schriftsteller wirst?

A: Als ich auf dem College war, fasste ich den Entschluss, eine literarische Karriere einzuschlagen. Mein Vater schickte mir einen Brief ans Bowdoin

College, in dem er mich vor einem solchen Studium warnte und darauf hinwies, dass es in Amerika nicht genug Reichtum gäbe, um sich den Lebensunterhalt eines Literaten zu leisten. Mein Vater war ein kluger Mann. Er begann den Brief mit einer praktischen Warnung und beendete ihn mit einer poetischen Kritik:

"Ich habe in der U.S. Literary Gazette einige Gedichte entdeckt", schrieb er, "von denen ich aufgrund der Unterschrift annehme, dass sie aus deiner Feder stammen. Es ist eine sehr hübsche Produktion, und ich habe sie mit Vergnügen gelesen. Aber du wirst feststellen, dass die zweite Zeile der sechsten Strophe zu viele Füße hat." (5)

F: Wer hat dich dazu inspiriert, Schriftstellerin zu werden?

A: Mein Großvater, General Wadsworth, bei dem ich manchmal meine Sommerferien auf seiner Farm verbrachte, schrieb satirische Verse. Er war ein großartiger Geschichtenerzähler und hatte einen großen Fundus an persönlichen Erinnerungen an seine Harvard- und Armeetage, seine Gefangennahme durch die Briten und seine Flucht aus dem Fort George in Castine. All diese Dinge hatten ihre Wirkung auf meinen beeindruckbaren Geist. (6)

F: Warst du schon immer ein leidenschaftlicher Wanderer?

A: Ja, das war immer meine Hauptbeschäftigung. Wenn der Schnee tief lag, habe ich Holz gehackt und fand das ziemlich lästig. Als Notlösung für beides schrieb ich einmal an meinen Vater: "Ich habe ein Bild an meine Schranktür gemalt, das ungefähr so groß ist wie ich selbst; und immer, wenn ich das Gefühl habe, dass mir die Bewegung fehlt, ziehe ich meinen Mantel aus und stelle mir dieses Bild in einer Verteidigungshaltung vor, als ob ich kämpfen würde. Das ist ein sehr klassisches Vergnügen, und ich bin schon ein recht geschickter Faustkämpfer geworden." (7)

F: Würdest du eines deiner Gedichte vorlesen?

A: Es wäre mir eine Ehre:

DIE BAUERN

Alle sind Architekten des Schicksals,
und arbeiten an den Mauern der Zeit;
Manche mit gewaltigen Taten und groß,
Einige mit Verzierungen in Reimform.

Nichts ist nutzlos oder niedrig;
Jedes Ding an seinem Platz ist das Beste;
Und was nur als müßiger Schein erscheint
stärkt und stützt den Rest.

Für das Gebäude, das wir errichten,
ist die Zeit mit Materialien gefüllt;
Unsere heutigen und gestrigen Tage
Sind die Bausteine, mit denen wir bauen

Wir formen und gestalten sie wahrhaftig;
Lasst keine gähnenden Lücken dazwischen;

Denke nicht, denn niemand sieht,
Solche Dinge werden ungesehen bleiben.
In den alten Tagen der Kunst,
arbeiteten die Baumeister mit größter Sorgfalt
jedes winzige und ungesehene Teil;
Denn die Götter sehen alles.
Lass uns auch unsere Arbeit tun,
sowohl das Unsichtbare als auch das Sichtbare;
Mach das Haus, in dem die Götter wohnen können,
Schön, vollständig und sauber.
Sonst ist unser Leben unvollständig,
wenn wir in diesen Mauern der Zeit stehen,
Zerbrochene Treppen, wo die Füße
stolpern, wenn sie aufsteigen wollen.
Baue also heute, stark und sicher,
Mit einem festen und weiten Fundament;
Und aufsteigend und sicher
wird der morgige Tag seinen Platz finden.
Nur so können wir erreichen
Zu jenen Türmen, wo das Auge
Die Welt als eine weite Ebene sieht,
Und den Himmel als eine grenzenlose Weite.  (8)

F: Du hast eine erstaunliche Sammlung von Erinnerungsstücken zusammengetragen und sie in deinem Haus ausgestellt. Bitte erzähl mir von ihnen.

A: Sie standen in meinem Arbeitszimmer, wo die Stille nur durch das Läuten der alten Uhr in der Ecke unterbrochen wurde. Ein Tisch in der Mitte des Raumes war mit Büchern und Papier überhäuft und sah so unordentlich aus, dass ich mir sicher bin, dass jeder Schriftsteller aus deiner Zeit das nachvollziehen kann.

Auf demselben Tisch befand sich Samuel Taylor Coleridges Tintenfass mit einem frühen Band seiner Gedichte, die er in seiner eigenen Handschrift kommentierte, die so krakelig war, wie es sich für ein Genie gehörte.

Unter den Bildern im Zimmer befanden sich Buntstiftzeichnungen von Emerson, Sumner und Hawthorne, die alle in der Blütezeit dieser berühmten Männer entstanden waren.

Wir könnten den ganzen Tag damit verbringen, über die Dinge zu diskutieren, die in meinem Arbeitszimmer ausgestellt waren. Allein ein Schrank enthielt ein Stück von Dantes Sarg, einen Zylinder mit einigen brillanten afrikanischen Käfern, zwei Stöcke (einer aus dem Ersatzteil des Schiffes, auf dem "The Star Spangled Banner" geschrieben wurde, und der andere aus "Acadie", auf dem ein hässlicher Kopf saß, der meiner Vorstellung von "Evangeline" entsprach. (9)

F: Stimmt es, dass ein anderer Schriftsteller die Chance verpasst hat, über "Evangeline" zu schreiben?

A: Ja, tatsächlich hatte ein Rektor einer Kirche in Süd-Boston versucht, Nathaniel Hawthorne dazu zu bewegen, die Geschichte zu verwenden. Bei einem Abendessen mit den beiden sagte ich zu Mr. Hawthorne: "Wenn Sie diese Begebenheit wirklich nicht für eine Erzählung wollen, dann geben Sie sie mir für ein Gedicht." Ich beendete "Evangeline" im Jahr 1847. (10)

F: Es muss auch eine faszinierende Geschichte zu "The Ballad of the Schooner Hesperus" geben?

A: Am 17. Dezember 1839 wurde ich von Zahnschmerzen und Dyspepsie geplagt. Ich erinnere mich, dass ich meinem Vater schrieb: "Schreckliche Nachrichten über Schiffswracks an der Küste. Zwanzig Leichen wurden in der Nähe von Gloucester an Land gespült, eine davon an einem Wrackteil festgezurrt. Es gibt ein Riff namens Norman's Woe, auf dem viele dieser Unglücke stattfanden; unter anderem der Schoner Hesperus... Ich muss eine Ballade darüber schreiben."

Fast zwei Wochen später griff ich wieder zur Feder und schrieb meinem Vater: "Ich saß gestern Abend bis zwölf Uhr am Feuer und rauchte, als mir plötzlich einfiel, dass ich die Ballade vom Schooner Hesperus schreiben sollte, was ich auch tat. Dann ging ich zu Bett, konnte aber nicht schlafen. Neue Gedanken gingen mir durch den Kopf, und ich stand auf, um sie der Ballade hinzuzufügen. Es war drei Uhr nachts. Dann ging ich ins Bett und schlief ein. Ich bin zufrieden mit der Ballade. Sie hat mich kaum Mühe gekostet. Sie ist mir nicht nach Zeilen, sondern nach Strophen in den Sinn gekommen." (11)

F: Darf ich mit dir dein Gedicht "Der Pfeil und das Lied" rezitieren, während wir uns auf den Weg über die Brücke machen?

A: Perfekte Wahl, mein Freund, perfekte Wahl!

DER PFEIL UND DAS LIED

Ich schoss einen Pfeil in die Luft,

Er fiel auf die Erde, ich wusste nicht wo

Denn er flog so schnell, dass der Blick

konnte ihm nicht folgen

Ich hauchte ein Lied in die Luft,

Es fiel auf die Erde, ich wusste nicht, wo

Denn wer hat einen so scharfen und starken Blick

dass er dem Flug des Liedes folgen kann?

Lange, lange danach, in einer Eiche

fand ich den Pfeil, noch immer ungebrochen

Und das Lied, von Anfang bis Ende,

fand ich im Herzen eines Freundes wieder. (12)

F: Hast du einen Rat für Schriftstellerinnen und Schriftsteller im Jahr 2003 und darüber hinaus?

A: 1850 schrieb ich: "Wenn ich in der Literatur etwas tun will, muss ich es jetzt tun. Nur wenige Männer haben nach fünfzig Jahren gute Gedichte geschrieben. Ich hielt das für einen wahren und guten Ratschlag, bis 1851 "The Golden Legend" veröffentlicht wurde. Es wurden 3500 Exemplare gedruckt, die sofort ausverkauft waren. Ich war 56 Jahre alt.  Es scheint, als ob Gedanken, wie Kinder, ihre Zeit der Reifung haben und dann geboren werden, ob wir wollen oder nicht. Diese Beobachtung machte ich, nachdem ich

"Der Sensenmann und die Blumen" beendet hatte. (13)

F: Mr. Longfellow, ich habe es genossen, mit Ihnen zu wandern. Aber ich fürchte, dass sowohl unsere Zeit als auch dieser Tag zu Ende gehen. Würden Sie uns bitte ein passendes Gedicht vortragen? Vielleicht eines, das den Vorhang für unsere gemeinsame Zeit schließt?

A: Ah ja:

DER TAG IST VORBEI

Der Tag ist zu Ende, und die Dunkelheit

Fällt von den Flügeln der Nacht,

Wie eine Feder, die von einem Adler

Von einem Adler in seinem Flug

Ich sehe die Lichter des Dorfes

durch den Regen und den Nebel leuchten,

Und ein Gefühl der Traurigkeit überkommt mich

Dem meine Seele nicht widerstehen kann

Ein Gefühl von Traurigkeit und Sehnsucht,

das nicht mit Schmerz vergleichbar ist,

Es ähnelt der Traurigkeit nur

Wie der Nebel dem Regen ähnelt

Komm, lies mir ein Gedicht vor,

Ein einfaches und tief empfundenes Gedicht,

das dieses ruhelose Gefühl besänftigen wird,

Und die Gedanken des Tages vertreibt

Nicht von den großen alten Meistern,

Nicht von den erhabenen Barden,

Deren ferne Fußstapfen

Durch die Korridore der Zeit
Wie die Klänge kriegerischer Musik,
Ihre mächtigen Gedanken suggerieren
Die endlose Mühsal und Anstrengung des Lebens
Und heute Nacht sehne ich mich nach Ruhe
Lies von einem bescheideneren Dichter,
Dessen Lieder aus seinem Herzen sprudeln,
Wie Schauer aus den Wolken des Sommers,
Oder Tränen von den Augenlidern fließen
Der durch lange Tage der Arbeit,
Und Nächte, die keine Ruhe kennen,
hörte er in seiner Seele immer noch die Musik
Von wunderbaren Melodien
Solche Lieder haben die Kraft, den
Den rastlosen Puls der Sorge zu beruhigen,
Und sie kommen wie der Segen
der auf das Gebet folgt.
Dann lies aus dem geschätzten Band
Das Gedicht deiner Wahl
Und leihe dem Reim des Dichters
Die Schönheit deiner Stimme
Und die Nacht wird mit Musik erfüllt sein,
Und die Sorgen, die den Tag heimsuchen,
Werden ihre Zelte zusammenschlagen wie die Araber,
Und sich ebenso leise davonschleichen. (14)

Mr. Longfellow verweilte und entschwand sanft aus meinem Blickfeld, während er meine Hand in seiner hielt. Unsere Geister trennten sich, und keine andere

Würdigung könnte passender sein als die, die der ehrenwerte J. D. Long nach Mr. Longfellows Tod schrieb:

"Es ist ein schlechter Gemeinplatz zu sagen, dass Longfellow der Dichter des Volkes ist, denn kein Dichter ist ein großer oder wahrer Dichter, der das nicht ist. Die Leben großer Männer erinnern uns nicht so sehr daran, dass wir unser Leben erhaben machen können, sondern daran, dass unser Leben erhaben IST, wenn wir es nur nicht beschweren oder entwürdigen wollen.

Der Dichter erhebt sich nicht, indem er etwas in eine Melodie packt, das über dich und mich hinausgeht, nicht, indem er eine Musik atmet, die so exquisit ist, dass sie niemals in unseren Fantasien und Gebeten erzittert; sondern indem er die Gefühle, die feineren Absichten und die edle Gesinnung zum Ausdruck bringt, die in der großen, gewöhnlichen Natur stecken - im Seemann in den Wanten, in der Jungfrau am schwimmenden Mast, in der Mutter, die ihr Kind weglegt, im Schuljungen bei seiner Arbeit oder beim Spiel oder beim Zählen der Funken, die aus der Schmiede fliegen, im Mann bei der Arbeit oder wenn er sich davon ausruht und von blauäugigen Banditen auf der Treppe oder im Flur überfallen wird.

Der Dichter lehrt uns also nicht, dass wir uns von ihm unterscheiden, sondern dass wir auf einer Stufe mit ihm stehen, nicht dass wir gemein sind, sondern dass wir erhaben sind. Die Musik, die er geschrieben hat, liegt in uns allen ungeschrieben. Lasst sie uns in unserem Leben singen, was wir können, so wie er sie aus seiner Feder gesungen hat, was wir nicht können." (15)

Du wirst alle seine Werke lesen wollen, aber hier ist eine Liste mit einigen meiner Favoriten, die dir den Einstieg erleichtern wird.

Evangeline

Hiawatha

Das Wrack der Hesperus

Ein Psalm des Lebens

Excelsior

Hymne an die Nacht

Meine verlorene Jugend

Der Traum des Sklaven

Das Licht der Sterne

Die Fußstapfen der Engel

Der Geist der Poesie

Der Kelch des Lebens.

Auf Wiedersehen für jetzt!

Cathy McGough

Deine Interviewerin für legendäre Schriftsteller aus dem Jenseits

# "DAS BANJO" PATERSON KEHRT ZURÜCK

ZUR FEIER DES AUSTRALIA Day 2002 (26. Januar) haben wir beschlossen, A. B. "Banjo" Paterson zu kontaktieren. Herr Paterson wurde am 17. Februar 1864 in Narambla, New South Wales, geboren.

Während Madame Delatour sich darauf vorbereitete, Herrn Paterson zu kontaktieren, habe ich die Gelegenheit genutzt, sein berühmtestes Werk zu lesen - "Waltzing Matilda", das 1895 in Queensland geschrieben wurde. Um dir die Lektüre zu erleichtern, habe ich die Wörter, deren Bedeutung du vielleicht nicht verstehst, mit Sternchen versehen. Die Definitionen findest du direkt unter der Ballade.

WALTZING MATILDA

Oh, es war einmal ein *Wanderer, der in den *Billabongs kampierte,

Im Schatten eines *Coolabah-Baumes

Und er sang, während er den alten *Billy kochend ansah,

"Who'll come a-waltzing Matilda with me?"

CHORUS

Who'll come a-waltzing Matilda, my darling?

Wer kommt mit mir und tanzt mit mir den Matilda-Walzer?

Matilda tanzt Walzer und führt einen Wassersack,

Wer tanzt mit mir Walzer mit Matilda?

Der *Jumbuck kam zum Wasserloch, um zu trinken,

Der Fuhrmann sprang auf und packte ihn voller Freude

Und er sang, als er ihn in seine *Tuckertasche steckte,

"Du kommst als Matilda mit mir."

Wiederholung CHORUS

Da kam der *Squatter auf seinem Vollblut geritten;

Die Polizisten kamen - eins, zwei und drei.

"Wem gehört der Jumbuck, den du in der Tucker-Tasche hast?

Du kommst mit uns Matilda walzen."

Wiederholung CHORUS

Der Fuhrmann sprang auf und sprang in das Wasserloch,

und ertränkte sich am Coolabah-Baum;

Und seine Stimme kann man hören, wenn sie in den Billabongs singt,

"Wer kommt mit mir Matilda walzen?" (1)

Wiederholung CHORUS

*Swagman = Ähnlich wie ein Hobo - ein Mann, der das Outback zu Fuß durchquert und Gelegenheitsjobs im Austausch gegen Essen oder Geld erledigt.  Warum "Swagman"? Benannt nach seiner "Swag Roll" - ähnlich einem Rucksack, den er sich über die Schultern schnallte und in dem er all seine weltlichen Besitztümer transportierte.

*Billabong = Ein Wasserloch.

*Coolabah = Der einheimische Eukalyptus (Eucalyptus micro theca).

*Billy = Ein Kessel

*Jumbuck = Ein Mal-Schaf (Aboriginal "hochspringen")

*Squatter = Eine Person, die illegal das Eigentum einer anderen Person besetzt

Eigentum einer anderen Person *Tuckerbag = Wie eine Brottasche.

Madame Delatour teilte mir mit, dass Mr. Paterson in Kürze eintreffen würde, und kurzerhand war er da.

Er hatte kurzes, schwarzes Haar, das an der Seite gescheitelt war, und dunkle, freundliche Augen. Er trug einen marineblauen Anzug, ein weißes Hemd mit hohem Kragen, eine blaue Krawatte und einen Lederhut, den er mir zur Begrüßung aufsetzte. (2)

Er atmete den Geruch der Eukalyptusbäume ein, die unseren Balkon umgeben, und beugte sich vor, um den Weg zu beobachten, der sich vor unserem Haus entlangschlängelt. Er hoffte offensichtlich, ein oder zwei Pferde vorbeigaloppieren zu sehen, die mit ihren Hufen die rote australische Erde aufwirbelten. Stattdessen verzauberte ihn ein junger Mann, der auf einem Motorroller vorbeiflitzte! Er nippte an einem Glas Eistee und wartete auf meine erste Frage.

F: Wie kam es dazu, dass du als "The Banjo" bekannt wurdest?

A: Ich habe den Namen nach einem Rennpferd angenommen, das meiner Familie gehörte. Als ich zweiundzwanzig Jahre alt war, schrieb ich meinen ersten signierten Beitrag, der am 12. Juni 1886 in "The Bulletin" veröffentlicht wurde. Die Ballade hieß "The Bush Fire" und danach blieb der Name einfach hängen. (3)

F: J. F. Archibald gründete "The Bulletin" im Jahr 1800 und es gibt Geschichten, dass er sehr streng war. Wie war dein erstes Treffen mit ihm?

A: J. F. war immer auf der Suche nach neuen Schriftstellern und stieß dabei auf einige meiner Werke. Ich wurde in sein Büro gerufen und ging eine schmutzige Treppe in der 24 Pitt St. hinauf, bis ich vor einer Tür mit der Aufschrift Mr. Archibald, Editor stand. An die Tür war eine schwungvolle Zeichnung eines Herrn gepinnt, der mit einem Dolch durchbohrt am Strand lag, und auf der Zeichnung stand geschrieben: "Archie, das wird mit dir passieren, wenn du meine Zeichnung über den Polizisten nicht verwendest!" Das hat mich sehr aufgemuntert. Offensichtlich war dies ein freier und einfacher Ort.

In einem zehnminütigen Gespräch sagte er, dass er gerne hätte, dass ich noch ein paar Verse versuche. Ob ich etwas über den Busch wüsste? Ich erzählte ihm, dass ich dort aufgewachsen war.

"Na gut", sagte er, "versuch's doch mal mit dem Busch. Versuch es mit allem, was dir in den Sinn kommt. Schreib nichts wie andere Leute, wenn du es verhindern kannst. Mal sehen, was du kannst." (4)

F: Bush Songs waren damals sehr beliebt, aber du hast sie zu Hymnen gemacht.

A: Buschlieder sollte man zum Klirren der Scheren hören, wenn sich die Stimme eines Scherers durch den Lärm erhebt, der durch die Hektik im Schafstall, das Gerangel der Schafe in ihren Ställen und die Eile der Pflücker verursacht wird; oder wenn die Rinder nachts auf den Straßen unruhig auf ihrem Lager sind und der Mann, der Wache hält, um sie herumreitet, "Bold Jack Donahue" anstimmt, um ihre Nerven ein wenig zu beruhigen... Der wahre Buschmann überstürzt seine Lieder nie. Sie sind ausdrücklich dazu gedacht, sich die Zeit auf langen Reisen oder langsamen, ermüdenden Ritten nach Schafen oder müden Rindern zu vertreiben; deshalb werden die Lieder gewissenhaft zu Ende gesungen - mit Refrain und allem drum und dran - und die letzten drei Worte

des Liedes werden immer gesprochen, nie gesungen.
(5)

F: Würdest du uns die Ehre erweisen, eine deiner Balladen für uns zu rezitieren? Wie wäre es mit einem Eisenbahnerlied?

A: Eine Bitte, was sagst du dazu!

DIE FLIEGENDE BANDE

Ich habe meine Zeit abgesessen, in den vergangenen Tagen,
Bei der Eisenbahn, wo es kracht und scheppert,
Und ich habe mich bis zum Ende durchgearbeitet,
Ich war der Anführer der "Fliegenden Bande".

Es war eine auserwählte Gruppe, die immer zur Stelle war
für den Fall der Fälle,
ob Süden oder Norden, wir wurden losgeschickt
und mit Höchstgeschwindigkeit los.

Wenn die Nachricht die Stadt erreichte, dass eine Brücke zusammengebrochen war,
ertönte der unmissverständliche Ruf
"Raus mit der Lotsenmaschine, schnell!
und weg mit der fliegenden Bande."

Dann ein durchdringender Schrei und ein Rauschen von Dampf
Als die Lokomotive sich vorwärts bewegte,
Mit einem gemessenen Schlag durch die Slums und Straßen
der geschäftigen Stadt flohen wir,
Durch das helle Hochland und die weißen Gehöfte,

Mit dem Rauschen des Weststurms,
Und der Pilot schwankte mit dem Tempo, das wir machten
und schaukelte auf der klingenden Reling.
Und die Landkinder klatschten in die Hände
als das Echo der Lokomotive ertönte,
Doch die Älteren sagten: "Es gibt noch viel zu tun
Wenn sie nach der fliegenden Bande schicken."
Dann ging es über die kilometerlange Salzbusch-Ebene
Die vom Morgentau glänzte,
Wo sich die Gräser wie das reifende Korn wogten
flog die Pilotmaschine,
Ein feuriges Rauschen im offenen Busch
Wo die Markierungen zu fliegen schienen,
Und der Befehl eilte auf den Drähten voraus,
Der Pilot muss vorbeifahren.
Der Sonderzug des Gouverneurs muss zur Seite gehen,
Und der Eilzug soll hängen,
Lass deine Befehle lauten, dass die Strecke frei ist
Für die Jungs von der Fliegerbande. (6)

F: Ich hoffe, dass ich bald ein Interview mit Rudyard Kipling führen kann, und ich glaube, er war einer deiner Freunde. Hast du einen Rat für mich?

A: Von einem großen literarischen Genie wie Kipling erwartet man, dass er in gewisser Weise eine Art Freak ist: Alkohol, Frauen, Temperament, Müßiggang, unregelmäßige Gewohnheiten - fast alle großen

Schriftsteller der Vergangenheit hatten den einen oder anderen Nachteil, und einige von ihnen hatten sie alle. Byrons Leben bestand größtenteils aus lila Flecken; und Swinburne war nicht der Held des Liedes über den guten jungen Mann, der starb. Als ich also zu Kipling nach England ging, war ich auf alles gefasst.

Kipling hasste die Öffentlichkeit, und privat war er einfach ein fleißiger, vernünftiger und besonnener Mann, ohne irgendwelche positiven Eigenschaften, die ich entdecken konnte. Das ist vielleicht auch schade, denn es gibt nichts Interessanteres als Skandale über große Genies. (7)

F: Ich glaube, Mr. Kipling hat Australien besucht; hat er dir gesagt, was er davon hält?

A: Ja, er sagte: "Eines Tages muss ich ein Haus in Australien kaufen. Ich habe ein Haus in New York und in Kapstadt, aber ich würde gerne eine Zeit lang in Australien leben. Ich war schon dort, aber ich bin nur im Stehen durchgelaufen, wie der Teufel durch Athlone. Auf diese Weise kannst du nichts über ein Land lernen. Du musst dort leben und dann kannst du die Dinge richtig verstehen. Ihr Menschen in Australien seid noch nicht erwachsen geworden. Ihr denkt, der "Melbourne Cup" ist das Wichtigste auf der Welt." (8)

F: Du hast auch die Bekanntschaft eines jungen Winston Churchill gemacht?

A: In den Augen der Armee ist ein Kriegsberichterstatter ein Übel, das man tolerieren muss. Als Australier, Steeplechase-Reiter und Polospieler hatte ich einen (möglicherweise fiktiven) Ruf als Pferderichter und wurde ständig gebeten, Pferde für die Offiziere der Remontedepots auszusuchen. Auf diese Weise lernte ich Berühmtheiten wie Lord Roberts, French, Haig, Churchill und Kipling kennen und erlangte in der Armee einen Status, den ich als Korrespondent nie erreicht hätte.

Churchill hatte eine so starke Persönlichkeit, dass die Armee schon damals, als er noch ein junger Mann war, darauf wettete, dass er entweder ins Gefängnis kommen oder Premierminister werden würde. Er war zwar Soldat, aber er hatte ein unheimliches Talent dafür, seine Vorgesetzten und Untergebenen zu verärgern. (9)

F: Herr Paterson, viele Ihrer Figuren waren so bodenständig, dass Ihre Leser glaubten, Sie würden über Menschen schreiben, die Sie kennen. Gab es wirklich einen Mann aus Snowy River?"

A: "Der Mann aus Snowy River" ... wurde geschrieben, um die Säuberung der Wildpferde in meinem eigenen Bezirk zu beschreiben. Dazu musste ich eine Figur erschaffen, mir einen Mann vorstellen, der besser reitet als alle anderen, und woher sollte er kommen, wenn nicht aus dem Snowy? Und was für ein Pferd würde er reiten, außer einem Halbblut-Bergpony? Ich war mir sicher, dass es einen Mann aus Snowy River geben musste, und ich hatte

Recht. Aus allen Gebirgsregionen sind sie aufgetaucht - Männer, die genau den gleichen Ritt gemacht haben und dir jede Meile, die sie hinuntergeritten sind, und jeden Bach, den sie überquert haben, in Wort und Schrift beschreiben könnten. Es war keine kleine Genugtuung, dass es wirklich einen Mann aus Snowy River gegeben hatte - mehr als einen... (10)

F: Mein Sohn Simon liebt viele der Gedichte, die du für Kinder geschrieben hast. Seine Lieblingsgedichte sind die über die fliegenden Eichhörnchen und das Schnabeltier. Wenn ich ihn anrufe, würdest du ihm dann etwas vorlesen?

A: Es wäre mir ein Vergnügen.

Ich entschuldigte mich auf dem Balkon und erklärte meinem fünfjährigen Sohn Simon, dass er "The Banjo" Paterson treffen würde. Simon trug sein Spiderman-Kostüm und erhielt von Mr. Paterson einen festen Händedruck. "The Banjo" lud Simon dann ein, sich auf sein Knie zu setzen, während er seine Gedichte vortrug:

FLIEGENDE EICHHÖRNCHEN

Auf dem zerklüfteten Wasserschuppen

Am oberen Ende des Reitweges

Wo vor Jahren, wie die alten Männer sagen,

Die Spalter mit einem Ochsengespann hinfuhren

Aber nie kam eine Kutsche zurück

Zur Zeit der Eukalyptusblüte,

Wenn der Duft in der Luft liegt,

und die Blüte sich in der Abendbrise rührt,

Kannst du die Eichhörnchen zwischen den Bäumen
sehen,
Sie spielen die ganze Nacht lang.
Niemals eine Sorge
stört ihr einfaches Hirn
Du kannst sie im Mondlicht gleiten sehen
Von Baum zu Baum und von Ast zu Ast,
Kleine graue Flugzeuge
Jedes schläft wie ein Siebenschläfer
In der Tülle eines alten Eukalyptusbaums,
Ein Fellknäuel mit einem silbernen Mantel
Jeder hat einen Schwanz um den Hals
Aus Angst, dass er sich erkältet.
Das sind die Dinge, die er isst,
Er bittet seine Freunde zu speisen:
Motten und Käfer und neugeborene Triebe,
Honig und Knabbereien von den einheimischen
Früchten,
Und ein Glas Tau als Wein (11)
Simon klatschte in die Hände, während "The Banjo"
durch das Buch blätterte, bis er die Stelle fand, die er
lesen wollte:
ALTER MANN SCHNABELTIER
Weit weg von den Sorgen und Mühen der Stadt,
Wo die Schilfgürtel rauschen und zittern,
Sieh dir das Stückchen Samtbraun an -
Das alte Schnabeltier treibt hinunter,
Es treibt den Fluss entlang.
Und er spielt und taucht in den Flussbiegungen

Auf eine Art, die sehr schwer zu fassen ist

Mit wenigen Verwandten und noch weniger Freunden,

Denn das alte Schnabeltier entstammt

Von einer Familie, die man nicht kennt

Er teilt seine Höhle unter dem Ufer

Mit seiner Frau, seinem Sohn und seiner Tochter

An den Wurzeln des Schilfs und der Gräser;

Und die Blasen zeigen, wo unser Held gesunken ist

Bis zu seinem Eingang unter Wasser

Sicher in der Höhle unter den Wasserfällen

Sie leben in einer Welt voller Wunder,

Wo niemand sie besucht und niemand sie ruft,

Sie schlafen wie kleine braune Billardkugeln

Mit ihren Schnäbeln, die sie gut versteckt halten.

Mr. Paterson spürte, dass es Zeit für ihn war zu gehen. Um Simon nicht zu erschrecken, gab er ihm einen sanften Klaps auf den Kopf und übergab ihn an mich. Er ging den Korridor hinunter und verschwand aus Simons Blickfeld. Dann drehte er sich um, lächelte, neigte seinen Hut - und verschwand. Ich wurde in die Realität zurückgeholt, als Simon an meinem Hemd zerrte. Er wurde ungeduldig, weil er sein geliebtes Gedicht beenden wollte:

Und er spricht mit einem tiefen, unfreundlichen Knurren

Während er einsam seine Reise antritt

Denn er ist nicht verwandt mit Fisch und Geflügel,

noch mit einem Vogel, noch mit einem Tier, noch mit einer Horneule;

In Wirklichkeit ist er der Einzige! (12)

Simon und ich lasen bis in die Nacht hinein weiter, bis er in meinen Armen einschlief. Ich glaube nicht, dass Simon weiß, was es bedeutet, "The Banjo" Paterson in seinem eigenen Haus zu treffen. Vielleicht wird er das eines Tages.

Kumpel, lies die hier... Sie sind alle klasse!

Der Mann aus Snowy River und andere Verse

Saltbush Bill J.P. und andere Verse

Sängerin des Busches

Song of the Pen

Banjo Paterson - Eine Schatzkammer für Kinder

Banjo Patersons Australier

Snowy River Riders

Drei Elefantenkräfte und andere Geschichten

Old Schooldays

Der Mann, der weg war

Der Pannikin-Dichter

Der Reim des O'Sullivan

Der Weg nach Gundagai

Das Buschfeuer - eine Allegorie

Ein Traum vom Melbourne Cup

Clancy Overflow

Der Hypnotiseur.

Hoo-roo!

Cathy McGough
Deine Interviewerin für legendäre Schriftsteller aus
dem Jenseits

# THOREAU AUF WALKABOUT

HEUTE WERDEN WIR EINEN Morgenspaziergang mit einem Mann machen, der die Seele eines Dichters hatte. Sein Name ist Henry David Thoreau, und er wurde am 12. Juli 1817 in Concord, Massachusetts, geboren. Als er im Alter von 45 Jahren starb, hatten sich seine beiden veröffentlichten Bücher miserabel verkauft. Denn Henry David Thoreau ging sicherlich "zum Klang eines anderen Schlagzeugs".

(Entschuldige mich einen Moment, während ich nachsehe, wie weit Madame Delatour bei der Kontaktaufnahme mit Herrn Thoreau ist.)

Anscheinend hat Madame Delatour Herrn Thoreau heute Morgen nicht erreichen können, obwohl er sich bereit erklärt hat, heute ein Interview mit uns zu führen. Sie schlug vor, dass ich mich zu Fuß auf den

Weg mache und sie wird ihn mitbringen, damit er mich bald einholt.

Da ich mich ein wenig aufgeregt fühlte, stimmte ich dieser Idee zu und war sehr froh, an die Morgenluft zu kommen. Ich bin eigentlich kein "Morgenmensch" - aber wenn mich die Luft erst einmal erwischt hat, kann ich normalerweise mit den Besten mithalten.

Ich ging den Pfad entlang, vorbei an den Eukalyptusbäumen, als ich ein Kookaburra-Baby entdeckte, das in seinen Armen saß. Ich blieb stehen, um das Geräusch eines Kookaburra zu machen, aber er erkannte meine verzerrte Version seines Lachens nicht und beachtete mich kaum. Eidechsen liefen wahllos umher, als ich die Auffahrt entlang und auf die Straße hinausging.

Ich hielt kurz inne, um zu überlegen, welche Route Mr. Thoreau am besten gefallen würde, und beschloss, einen Teil des Weges über die Brücke zu gehen und dort auf ihn zu warten.

Ich stand auf der Brücke und schaute nach unten, während die Sonne auf meinem Spiegelbild tanzte. Ich rezitierte laut eines von Thoreaus Gedichten:

DER FISCHERJUNGE

Mein Leben ist wie ein Spaziergang am Strand,

Ich gehe so nah an den Rand des Meeres, wie ich kann

Meine zögernden Schritte erreichen manchmal die Wellen,

Manchmal bleibe ich, um sie überlaufen zu lassen.

Meine einzige Aufgabe ist es, gewissenhaft darauf zu achten,

meine Errungenschaften jenseits der Gezeiten zu platzieren, -

Jeder glattere Kieselstein und jede seltenere Muschel,

die der Ozean mir freundlicherweise anvertraut.

Das mittlere Meer

An dieser Stelle beendete Herr Thoreau die letzte Strophe

Im mittleren Meer gibt es keine karmesinrote Dulse,

Seine tieferen Wellen werfen keine Perlen zum Anschauen auf

Entlang des Ufers ist meine Hand am Puls,

Und ich spreche mit vielen Schiffbrüchigen. (1)

Madame Delatour und ich applaudierten heftig. Mr. Thoreau nahm seine Mütze ab und verbeugte sich. Ich streckte meine Hand aus, um ihn in Cooks River in Sydney, Australien, willkommen zu heißen, aber er schien mich nicht zu bemerken. Madame Delatour hatte seine volle Aufmerksamkeit.

Herr Thoreau machte Madame ein Kompliment über ihr charmantes Aussehen. Er hob ihre Hand und hielt sie an sein Herz, während er ihr tief in die Augen sah. Er nahm ihre Hand und küsste sie leidenschaftlich und fragte, ob ihre Hand jemandem "versprochen" sei.

Madame Delatour ist selten um Worte verlegen, aber dieses Mal konnte sie nicht sprechen. Sie achtete darauf, Herrn Thoreau, der nicht ihr Typ war, nicht zu beleidigen, murmelte etwas und verabschiedete sich von uns. Ich habe noch nie jemanden mit 10 cm hohen Absätzen so schnell gehen sehen!

Mr. Thoreau sah zu, wie Blanchetta aus seinem Blickfeld verschwand und schlenderte dann mit mir über die Holzbrücke. Ein Fisch sprang und schien zur Begrüßung mit dem Schwanz zu winken, und Mr. Thoreau blieb stehen, um ihm zuzuwinken.

Es war fast 6 Uhr morgens, und Herr Thoreau machte mir ein Kompliment. Er nahm an, dass ich in den frühen Morgenstunden unterwegs war und dies zu meinen Gewohnheiten gehörte.

Ich wollte ihm die Illusion nicht verderben, aber ich hatte das Bedürfnis, es ihm zu gestehen, was ich dann auch tat:

Morgenluft! Wenn du sie nicht an der Quelle des Tages trinken willst, dann müssen wir sie in Flaschen abfüllen und in den Geschäften verkaufen, damit auch diejenigen davon profitieren können, die ihr Abonnement für die Morgenzeit in dieser Welt verloren haben!

Du musst lernen, wieder aufzuwachen und dich wach zu halten, nicht durch mechanische Hilfsmittel, sondern durch die unendliche Erwartung der Morgendämmerung, die dich auch im tiefsten Schlaf nicht verlässt. Ich kenne keine ermutigendere Tatsache als die unbestreitbare Fähigkeit des Menschen, sein Leben durch eine bewusste

Anstrengung zu verbessern. Es ist etwas Besonderes, ein bestimmtes Bild zu malen oder eine Statue zu schnitzen und damit ein paar Gegenstände schön zu machen; aber es ist weitaus glorreicher, die Atmosphäre und das Medium, durch das wir schauen, selbst zu schnitzen und zu malen, was wir moralisch tun können. Die Qualität des Tages zu beeinflussen, das ist die höchste aller Künste. Jeder Mensch hat die Aufgabe, sein Leben auch in seinen Einzelheiten der Betrachtung seiner erhabensten und kritischsten Stunde wert zu machen. Wenn wir uns weigern würden, solche dürftigen Informationen, die wir bekommen, zu nutzen, würden uns die Orakel deutlich sagen, wie wir das tun können. (2)

Ich erklärte ihm die Theorie vom "Morgenmenschen" im Gegensatz zum "Nachmittags-" oder "Abendmenschen" ... wie manche Leute erst zu einer bestimmten Tageszeit richtig gesellig werden. Daraufhin rief er aus:

Pshhha! Bald wirst du mir sagen, dass du dich wohlfühlst, wenn du mit völlig unpassenden Schuhen über raue Pfade läufst!

Ich schaute auf meine schwarzen, knöchelhohen Stiefel mit dem süßen kleinen Pfennigabsatz und musste lachen.

F: Da wir schon beim Thema sind, was ist deine Meinung zur Mode?

A: Der Oberaffe in Paris setzt sich eine Reisemütze auf und alle Affen in Amerika tun dasselbe. Das

Hauptziel ist nicht, dass die Menschen gut und anständig gekleidet sind, sondern zweifellos, dass sich die Konzerne bereichern können. (3)

F: Die Dinge haben sich auch heute nicht sehr verändert, Herr Thoreau. Die Welt schreit immer noch nach den neuesten Modetrends, von denen einige dich schockieren würden! Was hältst du von Veränderungen?

A: Jede Veränderung ist ein Wunder, das man betrachten muss; aber es ist ein Wunder, das sich jeden Augenblick vollzieht. Konfuzius sagte: "Zu wissen, dass wir wissen, was wir wissen, und dass wir nicht wissen, was wir nicht wissen, das ist wahres Wissen." Wenn ein Mensch eine Tatsache der Vorstellungskraft zu einer Tatsache für seinen Verstand gemacht hat, werden alle Menschen ihr Leben auf dieser Grundlage aufbauen. (4)

F: Würdest du uns bitte ein Gedicht vorlesen?

A: Ich widme dieses Gedicht dir, Cathy:

FREUNDSCHAFT

Ich denke eine Weile an die Liebe, und während ich denke,

ist die Liebe für mich eine Welt,

das einzige Fleisch und der süßeste Trank,

Und ein enges Bindeglied

Tween Heaven and Earth.

Ich weiß nur, dass sie ist, nicht wie oder warum,

mein größtes Glück;

Wie sehr ich mich auch bemühe,

Nicht, wenn ich sterben würde,
kann ich es erklären.
Ich würde gerne meinen Freund fragen, wie es sein
kann,
Aber wenn die Zeit gekommen ist,
Dann ist die Liebe schöner
als alles andere für mich,
Und so bin ich stumm.
Denn wenn die Wahrheit bekannt wäre, kann die
Liebe nicht sprechen,
sondern nur denken und tun;
Doch ohne Griechisch wird sie
Ohne die Hilfe des Griechischen,
Oder irgendeiner Sprache.
Ein Mensch kann die Wahrheit lieben und sie
praktizieren,
Die Schönheit mag er bewundern,
Und das Gute nicht auslassen,
So viel wie es sich ziemt
Zu verehren.
Aber nur, wenn diese drei zusammenkommen,
Wie sie sich immer neigen,
Und eine Seele zum Sitz machen,
Und zum bevorzugten Rückzugsort,
der Lieblichkeit;
Wenn sie unter verwandter Gestalt, wie Liebe und
Hass
Und einer verwandten Natur,
Uns zu Gefährten erklären,

die dem gleichen Schicksal ausgesetzt sind
Ewig;
Und jeder kann dem anderen helfen und dienen,
Und die Bande der Liebe fester ziehen,
Den Dienst wird er nie bereuen
Solange eins und eins zwei sind,
Und zwei eins sind;
Nur in solchen Fällen beweist der Mensch voll
Was der Mensch tun kann,
Welche Macht in der Liebe liegt
Seine innerste Seele zu bewegen
Unwiderstehlich.
Ich meine zwei starke Eichen, die Seite an Seite
dem Sturm des Winters widerstehen,
Und Wind und Flut trotzen,
die Wiese stolz machen,
Denn beide sind stark
Oben berühren sie sich kaum, doch unterirdisch
Bis zu ihrer tiefsten Quelle,
Bewundernd wirst du feststellen
Ihre Wurzeln sind verflochten
Unzertrennlich. (5)

F: Ich habe dein Buch "WALDEN" sehr gerne gelesen. Ich konnte nicht anders, als dich um deine einzigartige Situation und deinen Mut zu beneiden. Was war das Wichtigste, das du gelernt hast?

Für diejenigen unter euch, die es nicht wissen: Mr. Thoreau zog sich nach Walden Pond zurück, wo er sich eine Hütte baute, in der er von 1845-47 von der Natur lebte.

A: Ich habe gelernt, dass jemand, der zuversichtlich in die Richtung seiner Träume geht und sich bemüht, das Leben zu leben, das er sich vorgestellt hat, einen unerwarteten Erfolg haben wird. Er wird einige Dinge hinter sich lassen, eine unsichtbare Grenze überschreiten; neue, universelle und liberalere Gesetze werden sich um ihn herum und in ihm selbst etablieren; oder die alten Gesetze werden erweitert und in einem liberaleren Sinne zu seinen Gunsten ausgelegt, und er wird mit der Erlaubnis einer höheren Ordnung von Wesen leben. In dem Maße, in dem er sein Leben vereinfacht, werden die Gesetze des Universums weniger komplex erscheinen, und Einsamkeit wird nicht mehr Einsamkeit sein, Armut nicht mehr Armut, Schwäche nicht mehr Schwäche. Wenn du Luftschlösser gebaut hast, muss deine Arbeit nicht verloren sein; dort sollten sie stehen. Baue jetzt das Fundament darunter. (6)

F: Du hast deine eigene Mansarde in "Walden" gebaut, empfiehlst du anderen, eine solche Aufgabe zu übernehmen?

A: Wenn ein Mann sein eigenes Haus baut, ist das in etwa so sinnvoll wie wenn ein Vogel sein eigenes Nest baut. Wer weiß, ob nicht, wenn die Menschen ihre Behausungen mit ihren eigenen Händen bauen und sich und ihre Familien einfach und ehrlich ernähren würden, die poetische Fähigkeit allgemein entwickelt würde, so wie die Vögel allgemein singen, wenn sie so beschäftigt sind. Aber ach! Wir sind wie Kuhvögel und Kuckucke, die ihre Eier in Nester legen, die andere Vögel gebaut haben, und die keinen Reisenden mit ihren schnatternden und unmusikalischen Tönen erfreuen. (7)

F: Manche sind Baumeister, manche sind Träumer - du glaubst doch nicht, dass jeder Mensch die Fähigkeit hat, das zu tun, was du getan hast?

A: Jedes Kind fängt die Welt in gewissem Maße neu an und hält sich gerne draußen auf, auch bei Nässe und Kälte. Es spielt sowohl Haus als auch Pferd und hat einen Instinkt dafür. Wer erinnert sich nicht an das Interesse, mit dem er als Kind die schroffen Felsen oder jeden Zugang zu einer Höhle betrachtete? Das war die natürliche Sehnsucht des Teils unserer primitivsten Vorfahren, der noch von uns übrig geblieben ist. Von der Höhle sind wir zu Dächern aus Palmen, Rinde und Ästen, aus gewebtem und gespanntem Leinen, aus Gras und Stroh, aus Brettern und Schindeln, aus Steinen und Ziegeln übergegangen. Schließlich wissen wir nicht mehr, wie es ist, unter freiem Himmel zu leben, und unser Leben ist in mehr Sinne häuslich, als wir denken. Vom Herzen zum Feld ist es ein weiter Weg. Es wäre vielleicht gut, wenn wir mehr Tage und Nächte ohne Hindernisse zwischen uns und den Himmelskörpern verbringen würden, wenn der Dichter nicht so oft unter einem Dach sprechen oder der Heilige so lange dort verweilen würde. Vögel singen nicht in Höhlen, und Tauben bewahren ihre Unschuld nicht in Taubenschlägen. (8)

F: Mein Sohn beginnt dieses Jahr seine Ausbildung, und mein Mann und ich machen uns schon jetzt Sorgen um seine Zukunft. Hast du einen Rat für uns?

A: Wenn ich möchte, dass ein Junge etwas über die Künste und Wissenschaften weiß, würde ich zum Beispiel nicht den üblichen Weg einschlagen, der darin besteht, ihn in die Nähe eines Professors zu schicken, wo alles Mögliche gelehrt und praktiziert wird, nur nicht die Kunst des Lebens; - die Welt durch ein Teleskop oder ein Mikroskop zu betrachten und nie mit seinem natürlichen Auge; Chemie zu studieren und nicht zu erfahren, wie sein Brot gemacht wird, oder Mechanik zu studieren und nicht zu erfahren, wie es verdient wird; neue Trabanten des Neptun zu entdecken und nicht zu erkennen, was für ein Trabant er selbst ist; oder von den Ungeheuern verschlungen zu werden, die überall um ihn herum wimmeln, während er die Ungeheuer in einem Tropfen Essig betrachtet.

Wer würde am Ende des Monats am weitesten fortgeschritten sein - der Junge, der aus dem Erz, das er gegraben und verhüttet hatte, sein eigenes Klappmesser hergestellt und dabei so viel gelesen hatte, wie dafür nötig war, - oder der Junge, der in der Zwischenzeit die Vorlesungen über Metallurgie im Institut besucht und von seinem Vater ein Rogers

Taschenmesser erhalten hatte? Wer würde sich wohl am ehesten in die Finger schneiden? (9)

F: Vielen Dank für deinen Rat. Es gibt keinen Zweifel, welchen Jungen ich für meinen Sohn vorziehen würde. Mr. Thoreau, du hast eine Zeit lang im Gefängnis verbracht. Kannst du beschreiben, was passiert ist und warum du dort warst?

A: Ich habe sechs Jahre lang keine Kopfsteuer gezahlt. Als ich die zwei oder drei Fuß dicken Steinwände, die einen Fuß dicke Tür aus Holz und Eisen und das Eisengitter betrachtete, das das Licht einschränkte, musste ich an die Dummheit dieser Einrichtung denken, die mich behandelte, als wäre ich nur Fleisch und Blut und Knochen, um eingesperrt zu werden. Ich wunderte mich, dass sie zu dem Schluss gekommen war, dass dies die beste Verwendung für mich war, und dass sie nie daran gedacht hatte, meine Dienste in irgendeiner Form in Anspruch zu nehmen.

Ich sah, dass zwischen mir und meinen Mitbürgern zwar eine steinerne Mauer stand, aber dass es noch eine schwierigere zu überwinden oder zu durchbrechen gab, bevor sie so frei sein konnten wie ich. Ich fühlte mich keinen Moment lang eingeengt, und die Mauern schienen eine große Verschwendung von Stein und Mörtel zu sein. Ich fühlte mich, als hätte ich allein von allen meinen Mitbürgern meine Steuer bezahlt. Sie wussten offensichtlich nicht, wie sie mich behandeln sollten, sondern benahmen sich wie Menschen, die untererzogen sind. In jeder

Drohung und in jedem Kompliment steckte ein Fehler, denn sie dachten, mein größter Wunsch sei es, auf der anderen Seite dieser Steinmauer zu stehen. Ich musste schmunzeln, als ich sah, wie eifrig sie die Tür verschlossen, um meine Vermittlungen zu verhindern, die ihnen ungehindert folgten. Da sie mich nicht erreichen konnten, hatten sie sich entschlossen, meinen Körper zu bestrafen. Ich sah, dass der Staat nur halbherzig war, und ich verlor all meinen restlichen Respekt vor ihm und bemitleidete ihn. (10)

F: Wenn du dich nie gefangen gefühlt hast, wie sie es beabsichtigt hatten, denkst du, dass du einige Dinge über dich selbst entdeckt hast, die du sonst vielleicht nie erfahren hättest?

A: Es war wie eine Reise in ein fernes Land, das ich nie erwartet hatte, um dort eine Nacht zu verbringen. Es kam mir so vor, als hätte ich noch nie zuvor den Schlag der Stadtuhr oder die abendlichen Geräusche des Dorfes gehört, denn wir schliefen mit offenen Fenstern, die sich im Gitter befanden. Es war, als würde ich mein Heimatdorf im Licht des Mittelalters sehen, und unser Concord verwandelte sich in einen Rheinstrom, und Visionen von Rittern und Burgen zogen an mir vorbei. Es waren die Stimmen der alten Bürger, die ich auf den Straßen hörte. Ich war unfreiwilliger Zuschauer und Zuhörer bei allem, was in der Küche des benachbarten Dorfgasthofs getan und gesagt wurde - eine völlig neue und seltene

Erfahrung für mich. Es war ein näherer Blick auf meine Heimatstadt. Ich war sozusagen mitten drin. Ich hatte ihre Einrichtungen noch nie zuvor gesehen. Dies war eine ihrer besonderen Einrichtungen, denn es war eine Grafschaftsstadt. Ich begann zu begreifen, was die Einwohner dort taten. (11)

F: Warst du froh, als du entlassen wurdest?

A: Als ich aus dem Gefängnis kam - denn jemand hatte sich eingemischt und die Steuer bezahlt -, bemerkte ich nicht, dass sich in der Gemeinde große Veränderungen vollzogen hatten, wie derjenige beobachtete, der als junger Mann hineinging und als schwankender, grauhaariger Mann wieder herauskam; und doch war in meinen Augen eine Veränderung über die Stadt, den Staat und das Land gekommen, die größer war als alles, was die Zeit bewirken konnte. Ich sah den Staat, in dem ich lebte, noch deutlicher. Ich sah, inwieweit man den Menschen, unter denen ich lebte, als gute Nachbarn und Freunde vertrauen konnte; dass ihre Freundschaft nur für das Sommerwetter galt; dass sie nicht viel vorhatten, um das Richtige zu tun; dass sie sich durch ihre Vorurteile und ihren Aberglauben von mir unterschieden. Dass sie bei ihren Opfern für die Menschheit kein Risiko eingingen, nicht einmal für ihr Eigentum; dass sie schließlich nicht so edel waren, sondern den Dieb so behandelten, wie er sie behandelt hatte, und hofften, durch eine gewisse äußerliche Observanz und ein paar Gebete und dadurch, dass sie von Zeit zu Zeit einen bestimmten geraden, wenn auch nutzlosen Weg einschlugen, ihre Seelen zu retten. Das mag ein hartes Urteil über meine Nachbarn sein, denn ich glaube, dass viele von ihnen nicht wussten, dass es in ihrem Dorf eine Einrichtung wie ein Gefängnis gab. (12)

F: Wurdest du anders behandelt, als du in die Gesellschaft zurückkamst?

A: Früher war es in unserem Dorf üblich, dass ein armer Schuldner, wenn er aus dem Gefängnis kam, von seinen Bekannten mit gekreuzten Fingern, die das Gitter eines Gefängnisfensters darstellen sollten, gegrüßt wurde: "Wie geht es dir?"

Meine Nachbarn grüßten mich nicht auf diese Weise, sondern sahen erst mich und dann einander an, als ob ich von einer langen Reise zurückgekehrt wäre. Ich wurde ins Gefängnis gesteckt, als ich zum Schuhmacher ging, um einen Schuh zu holen, der geflickt wurde. Als ich am nächsten Morgen freigelassen wurde, erledigte ich meinen Auftrag und schloss mich, nachdem ich meinen geflickten Schuh angezogen hatte, einer Gruppe von Heidelbeeren an, die es kaum erwarten konnte, sich unter meine Führung zu begeben, und war in einer halben Stunde - denn das Pferd war schnell wieder im Griff - mitten in einem Heidelbeerfeld auf einem unserer höchsten Hügel, zwei Meilen entfernt, und der Staat war nicht mehr zu sehen. Das war die Geschichte von "Meine Gefängnisse". (13)

F: Worin liegt deiner Meinung nach die Macht des Schreibens?

A: Das geschriebene Wort ist das edelste aller Relikte. Es ist etwas, das uns näher steht und gleichzeitig universeller ist als jedes andere Kunstwerk. Es ist das Kunstwerk, das dem Leben selbst am nächsten kommt. Es kann in jede Sprache übersetzt werden und nicht nur gelesen, sondern tatsächlich von allen menschlichen Lippen geatmet werden; - nicht nur auf Leinwand oder in Marmor dargestellt werden, sondern aus dem Atem des Lebens selbst gemeißelt werden. (14)

F: Hast du einen Rat für die Leserinnen und Leser des Jahres 2003 und darüber hinaus?

A: Einfachheit, Einfachheit, Einfachheit! Ich sage, lasst eure Angelegenheiten wie zwei oder drei sein und nicht wie hundert oder tausend; zählt statt einer Million ein halbes Dutzend, und haltet eure Konten auf dem Daumennagel. Vereinfache dich, vereinfache dich. Statt drei Mahlzeiten am Tag, wenn es sein muss, nur eine; statt hundert Gerichten, fünf; und reduziere andere Dinge im gleichen Verhältnis. Wie gemein dein Leben auch sein mag, stelle dich ihm und lebe es; meide es nicht und beschimpfe es nicht. Es ist nicht so schlecht, wie du bist. Es sieht am ärmsten aus, wenn du am reichsten bist. Der Fehlersucher findet sogar im Paradies Fehler. Liebe dein Leben, so arm es auch sein mag. Vielleicht erlebst du sogar in einem Armenhaus ein paar angenehme, aufregende, glorreiche Stunden.

Die untergehende Sonne wird von den Fenstern des Armenhauses genauso hell reflektiert wie von der Wohnung des reichen Mannes; der Schnee schmilzt vor der Tür wie im frühen Frühling. Ich kann mir nicht vorstellen, dass ein ruhiger Geist dort so zufrieden leben und so fröhliche Gedanken haben kann wie in einem Palast. (15)

F: Ich weiß nicht, wie viel Zeit noch bleibt, aber ich würde gerne noch ein oder zwei Gedichte von dir hören?

A: Diese beiden - gehen Hand in Hand:

RAUCH

LICHTGEFLÜGELTER Rauch, eisiger Vogel,

Du schmilzt mit deinen Flügeln in deinem Aufwärtsflug;

Lerche ohne Gesang und Bote der Morgenröte,

Du kreisst über den Dörfern als dein Nest;

Oder aber, entschwindender Traum und schattenhafte Gestalt

der Mitternachtsvision, die deine Röcke zusammenrafft;

Bei Nacht die Sterne verhüllend und bei Tag

Verdunkelst du das Licht und löschst die Sonne aus;

Geh, mein Weihrauch, aufwärts von diesem Herd,

Und bitte die Götter um Verzeihung für diese klare Flamme.

NEBEL

TIEFGEHÄNGTE Wolke,

Neufundländer Luft,

Quell und Quelle der Flüsse,
Tautuch, Traumtuch,
Und Serviette, die von Fays ausgebreitet wird;
Die treibende Wiese der Luft,
Wo die Gänseblümchen und Veilchen blühen,
Und in dessen sumpfigem Labyrinth
Die Rohrdommel dröhnt und der Reiher watet;
Geist der Seen und Meere und Flüsse,
Du trägst nur Parfüm und den Duft
von heilenden Kräutern auf die Felder der Gerechten. (16)

F: Herr Thoreau, danke, dass Sie meinen Geist mit Ihren Worten erleuchtet haben. Sie sind ein wahrer Dichter der Dichter. Du beginnst zu verblassen, und deine Zeit läuft tatsächlich ab.

A: Die Zeit ist wie der Fluss, in dem ich fische. Ich trinke von ihm, aber während ich trinke, sehe ich den sandigen Boden und merke, wie seicht er ist. Die dünne Strömung gleitet weg, aber die Ewigkeit bleibt. Ich möchte tiefer trinken, im Himmel fischen, dessen Boden mit Sternen übersät ist. Ich kann keinen einzigen zählen. (17)

Henry David Thoreau ist wieder einmal verschwunden. Ich vermute, dass er im Himmel mehr geschätzt wird, als er es hier auf Erden je war. Während meine Gedanken in diese Richtung gingen, flüsterte Henry David Thoreau plötzlich durch die Bäume wie ein Windgesang:

Wenn der Mensch nicht mit seinen Gefährten Schritt hält, liegt das vielleicht daran, dass er einen anderen Trommler hört. Lass ihn zu der Musik schreiten, die er hört, egal wie gemessen oder weit entfernt. Es ist nicht wichtig, dass er so schnell reift wie ein Apfelbaum oder eine Eiche. Soll er seinen Frühling zum Sommer machen?

Wenn der Zustand der Dinge, für die wir geschaffen wurden, noch nicht da ist, was wäre dann eine Realität, die wir ersetzen können? Wir werden nicht auf einer eitlen Realität Schiffbruch erleiden. Sollen wir mühsam einen Himmel aus blauem Glas über uns errichten, obwohl wir, wenn er fertig ist, immer noch auf den wahren ätherischen Himmel weit oben blicken werden, als ob der erstere nicht wäre? (18)

Ich schlage vor, dass du zuerst "Walden" liest - und dich dann mit dem Rest beschäftigst!

Walden

Über die Pflicht zum zivilen Ungehorsam Teil 1 & 2

Inspiration

Gehen

Leben ohne Prinzipien

Die Ausbreitung der Saat

Die Wälder von Maine

Ich kannte einen Mann vom Sehen

Bete zu welcher Erde?

Epitaph über die Welt

Eine Woche auf den Flüssen Concord und Merrimack

Ein Yankee in Kanada
Sympathie
Freie Liebe
An ein streunendes Huhn
Der Sommerregen
Der schwarze Ritter
Freundschaft.

Mach's gut!

Cathy McGough
Deine Interviewerin von Legendary Writers From Beyond

# LORD BYRON HAT SEINEN AUFTRITT

Es war im Juli 2001, als Madame Delatour Lord Byron zu mir brachte. (Lord Byron war der einzige Schriftsteller, der darum bat, das Interview an einem Ort seiner Wahl zu führen.

Unser Ziel war Croft-on-Tees in North Yorkshire. Mr. Byron bat uns, ihn im Pfarrhaus zu treffen (das, wie ich herausfand, heute "Old Rectory" heißt). Er sagte, er würde hinter einer vorgehängten Milbanke-Bank erscheinen. (1)

Als wir am Flughafen Gatwick in London ankamen, nutzten wir die Toiletten, holten uns ein paar Snacks und Getränke und gingen dann weiter zu "Alamo Auto Rentals".

Madame Delatour war ganz aufgeregt, weil sie auf der anderen Straßenseite fahren wollte - also setzte ich mich ans Steuer und wir machten uns auf den Weg. Die Fahrt verlief reibungslos und je näher wir Yorkshire kamen, desto mehr fiel uns die karge Landschaft um uns herum auf.

Um 11 Uhr hielten wir vor dem Old Rectory und gingen sofort hinein. Madame Delatour machte sich an die Arbeit und rief Lord Byron zu uns. Er hatte ihr die ausdrückliche Anweisung gegeben, den mit Vorhängen versehenen Bereich nicht zu betreten, da er einen "Auftritt" machen wollte.

George Gordon Byron wurde am 22. Januar 1788 geboren. Er lebte ein Leben voller Kontroversen und manchmal auch Chaos. Er wurde in England geboren, zog aber ins Ausland, um Skandalen und Gerüchten zu entgehen.

Lord Byron starb am 19. April 1824, und auf seinen Wunsch hin wurde sein Leichnam nach England zurückgebracht. Man verweigerte ihm ein Begräbnis in der Poet's Corner in der Westminster Abbey und begrub ihn stattdessen in seiner Familiengruft in Hucknall Torkard in Nottinghamshire. Einige Jahre nach seinem Tod wurde ein Komitee zur Errichtung eines Denkmals für Byron gegründet und der Westminster Abbey angeboten. Auch dies wurde abgelehnt. (2)

Ich werde eines von Lord Byrons Gedichten vorlesen, während wir warten:

ALS WIR ZWEI UNS TRENNTEN
Als wir zwei uns trennten
In Stille und Tränen,
Halb gebrochenen Herzens,
Um uns für Jahre zu trennen,
wurde deine Wange blass und kalt,
Kälter dein Kuss;
Wahrlich, diese Stunde sagte voraus
Kummer vor.
Der Tau des Morgens
sank kühl auf meine Stirn -
Es fühlte sich an wie die Warnung
vor dem, was ich jetzt fühle.
Deine Gelübde sind alle gebrochen,
Und Licht ist dein Ruhm:
Ich höre, wie dein Name ausgesprochen wird,
und teile seine Schande.
Sie nennen dich vor mir,
Ein Klagelied für mein Ohr;
Ein Schaudern überkommt mich -
Warum warst du mir so lieb?
Sie wissen nicht, dass ich dich kannte,
Ich kannte dich nur zu gut: -
Lange, lange werde ich dich bereuen
Zu tief, um es zu erzählen.
Im Geheimen trafen wir uns -
In der Stille trauere ich
Dass dein Herz vergessen konnte,
Dein Geist täuscht.

Wenn ich dich treffen sollte
Nach langen Jahren,
wie soll ich dich begrüßen? -
Mit Schweigen und Tränen. (3)

Madame Delatour und ich waren den Tränen nahe, als Lord Byron hinter der Leinwand hervortrat und den purpurroten Vorhang zurückschob, als würde er den Ansturm eines Stiers von der anderen Seite erwarten. Er trug einen königsblauen Samtanzug mit Rüschen an den Manschetten und am Kragen eines weißen Hemdes. Er kam auf uns zu, nahm zuerst Madame Delatours Hand in seine und küsste sie leicht, dann tat er dasselbe mit meiner. Er ging um das Pfarrhaus herum und nahm alles in Augenschein, als ob er nach jemandem oder etwas suchen würde.

Madame Delatour verschwand (etwas widerwillig) durch die Hintertür und ließ mich und Lord Byron allein in der ersten Kirchenbank sitzen. Das harte Holz knarrte, als ich mich hinsetzte, und Lord Byron warf sich auf die Kirchenbank, als wäre sie ein Sofa in seinem eigenen Haus, und schaute zu mir auf, während er seinen Kopf auf seine Hände stützte.

F: Darf ich fragen, warum du dich hier interviewen lassen willst?

F: Hast du dich über dieses Treffen informiert? Sagen Sie mir bitte, warum Sie glauben, dass ich Sie hierher gebeten habe, Mylady?

A: Ich kann nur vermuten. Ist es, weil du hier 1815 mit Lady Ann Isabella verheiratet warst?

A: Ah ja. Das ist bedauerlich. Ich habe noch nie jemanden gesehen, der durch eine Ehe besser geworden ist. Alle meine verheirateten Zeitgenossen waren kahl und unzufrieden. Wordsworth und Southey verloren beide ihr Haar und ihre gute Laune; und der letzte von beiden hatte eine Menge zu verlieren. (4)

F: Ich würde gerne etwas über deine Kindheit erfahren. Bitte erzähle mir davon.

A: Ich wurde, wie die Krankenschwestern zu sagen pflegen, mit einem silbernen Löffel im Mund geboren, der mir im Hals stecken geblieben ist und meinen Gaumen verdorben hat, so dass ich nichts, was man mir vorsetzt, mit großem Genuss schlucke - es sei denn, es ist Cayenne. (5) Nächste Frage.

F: Du warst gerade 20 Jahre alt, als deine Gedichte 1808 zum ersten Mal in einer Sammlung namens "Juvenilia" veröffentlicht wurden. Wie hast du dich gefühlt, als du deine Werke gedruckt gesehen hast?

A: Ich weiß noch, was in "The Edinburgh Review" stand:

"Die Poesie dieses jungen Lords gehört zu der Klasse, die weder Götter noch Menschen zulassen sollen. In der Tat können wir uns nicht erinnern, jemals ein Gedicht gesehen zu haben, das so wenig von diesem exakten Standard abweicht. Seine Ergüsse sind über eine tote Ebene verteilt und können nicht mehr über oder unter das Niveau kommen, als wären sie so viel stehendes Wasser." (6)

Ich erinnere mich an die Wirkung, die das auf mich hatte - es war Wut, Widerstand und Wiedergutmachung, aber keine Niedergeschlagenheit oder Verzweiflung. Ich gebe zu, dass das keine angenehmen Gefühle sind, aber in dieser Welt voller Hektik und Streit und besonders in der Karriere des Schreibens sollte ein Mann mit seiner Widerstandskraft rechnen, bevor er sich in die Arena begibt. (7)

F: Stimmt es, dass du deine Arbeit nie redigiert hast?

A: Wenn ich geschrieben habe, habe ich schnell geschrieben und selten mühsam... Wenn ich die Feder in die Hand nahm, musste ich sagen, was mir in den Sinn kam, oder ich musste es wegschmeißen. Ich habe immer so schnell geschrieben, wie ich die Feder zu Papier bringen konnte, und habe nie etwas überarbeitet, außer in den Korrekturfahnen ... Ich kann nie etwas umschreiben. Ich bin wie der Tiger: Wenn ich den ersten Frühling verpasse, gehe ich grummelnd zurück in meinen Dschungel. (8)

Johnson hat uns gezeigt, dass kein Gedicht perfekt ist; aber meine Arbeit zu korrigieren, wäre eine Herkulesarbeit gewesen. Tatsächlich habe ich nie über den Moment der Komposition hinausgeschaut und nur auf Wunsch meiner Freunde veröffentlicht. (9)

F: Ich habe neulich im Internet ein seltenes Exemplar der "Juvenilia" entdeckt. Kannst du den Preis erraten? Es kostete 2500 Pfund!

F: Was ist online?

Ich griff in meine Aktentasche und holte meinen Laptop heraus, schaltete ihn ein und zeigte ihn ihm. Er sah erstaunt zu, wie ich den Text eines seiner Gedichte eintippte.

A: Es ist ein Kommunikationsgerät und Schriftsteller wie ich zeichnen hier alles auf. Du brauchst weder Stift noch Papier. Es ist alles in der Speicherbank des Computers gespeichert.

A: Das sieht für mich nach Teufelei aus!

Lord Byron stand auf und ging auf den Altar zu. Er wartete hinter der Kanzel. Mir wurde schnell klar, dass er wollte, dass ich die "Teufelei" beiseite lege und ihm meine volle Aufmerksamkeit schenke.

AN DIESEM TAG VOLLENDE ICH
MEIN SECHSUNDDREISSIGSTES JAHR
Es ist an der Zeit, dass das Herz unbewegt bleibt,
Denn andere haben aufgehört, es zu bewegen:
Doch auch wenn ich nicht geliebt werden kann,
Lass mich trotzdem lieben!
Meine Tage sind im gelben Blatt;
Die Blumen und Früchte der Liebe sind verschwunden;
Der Wurm, das Geschwür und der Kummer
sind allein mein!
Das Feuer, das in meinem Busen brennt
ist einsam wie eine vulkanische Insel;
Keine Fackel ist an seiner Glut entzündet -
Ein Scheiterhaufen.

Die Hoffnung, die Angst, die eifersüchtige Sorge,
Den erhabenen Teil des Schmerzes
und die Macht der Liebe kann ich nicht teilen,
sondern trage die Kette.
Aber so ist es nicht - und hier ist es nicht -.
Solche Gedanken sollten meine Seele noch nicht
erschüttern,
Wo der Ruhm die Bahre des Helden schmückt,
oder seine Stirn fesselt.
Das Schwert, die Fahne und das Feld,
Ruhm und Griechenland sehe ich um mich herum!
Der Spartaner, getragen auf seinem Schild,
war nicht mehr frei.
Wacht auf! (nicht Griechenland - sie ist wach!)
Wache auf, mein Geist! Denke daran, durch wen
Durch wen dein Lebenssaft den Weg zum See
findet,
Und dann schlag zu!
Zertrete die aufkeimenden Leidenschaften,
Unwürdige Männlichkeit! - für dich
Das Lächeln oder das Stirnrunzeln
der Schönheit sein.
Wenn du deine Jugend bedauerst, warum lebst du
dann?
Das Land des ehrenvollen Todes
ist hier: -auf zum Feld und gib
deinen Atem!
Suche - weniger oft gesucht als gefunden -
Ein Soldatengrab, für dich das beste;

Dann schau dich um und wähle deinen Platz,
und ruhe dich aus. (10)

F: Du hast eine schöne Stimme, Lord Byron. Hast du jemals versucht zu singen?

A: Als ich bei meinem ersten Besuch in Aston war, hatte ich die Angewohnheit, in meiner Einsamkeit - ich will es nicht singen nennen, denn das versuche ich nie, außer für mich selbst - aber zu Melodien, die ich für richtig halte, dein "Oh breathe not", "When the last glimpse" und "When he who adores thee" zu singen, zusammen mit anderen Liedern desselben Musikers. Ich hatte sicher nicht vor, sie zu hören, aber eines Morgens kam nicht La Donna, sondern Il Marito mit einem sehr ernsten Gesicht herein und sagte: "Byron, ich muss dich bitten, wenigstens diese Lieder nicht mehr zu singen." Ich starrte ihn an und sagte: "Sicherlich, aber warum?" - "Um die Wahrheit zu sagen", sagte er, "sie bringen meine Frau zum Weinen und sind so melancholisch, dass ich möchte, dass sie sie nicht mehr hört." (11)

F: Stimmt es, dass "Zuleika" fast nicht veröffentlicht worden wäre?

A: Ein Freund riet mir einmal (übrigens ohne es gesehen zu haben), "Zuleika" nicht zu veröffentlichen; ich glaubte, dass er Recht hatte, aber die Erfahrung hat ihn vielleicht gelehrt, dass es physisch unmöglich ist, nicht zu drucken. Es ist schrecklich, das zu oft zu tun; -besser drucken und wer mag, kann es lesen, und wenn es nicht gefällt, hast du die Genugtuung zu wissen, dass sie zumindest das Recht erworben haben, es zu sagen. (12)

F: Was ist deine Meinung zu William Shakespeare?

A: Shakespeares Name, darauf kannst du dich verlassen, steht absurderweise zu hoch und wird untergehen. Er hat keine Geschichten erfunden, überhaupt keine. Er hat alle seine Handlungen aus alten Romanen entnommen und ihre Geschichten in eine dramatische Form gebracht, und zwar mit so wenig Aufwand, wie du oder ich seine Stücke wieder in Prosa verwandeln könnten. Dass er über alles, was er schrieb, ein paar Geistesblitze warf, kann niemand leugnen, aber das war alles.

Wenn jemand zum ersten Mal mit so fertigen Geschichten wie Lear, Macbeth usw. zu tun hätte, wäre er ein trauriger Mensch, wenn er nicht etwas Großartiges daraus machen würde.

Was seine historischen Stücke angeht, so waren sie lediglich Umarbeitungen früherer Stücke zu denselben Themen, und in zwanzig von einundzwanzig Fällen sind die besten, die allerbesten Sachen fast wortwörtlich aus den alten Stücken übernommen worden. Du denkst sicher, dass ein Pferd, ein Pferd, mein Königreich für ein Pferd! von Shakespeare ist. Nicht eine Silbe davon.

Du wirst alles bei dem alten namenlosen Dramatiker finden. Könnte man Tom Jones nicht aufgreifen und verbessern, ohne ein größeres Genie als Fielding zu sein? Ich für meinen Teil denke, dass

Shakespeares Stücke verbessert werden könnten, und das Publikum scheint das auch zu denken, denn kein einziges seiner Stücke wird oder wurde jemals so gespielt, wie er es geschrieben hat; und was vor dreihundert Jahren vom Publikum beklatscht wurde, ist in fünf von zehn Fällen nicht von Shakespeare, sondern von Cibber. (13)

F: Hattest du eine besondere Technik, um deine Muse zu dir zu holen?

A: Ein Freund und ich haben von sechs bis Mitternacht eine Flasche Champagner und sechs Flaschen Rotwein getrunken und dann:

Ich schreibe dies taumelnd,

da ich heute sehr betrunken war

So dass ich an der Decke zu stehen scheine. (14)

Lord Byron lachte, als er einen der Kelche vom Altar nahm und so tat, als würde er hungrig daran nippen.

F: Deine Satire "Childe Harold" hat die Welt im Sturm erobert. Tom Moore, dein Biograf, schrieb: "Die Wirkung war elektrisch". Warst du überglücklich, als du die Nachricht erhalten hast?

A: Ich wachte eines Morgens auf und fand mich berühmt! (15)

CHILDE HAROLD

Strophen #75 & #76

Sind nicht die Berge, die Wellen und der Himmel ein Teil

von mir und meiner Seele, wie ich von ihnen?

Ist die Liebe zu ihnen nicht tief in meinem Herzen

Mit einer reinen Leidenschaft? Müsste ich nicht alle Dinge verurteilen

Alle Objekte, wenn ich sie mit ihnen vergleiche? Und lieber

Eine Flut von Leiden aufhalten, anstatt auf

als auf solche Gefühle für den harten und weltlichen Schleim

derer, deren Augen nur nach unten gerichtet sind,

Die mit Gedanken, die nicht zu leuchten wagen, auf den Boden blicken?

Doch das ist nicht mein Thema; ich kehre

zu dem, was unmittelbar ist, und verlange

Diejenigen, die in der Urne Kontemplation finden,

Auf einen zu blicken, dessen Staub einst ganz Feuer war,

Ein Eingeborener des Landes, in dem ich

Die klare Luft für eine Weile - ein vorübergehender Gast,

Wo er ein Wesen wurde, - dessen Wunsch

Sein Wunsch war, ruhmreich zu sein, ein törichtes Streben,

Um sie zu erlangen und zu behalten, opferte er den Rest. (16)

Als er geendet hatte, griff ich in meine Tasche und nahm einen schnellen Schluck aus meiner Evian-Flasche. Ich bot ihm einen Schluck an, und er untersuchte die Plastikflasche neugierig. Ich erklärte ihm, dass die Welt gerne Wasser in Flaschen kauft. Als er sie mir zurückschob, murmelte er etwas über die Dummheit der Menschen in der Zukunft...

F: Ist an der Geschichte etwas dran, dass du glaubst, John Keats sei wegen einer schlechten Kritik in "The Quarterly" gestorben?

A: Shelley schrieb eine Elegie auf Keats und beschuldigte "The Quarterly", ihn umgebracht zu haben:

Wer hat John Keats getötet?
Ich, sagt das Quarterly,
So wild und tartarisch;
Das war eine meiner Heldentaten.
Wer schoss den Pfeil?
Der Dichter-Priester Milman
(so bereit, Menschen zu töten),
Oder Southey oder Barrow.

Du weißt sehr gut, dass ich Keats' Poesie oder seine Prinzipien der Poesie nicht gutheißen konnte. Sein "Hyperion" ist ein schönes Denkmal und wird seinen Namen bewahren. Ich beneide den Mann nicht, der den Artikel geschrieben hat: Die Leute von "The Quarterly" haben nicht mehr Recht zu töten als jeder andere Fußabtreter. Aber wer an einem Artikel in einer Zeitschrift sterben würde, wäre wahrscheinlich an etwas anderem, ebenso Trivialem gestorben. (17)

F: Kannst du mir etwas über deine Freundschaft mit Percy Bysshe Shelley erzählen?

A: Er war der umgänglichste Mensch unter dreißig, den ich je kannte. (18) Meines Wissens war er der am wenigsten selbstsüchtige und mildeste Mensch - ein Mann, der mehr von seinem Vermögen und seinen Gefühlen für andere geopfert hat als jeder andere, von dem ich je gehört habe. (19)

F: Es gibt zwei Legenden, die noch heute über Mr. Shelley geglaubt werden. Die eine handelt von seinem Herz, die andere davon, was er in seiner Tasche hatte, als er ertrank. Kannst du das bestätigen oder dementieren?

A: Wir haben die Leichen von Shelley und Williams am Meeresufer verbrannt, damit sie abtransportiert und ordnungsgemäß bestattet werden konnten. Du kannst dir nicht vorstellen, welch außergewöhnliche Wirkung ein solcher Scheiterhaufen an einer einsamen Küste hatte, mit den Bergen im Hintergrund und dem Meer davor, und dem eigenartigen Aussehen, das Salz und Weihrauch den Flammen verliehen. Alles von Shelley wurde verbrannt, bis auf sein Herz, das die Flammen nicht aushielt und das wir in Weinbrand aufbewahrten. Außerdem fand man in Shelleys Tasche keine Bibel, sondern John Keats' Gedichte. (20)

F: Ich danke dir. Ich schätze deine Offenheit. Hast du dir das Schreiben ausgesucht, oder hat das Schreiben dich ausgesucht?

A: Wer würde schreiben, wenn er nichts Besseres zu tun hätte? Ich denke, dass die große Aufregung, die über das Kritzeln und die Schreiber gemacht wird, von ihnen selbst und von anderen, ein Zeichen von Verweichlichung, Entartung und Schwäche ist.  (21)

Ich habe "Die Brücke von Abydos" in vier Tagen geschrieben. Ich schrieb "Corsair" in zehn Tagen. Ich schrieb "Lara", während ich mich nach Bällen und Maskeraden auskleidete. Die Poesie oder die Dichter stehen für mich auf der Skala der Fantasie keineswegs ganz oben. Die Poesie ist die Lava der Fantasie, deren Ausbruch ein Erdbeben verhindert. Hätte ich zehn Jahre länger gelebt, hättest du gesehen, dass es mit mir noch nicht vorbei ist - ich meine nicht die Literatur, denn die ist nichts, und ich glaube auch nicht, dass sie meine Berufung ist, so seltsam es klingen mag. Aber du hättest gesehen, dass ich etwas anderes gemacht habe! Leider war ich ein Dichter aus Berufung und ein Pirat aus Berufung! (22)

Aber wenn ich es wieder täte, würde ich wieder schreiben, nehme ich an. So ist die menschliche Natur, zumindest mein Teil davon - auch wenn ich besser von mir denken würde, wenn ich vernünftig gewesen wäre, jetzt aufzuhören. (23)

F: Erinnerst du dich an einen Platz auf dem Kirchhof in Harrow Hill, wo ein Grabstein steht, von dem es heißt, er sei dein Lieblingssitz gewesen, wenn du meditiert und komponiert hast?

Er nickte in Anerkennung des Ortes.

Er musste mit einem eisernen Käfig vor deinen glühenden Verehrern  bewacht  werden,  die  ihn zerstörten und Teile zum Andenken an dich mitnahmen.

A: Ein Teil der Zeit, die ich dort verbracht habe, war die glücklichste in meinem Leben. (24)

F: Hast du einen Ratschlag für zukünftige Schriftstellerinnen und Schriftsteller?

A: Lache immer, wenn du kannst. Es ist eine billige Medizin. Ich biete auch Worte aus "Don Juan" an, nach denen man leben sollte:

Denn Worte sind Dinge, und ein kleiner Tropfen Tinte

der wie Tau auf einen Gedanken fällt, bewirkt

das, was Tausende, vielleicht Millionen, zum Denken bringt. (25)

F: Glaubst du, dass Abwesenheit das Herz schöner macht?

A: Ich habe über das Elend der Trennung nachgedacht: Wie selten sehen wir die Menschen, die wir lieben! Und doch leben wir ewig in Momenten, in denen wir uns treffen. Das Einzige, was mich während meiner Abwesenheit tröstete, war die Überlegung, dass es keine geistige oder persönliche Entfremdung durch Langeweile oder Meinungsverschiedenheiten geben kann; und wenn die Menschen sich im Jenseits wiedersehen, sind sie, auch wenn sie sich in der Zwischenzeit verändert haben, bereit, sich wieder zu treffen, es sei denn, sie sind einander überdrüssig, und geben sich nicht gegenseitig die Schuld für die Umstände, die sie getrennt haben. (26)

F: Du hast viele Jahre lang ein Tagebuch geführt. Würdest du das auch anderen Schriftstellern empfehlen?

A: Ich war gezwungen, ein Journal zu schreiben, das mich vor Versen bewahrte - zumindest davor, sie zu behalten. Oft warf ich Gedichte ins Feuer (das zu meiner großen Erleichterung wieder angezündet wurde), und dann rauchte ich mir den Plan eines anderen aus dem Kopf. (27)

F: Ist das Leben zu kurz?

A: Wenn man vom Leben die Kindheit abzieht (was die Vegetation ist), das Schlafen, das Essen und das Auf- und Zuknöpfen, wie viel bleibt dann noch vom eigentlichen Leben übrig? Der Sommer eines Siebenschläfers. (28)

F: In welcher Form hast du am wenigsten gerne geschrieben?

A: Ich habe einmal zwei Sonette geschrieben. Ich habe noch nie ein einziges Sonett geschrieben, und das war nicht ernsthaft und vor vielen Jahren als Übung - und ich habe damals beschlossen, dass ich nie wieder eines schreiben würde. Es waren die zermürbendsten, versteinerndsten, dümmlichsten platonischen Kompositionen. Ich verabscheute den Petrarca so sehr, dass ich nicht einmal der Mann wäre, der seine "Laura" bekommen hätte, was der metaphysische, weinerliche Trottel nie konnte. (29)

Madame Delatour steckte ihren Kopf um die Ecke, zeigte besorgt auf ihre Uhr und bat uns, nach draußen zu kommen. Ich hatte gehofft, dass Lord Byron ein weiteres Gedicht vorlesen würde, aber ich war neugierig, was oder wer uns draußen erwartete.

Schließlich siegte die Neugierde und wir wagten uns vor das Pfarrhaus. Auf Lord Byron wartete ein großes schwarzes Pferd, dessen Mähne wie ein Schal im Wind wehte. Lord Byron begrüßte das Pferd und sprang auf seinen Rücken. Er bedankte sich bei uns, dass wir ihn mit seiner "wahren Liebe" wieder zusammengebracht hatten und tätschelte ihr inbrünstig die Seiten.

F: Bitte geh noch nicht. Es ist noch genug Zeit für dich, um zu rezitieren: "Sie wandelt in Schönheit".

A: Meine Damen, ich werde in der Tat das Gedicht vortragen, das ihr ausgewählt habt, aber zu Ehren meines schönen Freundes.

Lord Byron umarmte die Rabenmähne seiner wahren Liebe. Sie antwortete mit einem "Wiehern", als er flüsterte:

SIE WANDELT IN SCHÖNHEIT

Sie wandelt in Schönheit, wie die Nacht

von wolkenlosen Gegenden und Sternenhimmeln;

Und alles, was das Beste an Dunkelheit und Helligkeit ist

Treffen sich in ihrem Antlitz und ihren Augen:

So gemildert zu jenem zarten Licht

Das der Himmel dem bunten Tag verwehrt.

Ein Schatten mehr, ein Strahl weniger,

Hätte nur halb die namenlose Anmut

Die in jeder Rabenfrisur wogt,

oder sanft über ihr Gesicht leuchtet;
Wo die süßen Gedanken in aller Ruhe
Wie rein, wie lieblich ihre Wohnstatt ist.
Und auf dieser Wange, und über dieser Stirn,
So sanft, so ruhig, doch beredt,
Das Lächeln, das siegt, die Töne, die leuchten,
erzählen von Tagen, die in Güte verbracht wurden,
Von einem Geist, der mit allem in Frieden lebt,
Ein Herz, dessen Liebe unschuldig ist! (30)

Als er die letzte Zeile sagte, gab er seinem Pferd einen Tritt in die Seite und sie ritten in die Mittagssonne hinaus. Wir hörten die Hufe, das Klirren und Lord Byrons Gesang, als sie für immer von der Erde verschwanden.

Wenn du mehr über Lord Byrons Werke erfahren möchtest, empfehle ich dir, die folgenden Bücher zu lesen:

Childe Harolds Pilgerreise
Don Juan
Prometheus
Ich wünschte, ich wäre ein sorgloses Kind
Alles für die Liebe
Oh! Entrückt in der Blüte der Schönheit
Lebe wohl!
An diesem Tag vollende ich mein sechsunddreißigstes Jahr!
Das Grab von Churchill
Zeilen zur Nachricht, dass Lady Byron krank ist
Die Blüte der Schönheit

So, wir werden nicht mehr wandern
Meine Seele ist dunkel
Dunkelheit
Strophen für Musik
Der Gefangene von Chillon
Ein Geist ging vor mir vorüber
Einsamkeit
Es gibt keine Freude, die die Welt geben kann
Die Zerstörung von Sennacherib
Zeilen auf einer aus einem Schädel geformten Tasse
An Thomas Moore
Zeilen, geschrieben unter einer Ulme auf dem Kirchhof von Harrow.

Ich hoffe, das Interview mit Lord Byron war das Warten wert.

Wes gesund!

Cathy McGough
Deine Interviewerin von Legendary Writers From Beyond

# Chapter Nineteen

# DER ANFANG MIT BAUDELAIRE

ALS MADAME DELATOUR UND ich uns das erste Mal trafen, war das unerwartete Erscheinen von Charles Baudelaire ein ziemlicher Schock. Als Skeptikerin untersuchte ich die Umgebung auf alle erdenklichen Arten von Tricks. Ich ging um Monsieur Baudelaire herum und schüttelte ihm sogar die Hand, um sicherzugehen, dass er echt war, da er aus dem Nichts auftauchte. Ich fragte mich, ob er ein Schauspieler war, der die Rolle spielte, aber bald wurde mir klar, dass dem nicht so war. Denn er war tatsächlich der einzigartige Charles Baudelaire, der am 9. April 1821 in Paris geboren wurde.

Nach unserem Treffen erklärte mir Madame Delatour ihr "Geschenk" im Detail. Zu unserem

Glück hatte Madame Delatour begonnen, ein kleines Tonbandgerät in ihrer Handtasche mit sich zu führen, um alle ihre Begegnungen aufzuzeichnen. Als Monsieur Baudelaire auftauchte, griff sie, ohne dass ich es wusste, in ihre Handtasche und aktivierte das Tonbandgerät.

Liebe Leserin, lieber Leser, du wirst vielleicht vermuten, dass wir diese Aufnahme illegal gemacht haben, indem wir die Rechte von Monsieur Baudelaire verletzt haben, da er uns keine Erlaubnis gegeben hat, seine Stimme aufzunehmen.

Madame Delatour war der Meinung, dass wir viel Zeit damit vergeudet hätten, Herrn Baudelaire zu erklären, was ein Kassettenrekorder ist.

Zum Zeitpunkt der Aufnahme wusste ich nichts von dem Aufnahmegerät, aber ich unterstütze Madame Delatours Entscheidung voll und ganz. Außerdem darfst du nicht vergessen, dass Monsieur Baudelaire tot ist. (Möge er in Frieden ruhen.)

Für diese Nachstellung werde ich heute die Bänder von Madame Delatour verwenden. Madame Delatour kannte die Werke von Monsieur Baudelaire, denn er ist unbestritten einer der einflussreichsten französischen Dichter aller Zeiten. Auch ich kannte einige, aber nicht alle seiner Werke - das berühmteste davon ist "Les Fleurs du Mal" (Die Blumen des Bösen), das 1857 veröffentlicht wurde. Alle Beteiligten - Autor, Verleger und Drucker - wurden strafrechtlich verfolgt und der Obszönität und Blasphemie für schuldig befunden. Sechs Gedichte wurden aus dem Buch gestrichen. (1)

Heute ist "Les Fleurs du Mal" jedoch eines der am häufigsten herausgegebenen Bücher in der Welt der Literatur. Es wurde in viele Sprachen übersetzt und wird überall auf der Welt gelesen.

Wie kann man sich die Zeit besser vertreiben als mit Lesen?

SCHÖNHEIT

Ich bin so schön, ihr Sterblichen! Wie ein Traum aus Stein,

Und meine Brust, an der ein jeder nach dem anderen verwundet wird,

soll den Dichter zu einer Liebe inspirieren

So ewig und stumm wie die Materie.

Ich thron' am Himmel wie eine missverstandene Sphinx;

Ich vereine ein Herz aus Schnee mit der Weiße der Schwäne;

Ich hasse jede Bewegung, die die Linien verdrängt,

Und ich weine nie und lache nie.

Die Dichter vor meinen großen Posen,

Die ich von den stolzesten Monumenten zu borgen scheine,

werden ihre Tage in strengen Studien verbringen;

Denn ich habe, um diese fügsamen Liebhaber zu faszinieren

Reine Spiegel, die alle Dinge noch schöner machen;

Meine Augen, meine großen Augen mit ihrem ewigen Licht! (2)

Monsieur Charles Baudelaire kam ganz in Schwarz gekleidet. Man hätte ihn leicht mit einem Leichenbestatter (oder einer Leiche) verwechseln können. Seine Augen verrieten das Herz eines Mannes, der ein schwieriges und oft einsames Leben geführt hatte. Monsieur Baudelaire schien sofort zu wissen, dass es Madame Delatour war, die ihn zu einem Treffen mit uns am Eiffelturm gerufen hatte, und er ging mit einem Gefühl der Vertrautheit auf uns zu.

F: Was denkst du über Kritik?

A: Ich glaube aufrichtig, dass die beste Kritik die ist, die amüsant und poetisch ist; nicht die kalte, mathematische Art, die unter dem Vorwand, alles zu erklären, weder Hass noch Liebe zeigt und sich freiwillig jeder Spur von Gefühl entledigt; sondern vielmehr - da ein schönes Bild die Natur ist, wie sie von einem Künstler gesehen wird - die Kritik, die das Bild ist, wie es von einem intelligenten, sensiblen Geist gesehen wird. Deshalb könnte der beste Artikel über Malerei ein Sonett oder eine Elegie sein. Aber diese Art von Kritik ist für Poesie-Anthologien und Leser von Gedichten bestimmt.

Monsieur Baudelaire zögerte, sah uns kurz an und fuhr dann fort mit:

Mein Kompliment an euch zwei jeune filles für euer Make-up. Rot und Schwarz symbolisieren das Leben. Die schwarzen Linien verleihen eurem Gesichtsausdruck Tiefe und Fremdartigkeit, und eure Augen wirken wie ein Fenster, das sich ins Unendliche öffnet; das Rouge, das eure hohen Wangenknochen färbt, verstärkt noch das Licht eurer Augäpfel und verleiht dem schönen Gesicht einer Frau die geheimnisvolle Leidenschaft der Priesterin. (3)

F: Madame Delatour und ich wurden rot und kicherten wie junge Schulmädchen, als wir Monsieur Baudelaire nach der Bedeutung des Lachens fragten.

A: Das Lachen von Kindern ist wie das Erblühen einer Blume. Es ist die Freude des Empfangens, die Freude des Atmens, die Freude des Sich-Öffnens, die Freude der Kontemplation, des Lebens, des Wachsens. Es ist die Freude einer Pflanze. Im Allgemeinen ist es eher ein Lächeln, so ähnlich wie das Winken des Schwanzes bei Hunden oder das Schnurren bei Katzen. Wenn sich das Lachen von Kindern dennoch von den tierischen Ausdrücken der Zufriedenheit unterscheidet, dann deshalb, weil dieses Lachen nicht völlig frei von Ehrgeiz ist. (4)

F: Monsieur Baudelaire, würden Sie uns bitte eine Ihrer Geschichten vorlesen?

A: Ich biete dir eine Geschichte mit einer Moral an. Die Geschichte von:

DAS SPIELZEUG DES ARMEN JUNGEN

Ich möchte die Idee eines unschuldigen Zeitvertreibs vermitteln. Es gibt so wenige Zeitvertreibe, die nicht tadelnswert sind. Wenn du morgens aus dem Haus gehst, mit der festen Absicht, durch die Hauptstraßen zu schlendern, fülle deine Taschen mit diesen billigen kleinen Erfindungen, wie dem flachen Hampelmann, der mit einer einzigen Schnur bedient wird, dem Schmied, der auf den Amboss schlägt, dem Reiter mit einem Pferd, dessen Schweif eine Pfeife ist, - und biete sie den vernachlässigten und armen Kindern an, die du vor Restaurants triffst, wo sie an einem Baum stehen. Du wirst sehen, wie ihre Augen riesengroß werden. Zuerst werden sie sich nicht trauen, etwas zu nehmen. Sie werden nicht an ihr Glück glauben. Dann greifen ihre Hände eifrig nach dem Geschenk und sie rennen davon wie Katzen, die weit weg von dir gehen, um das Stück Futter zu fressen, das du ihnen gegeben hast. Diese Kinder haben gelernt, den Menschen zu misstrauen.

Auf einer Straße, hinter dem eisernen Tor eines großen Gartens, an dessen Ende man das Weiß eines schönen, von der Sonne beleuchteten Schlosses sehen konnte, saß ein hübsches Kind mit frischem Teint, gekleidet in jene Landkleidung, die so viel Anspruchsvolles hat.

Luxus, Sorglosigkeit und das gewohnte Zurschaustellen von Reichtum machen diese Kinder so charmant, dass man glauben könnte, sie seien aus einer anderen Substanz als die Kinder einer unbedeutenden oder armen Schicht.

Neben ihm im Gras lag ein prächtiges Spielzeug, so schön wie sein Herr, lackiert, vergoldet, mit einem purpurnen Gewand bekleidet und mit Federn und Perlen bedeckt. Aber das Kind schenkte seinem Lieblingsspielzeug keine Aufmerksamkeit. Es schaute sich das hier an.

Auf der anderen Seite des eisernen Tores, auf der Straße, inmitten von Disteln und Brennnesseln, stand ein anderes Kind, schmutzig, gebrechlich, rußig, eines jener Kinderweibchen, deren Schönheit ein unvoreingenommenes Auge entdecken könnte, wenn es, wie das Auge eines Kenners, das Ideal eines Gemäldes unter dem Firnis errät, das Kind von der abstoßenden Patina der Armut befreit.

Durch die symbolischen Gitterstäbe, die zwei Welten, die Hauptstraße und das Schloss, voneinander trennen, zeigte das arme Kind dem reichen Kind sein eigenes Spielzeug, das es gierig untersuchte, als wäre es ein seltenes und seltsames Objekt. Dieses Spielzeug, das der kleine Lump durch das Hin- und Herschütteln eines Drahtkastens irritierte, war eine lebende Ratte! Seine Eltern hatten das Spielzeug zweifelsohne aus Sparsamkeitsgründen aus dem Leben geholt. Als die beiden Kinder brüderlich miteinander lachten, zeigten sie ähnlich weiße Zähne. (5)

Madame Delatour und ich schnappten nach Luft, weil uns die Tränen über die Wangen liefen. Monsieur Baudelaire war gerührt von unseren Gefühlsausbrüchen und begann, ein Gedicht aufzusagen:

DIE ALBATROSS

Oft fangen die Besatzungsmitglieder zum Vergnügen

Albatrosse, riesige Vögel des Meeres, zu fangen,

Sie folgen ihnen als träge Gefährten auf der Reise,

das Schiff über die salzigen Tiefen gleitet.

Sobald sie sie auf das Deck gesetzt haben,

Diese Könige des Himmels, unbeholfen und beschämt,

bedauernd ihre großen weißen Flügel

wie Ruder an ihren Seiten schleifen.

Dieser geflügelte Reisende, wie tölpelhaft und schwach er ist!

Einst so schön, wie komisch und hässlich ist er jetzt!

Ein Seemann reizt seinen Schnabel mit einer Pfeife,

Und mimt, während er humpelt, den Invaliden, der einst flog!

Der Dichter ist wie der Fürst der Wolken,

Der den Sturm verfolgt und den Bogenschützen verspottet;

Verbannt auf die Erde inmitten des Spottes,

Seine riesigen Flügel hindern ihn am Gehen. (6)

Madame Delatour konnte sich zusammenreißen, aber ich konnte mir nur diesen einsamen Albatros mit meinem Kopf auf seinem Körper vorstellen.

F: Hast du das Theater geliebt und vor allem das Theater?

A: In meiner Kindheit und auch heute noch ist das Schönste an einem Theater der Kronleuchter - ein wunderschönes, leuchtendes, kristallines, kompliziertes, rundes und symmetrisches Objekt. Schließlich war der Kronleuchter für mich immer der Hauptdarsteller, entweder durch das große oder das kleine Ende eines Opernglases gesehen. (7)

F: Du hast die Werke von Edgar Allan Poe bewundert. Kannst du erklären, was dich an seinem Schreiben fasziniert hat?

A: Bei Poe ist der einleitende Teil eines jeden Stücks attraktiv, ohne Gewalt, wie ein Wirbelwind. Seine Ernsthaftigkeit überrascht und hält den Geist des Lesers wach. Gleich zu Beginn spürst du, dass es sich um etwas Ernstes handelt. Und langsam, ganz allmählich entfaltet sich eine Geschichte, deren Interesse von einer unmerklichen Abweichung des Intellekts abhängt, von einer kühnen Hypothese, von einer unvorsichtigen Dosierung der Natur in der Verschmelzung der Fakultäten. Der Leser ist gezwungen, dem Autor bei seiner faszinierenden Schlussfolgerung zu folgen, während ihm schwindlig wird. (8)

Bedauerlicherweise endet das Band hier. Ich erinnere mich, dass Monsieur Baudelaire sich an den Bauch fasste, kurz nach vorne taumelte und dann durchsichtig wurde.

Die Rückkehr von dort, wo er herkam, schien ein schmerzhafter Prozess zu sein, gegen den er sich eindeutig wehrte. Monsieur Baudelaire hatte noch etwas zu erledigen.

Er bewegte sich auf den Rand des Eiffelturms zu, bis der Wind seine Füße vom Boden hob. So wurde er über die Kante des Turms und in die Wolken getragen. Er drehte eine Pirouette und blickte um sich, während er Paris eine Reihe von leidenschaftlichen Küssen zuwarf. Und dann verschwand er.

Wenn ich jetzt an diesen Moment zurückdenke, schwöre ich, dass ich gesehen habe, wie die Küsse von der Spitze des Turms nach unten schwebten, bis die Brise sie auffing und weiter trug, die Seine hinunter, zwischen den Menschenmassen hindurch, wer weiß wohin.

Auf dem Weg nach unten nahmen Madame Delatour und ich den Aufzug. Dies war das erste von vielen Treffen mit legendären Schriftstellern aus dem Jenseits.

Du musst die Werke von Charles Baudelaire lesen. Du wirst es nicht bereuen! Ich stehe zu dem Folgenden:

Salon 1845/1946

Schwarze Venus

Die Blumen des Bösen

Carrion

An den Leser

Katzen

Bewölkt

Weiße Venus

Grünäugige Venus
Künstliche Paradiese
Pariser Milz
Elevation
Weihe
Leitende Lichter
Selbst wenn sie geht
Wein der Liebenden.


Au Revoir Mon Ami!


Cathy McGough
Deine Interviewerin für legendäre Schriftsteller aus
dem Jenseits

# Chapter Twenty

# DAS ENDE - ODER NICHT?

BEDAUERLICHERWEISE MUSS ICH EUCH mitteilen, dass unsere "Interviews mit legendären Schriftstellern aus dem Jenseits" nun beendet sind.

Diejenigen unter euch, die dieses Buch von Anfang an unterstützt haben und die früher Auszüge daraus gelesen haben, als es noch in Form einer Kolumne erschien, möchte ich direkt ansprechen.

Viele von euch haben uns geschrieben, angerufen, gemailt und gefaxt und gefragt, warum keine Autorinnen in diesem Buch vertreten sind.

Bevor ich fortfahre - lasst mich euch, liebe Leserinnen und Leser, versichern, dass ich es versucht habe.

Da Madame Delatour sehr kokett ist (ganz zu schweigen von ihrem Status als Single), hatte sie eine starke Neigung, sich mit den legendären männlichen

Schriftstellern aus dem Jenseits in Verbindung zu setzen.

Da sie sozusagen das Sagen hatte, stimmte ich etwas widerwillig zu - in der Hoffnung, sie eines Tages umzustimmen. Doch egal, was ich sagte oder tat - Madame gab keinen Millimeter nach.

Zurzeit streikt Madame Delatour und ist auf der Suche nach einem formellen Gremium, das ihre Bedingungen aushandeln soll, nämlich der Gewerkschaft der Medien und Hellseher. Bisher gibt es so etwas noch nicht, aber ich habe das Gefühl, dass sie eine gründen könnte, wenn ich ihren Bedingungen nicht zustimme.

Was sind ihre Bedingungen, fragst du? Bargeld, ganz einfach. Madame Delatour sieht da draußen Mediums, die nicht annähernd die Kräfte haben, die sie besitzt. Und doch verdienen sie jeden Tag Millionen von Dollar im Fernsehen. Madame Delatour würde gerne ein Stück von diesem Kuchen abhaben.

Ich möchte dich daran erinnern, dass ich als Interviewer keine Vergütung erhalte. Ich mache das nur aus Liebe zu den Autorinnen und Autoren, die wir kontaktieren und interviewen können. Es genügt zu sagen, dass Madame Delatour und ich uns etwas einfallen lassen werden, und wenn es soweit ist, werden wir vielleicht ein weiteres Interview (oder zwei!) führen.

Danke, dass du an unseren Interviews teilgenommen hast!

TTFN!

Cathy McGough (SCHRIFTLICHES IN 2004)
Deine Interviewerin von Legendary Writers From Beyond

# EIN NEUES INTERVIEW MIT VOLTAIRE IM JAHR 2006

ALS ICH HEUTE MORGEN aufwachte, stellte ich fest, dass die Interviews mit den legendären Schriftstellern aus dem Jenseits nicht zustande gekommen waren. Es genügt zu sagen, dass Madame Delatour und ich uns etwas ausgedacht haben, nachdem wir das folgende Gedicht gelesen hatten, das François-Marie Arouet de Voltaire nach dem verheerenden Erdbeben in Lissabon an Allerheiligen 1755 geschrieben hatte, das in nur sechs Minuten 30.000 Menschen das Leben kostete.

Madame Delatour hat einem Interview zugestimmt, nachdem sie uns die jüngste Tsunami-Katastrophe erklärt hat.

Während wir auf seine Ankunft warten, möchte ich dir etwas über François-Marie Arouet de Voltaire erzählen, der am 21. November 1694 in Paris, Frankreich, geboren wurde. Monsieur Voltaire war ein Satiriker, der mit seiner Feder gegen das Establishment kämpfte. Sein berühmtestes Werk "Candide" stammt aus dem Jahr 1759 und wird noch heute in Theatern auf der ganzen Welt live aufgeführt.

Voltaire wurde 84 Jahre alt (er starb am 30. Mai 1778 in Paris) und war der Anführer des Zeitalters der Aufklärung. Er hörte bis zu seinem Ende nicht auf zu schreiben und hinterließ über 14.000 Briefe und mehr als zweitausend Bücher und Flugschriften. (1)

Madame Delatour informierte mich, dass Monsieur Voltaire auf dem Weg sei. Ich erwartete seine Ankunft mit großen Erwartungen.

Als er einen Moment später auf mich zukam, fiel mir sofort seine kleine Statur auf. Er trug einen roten, mit weißem Hermelin gefütterten Mantel, weiße Strümpfe und schwarze Stiefel mit silbernen Schnallen. Sein auffälligstes Merkmal war sein Lächeln, mit dem er mich begrüßte. Dann umarmte er mich, als wären wir alte Freunde, und begann sofort mit seiner Rezitation:

ÜBER DIE KATASTROPHE VON LISSABON

(Oder eine Untersuchung des Axioms "Alles ist gut")

Unglückliche Sterbliche! Dunkle und trauernde Erde!

Bestürzte Versammlung der Menschheit!

Ewiges Verharren in nutzlosem Schmerz!

Kommt, ihr Philosophen, die ihr ruft: "Alles ist gut"

Und betrachtet diesen Ruin einer Welt.

Seht euch diese Fetzen und Schlacken eures Volkes an,

Das Kind und die Mutter in einem gemeinsamen Wrack gehäuft,

Die verstreuten Glieder unter den Marmorschächten.

Hunderttausend, die die Erde verschlingt,

Die, zerrissen und blutig, noch immer klopfen,

Unter ihren gastfreundlichen Dächern begraben,

In quälenden Qualen ihr gequältes Leben beenden.

Zu diesen ausklingenden Schreien der Verzweiflung,

Auf dieses entsetzliche Schauspiel des Jammers,

werdet ihr antworten: "Ihr veranschaulicht nur

Die eisernen Gesetze, die den Willen Gottes binden"?

Sagt ihr über die zitternde Masse des Fleisches:

"Gott ist gerächt, der Lohn der Sünde ist der Tod"?

Was für ein Verbrechen, was für eine Sünde hatten sich diese jungen Herzen ausgedacht

Die blutend und zerrissen an der Brust der Mutter liegen?

Hat das gefallene Lissabon tiefer vom Laster getrunken

als London, Paris oder das sonnenbeschienene Madrid?

In ihnen tanzen die Menschen, in Lissabon gähnt der Abgrund.

Ruhige Zuschauer des Untergangs deiner Brüder,

Ungerührt von diesem widerwärtigen Tanz des Todes,

Die ruhig den Grund für solche Stürme suchen,

Lasst sie nur eure eigene Sicherheit peitschen;

Eure Tränen werden sich mit der Flut vermischen.

Wenn die Erde ihr schreckliches Maul halb geöffnet zeigt,

Meine Klage ist unschuldig, meine Schreie sind gerecht.

Umgeben von solchen Grausamkeiten des Schicksals,

Von der Wut des Bösen und von den Fallen des Todes,

Im Angesicht der Wildheit der Elemente,

Teilt unser Übel, lasst mich klagen.

"Es ist Stolz", sagt ihr, "der Stolz des rebellischen Herzens,

Zu denken, dass es uns besser gehen könnte als wir es tun."

Geh und erzähl' das den geplagten Ufern des Tejo;

Suche in den Trümmern des blutigen Schocks;

Frag die Sterbenden in dem Haus des Leids,

Ob es Stolz ist, der den Himmel um Hilfe anruft

Und Mitleid für die Leiden der Menschen.

"Alles ist gut", sagt ihr, "und alles ist nötig."

Denkt ihr, dieses Universum wäre schlimmer gewesen

ohne diese höllische Kluft in Portugal?

Seid ihr so sicher, dass die große, ewige Ursache,

die alle Dinge kennt und für sich selbst erschafft,

Hätte uns nicht in diese trostlose Gegend gebracht

Ohne Vulkane, die unter unseren Füßen brodeln?

Setzt ihr der obersten Macht diese Grenze?

Würdest du ihr verbieten, von ihrer Gnade Gebrauch zu machen?

Er nahm sich einen Moment Zeit, um zu Atem zu kommen, und trank dann einen Schluck Wasser, bevor er fortfuhr:

In den unruhigen Momenten unseres schmerzgebeutelten Lebens

wischt die Hand des Vergnügens unsere Tränen weg;

Aber Vergnügen vergeht wie ein flüchtiger Schatten,

Und hinterlässt ein Vermächtnis von Schmerz und Verlust.

Die Vergangenheit ist für uns nur ein zärtliches Bedauern,

Die Gegenwart düster, wenn die Zukunft nicht klar ist.

Wenn die Gedanken in der Dunkelheit des Grabes enden müssen,

Eines Tages wird alles gut sein - so unsere Hoffnung.

Alles, was jetzt gut ist, ist nur ein müßiger Traum.

Die Weisen täuschen mich: Gott allein hat Recht.

Mit leisem Seufzen unterwerfe ich mich in meinem Schmerz,

lehne ich mich nicht gegen die Vorsehung auf.

Einst sang ich in weniger düsterem Ton,

Die sonnigen Wege des Vergnügens, die freundliche Herrschaft;

Doch die Zeiten haben sich geändert, und das Alter hat mich gelehrt,

Und die Schwäche der Menschen zu erkennen,

Ich suche ein Licht inmitten der sich vertiefenden Finsternis

Ich kann nur leiden und will mich nicht beklagen.

Ein Kalif betete einst, als seine letzte Stunde gekommen war,

Dieses Gebet, das an ihn gerichtet war, verehrte er:

"Zu dir, einziger und allmächtiger König, trage ich

Was dir in deiner Unermesslichkeit fehlt -

Böses und Unwissenheit, Not und Sünde."

Er hätte noch etwas hinzufügen können - die Hoffnung. (2)

Voltaire und ich weinten gemeinsam um die Verlorenen und hielten einen Moment inne, dann begann unser Gespräch.

F: Hat dir die Schule Spaß gemacht?

A: Dort lernte ich Latein und Unsinn. Ich war nicht wie die anderen Jungen, weil ich nicht mitmachte. Die Patres bei den Jesuiten am Collège Louis-le-Grand haben viele Versuche unternommen, mich zu überreden. Ich sagte immer: Jeder muss nach seiner Fasson springen. Bald ließen sie mich in Ruhe. (3)

F: Hast du damals angefangen zu schreiben?

A: Ich schrieb damals einige Verse, die vielversprechend und originell genug waren, um die Aufmerksamkeit meines Lehrers zu erregen. Einer von ihnen, der mich überhaupt nicht mochte, sagte: "Hexe, du wirst eines Tages die Fahnenträgerin des Deismus in Frankreich sein." Diese Einschätzung trug nicht gerade zu meiner mangelnden Beliebtheit auf dem Schulhof bei. (4)

F: Du hast von 1711-13 Jura studiert und dann als Sekretärin des niederländischen Botschafters gearbeitet, bevor du dich entschlossen hast, dein Leben dem Schreiben zu widmen?

A: Ah, eine Entscheidung, die ich nie bereut habe. Leider wurde ich 1717 verhaftet, zu Unrecht, wie ich hinzufügen möchte, und in die Bastille geschickt. Es ist schon schlimm genug, verhaftet und eingesperrt zu werden - aber für ein Verbrechen, das ich nicht begangen hatte! Ich nutzte die Zeit, um mein erstes Theaterstück zu schreiben: "Oedipe". Ich änderte meinen Namen in Voltaire.

Als ich elf Monate später aus dem Gefängnis entlassen wurde, erhielt dieses erste Stück begeisterte Kritiken, als es aufgeführt wurde, was beweist, dass Arbeit uns vor drei großen Übeln bewahren kann: Langeweile, Laster und Not. (5)

F: Wie war es, ein Stück zu schreiben, während die Zensur wie ein Geier auf deiner Schulter saß?

A: Im Jahr 1723 wurde ein Edikt erlassen: "Kein Verleger oder anderer darf irgendwo im Königreich ein Buch drucken oder nachdrucken, ohne vorher eine Erlaubnis durch Briefe mit dem Großen Siegel erhalten zu haben." Offizielle Zensoren mussten bezeugen, dass das Buch nichts enthält, was gegen die Religion, die öffentliche Ordnung oder die guten Sitten verstößt. Bücher, die als illegal eingestuft wurden, wurden verbrannt; der Autor und der Drucker wurden ins Gefängnis gesteckt.

Im Jahr 1757 wurde ein Attentat auf Ludwig XV. verübt. Chaos brach aus und mit ihm ein neues Edikt: "Die Todesstrafe wurde für alle diejenigen verhängt, die überführt werden, Werke geschrieben oder gedruckt zu haben, die die Religion angreifen, die königliche Autorität angreifen oder die Ordnung und Ruhe des Reiches stören." Bis 1764 wurden Bücher, Pamphlete und sogar Vorworte überprüft. (6)

F: Wie hast du gelebt, obwohl du wusstest, dass du jeden Moment gefasst werden könntest?

A: Ich lebte, um zu entkommen. Es verging kein Moment, in dem ich nicht darüber nachdachte, wie ich entkommen könnte und was ich tun würde, wenn ich hörte, dass man mich sucht. Die meiste Zeit habe ich anonym geschrieben.

F: Trotzdem wussten sie, dass du es warst?

A: Es zu wissen ist eine Sache, es zu beweisen eine andere! Der Verkauf meiner Arbeit war verboten; trotzdem war meine Arbeit gefragt. Ich und andere Schriftstellerinnen und Schriftsteller schickten ihre Werke zum Druck nach Amsterdam, Den Haag und Genf. Sie wurden dann nach Frankreich geschmuggelt und waren sehr begehrt. Deshalb schrieb ich im Juni 1733 diesen Brief an die Beamten:

Da es in Ihrer Macht steht, der Literatur einen Dienst zu erweisen, flehe ich Sie an, unseren Schriftstellern nicht die Flügel zu beschneiden und diejenigen, die zu Adlern werden könnten, wenn man ihnen einen Start gönnt, nicht zu Hühnern im Stall zu machen; eine vernünftige Freiheit lässt den Geist aufsteigen! (7)

F: Wann hast du deine Philosophischen Briefe geschrieben?

A: Nachdem ich ins Exil gegangen war, hielt ich mich drei Jahre lang aus Schwierigkeiten heraus und schrieb Essays über epische Dichtung und die Bürgerkriege in Frankreich, die 1727 veröffentlicht wurden. Ich kehrte nach Frankreich zurück und schrieb Theaterstücke, Gedichte, wissenschaftliche Abhandlungen und wurde königlicher Historiograph.

Meine "Philosophischen Briefe", in denen ich das französische Regierungssystem mit dem englischen verglich, brachten mich erneut in die Bredouille. Mein Buch wurde in Frankreich verboten und ich musste fliehen. In England wurde es ein Bestseller. (8)

F: Du warst von Shakespeare nicht beeindruckt?

A: Shakespeare verfügte über ein starkes, fruchtbares Genie. Er war natürlich und erhaben, hatte aber nicht einen Funken guten Geschmacks und kannte keine einzige Regel des Dramas. Ich möchte nun eine zufällige, aber zugleich wahre Überlegung anstellen, nämlich dass das große Verdienst dieses dramatischen Dichters der Ruin der englischen Bühne gewesen ist. Es gibt so schöne, so edle, so schreckliche Szenen in den monströsen Farcen dieses Schriftstellers, denen der Name Tragödie gegeben wurde, dass sie immer mit großem Erfolg aufgeführt wurden.

Die Zeit, die allein den Schriftstellern Ansehen verleiht, macht endlich auch ihre Fehler ehrwürdig. Die meisten der skurrilen, gigantischen Bilder dieses Dichters haben sich im Laufe der Zeit das Recht erworben, als erhaben zu gelten. Die meisten modernen Dramatiker haben ihn kopiert, aber die Berührungen und Beschreibungen, die bei Shakespeare beklatscht werden, werden von diesen Schriftstellern verachtet. Dramatiker denken gar nicht daran, ihn nicht zu imitieren, und der schlechte Erfolg von Shakespeares Nachahmern bewirkt nichts anderes, als dass er als unnachahmbar gilt.

Die leuchtenden Ungeheuer von Shakespeare haben unendlich mehr Freude als die klugen Bilder der Modernen. Bislang gleicht das poetische Genie der Engländer einem von der Natur gepflanzten Baum, der tausend Äste nach dem Zufallsprinzip auswirft und sich gleichmäßig, aber mit großer Kraft ausbreitet. Er stirbt, wenn man versucht, seine Natur zu zwingen und ihn wie die Bäume im Garten von Marli zu beschneiden und zu bearbeiten. (9)

F: Vielleicht ein Problem bei der Übersetzung?

A: Wir lachen nicht, wenn wir eine Übersetzung lesen. Wenn du die englische Komödie verstehen willst, kannst du das nur, indem du nach England gehst, drei Jahre in London verbringst, dir die englische Sprache aneignest und jeden Abend ins Theater gehst. Die Lektüre von Aristophanes und Plautus bereitet mir nur wenig Vergnügen, und das auch nur, weil ich weder Grieche noch Römer bin. Die Feinheit des Humors, die Anspielungen, die Apropos - all das geht einem Fremden verloren.

Nichts ist einfacher, als all die albernen Frechheiten, die ein Dichter herausgeschmissen hat, in Prosa wiederzugeben; aber es ist eine sehr schwierige Aufgabe, seine schönen Verse zu übersetzen. (10)

F: Welche Rolle spielt die Fantasie beim Schreiben von Gedichten?

A: In der Poesie sollte vor allem die Vorstellungskraft für Details und Ausdruck überwiegen. Sie ist immer angenehm, aber dort ist sie notwendig.

Bei Homer, Virgil und Horaz besteht fast alles aus Bildern, ohne dass der Leser sie überhaupt wahrnimmt. Die Tragödie braucht weniger Bilder, weniger pittoreske Ausdrücke und sublime Metaphern und Allegorien als das epische Gedicht und die Ode; aber der größte Teil dieser Schönheiten kann, wenn er diskret und geschickt eingesetzt wird, in der Tragödie eine bewundernswerte Wirkung erzielen; sie sollten jedoch niemals gezwungen, gestelzt oder gigantisch sein.

Die aktive Vorstellungskraft, die den Dichter ausmacht, verleiht ihm Enthusiasmus in der wahren Bedeutung des griechischen Wortes, jenes innere Gefühl, das in Wirklichkeit den Geist aufrüttelt und den Autor in die Person verwandelt, die er als Sprecher vorstellt. Ein Autor, der unter diesem Einfluss steht, sagt genau das, was die Person, die er darstellt, auch sagen würde.

In der Beredsamkeit ist weniger Fantasie erlaubt als in der Poesie. Der Grund dafür liegt auf der Hand: Die gewöhnliche Rede sollte weniger weit von den allgemeinen Vorstellungen entfernt sein. Der Redner spricht die Sprache aller, während die Grundlage der Dichtung die Fiktion ist. Dementsprechend ist die Vorstellungskraft das Wesentliche seiner Kunst; für den Redner ist sie nur ein Hilfsmittel. (11)

F: Monsieur Voltaire, unsere Zeit neigt sich schnell dem Ende zu. Fällt Ihnen noch ein Rat ein, den Sie Schriftstellern in Zukunft mit auf den Weg geben möchten?

A: Soll ich dir eine unfehlbare kleine Regel für Verse geben? Hier ist sie. Wenn ein Gedanke gerecht und edel ist, muss noch etwas mit ihm gemacht werden: Sieh nach, ob die Art und Weise, wie du ihn in Versen ausgedrückt hast, auch in Prosa wirksam wäre. Und wenn dir dein Vers, ohne den Schwung des Reims, ein Wort zu viel zu haben scheint - wenn es den geringsten Fehler im Aufbau gibt - wenn eine Konjunktion vergessen wurde - wenn, kurz gesagt, das richtige Wort nicht oder nicht an der richtigen Stelle verwendet wird, musst du daraus schließen, dass das Juwel deines Gedankens nicht gut gesetzt ist. Sei dir sicher, dass Zeilen, die einen dieser Fehler aufweisen, nie auswendig gelernt und nie wieder gelesen werden: Die einzigen guten Verse sind die, die man liest und sich trotz allem einprägt. Es gibt viele dieser Art in deinem "Brief" - Zeilen, die kein anderer in meiner Generation in deinem Alter schreiben könnte, wie sie vor fünfzig Jahren geschrieben wurden. (12)

F: Hast du einen Rat für den Menschen im Allgemeinen?

A: Setze zwei Menschen auf den Globus, und sie werden nur das gut, richtig und gerecht nennen, was für sie beide gut ist. Setz vier Menschen auf die Erde, und sie werden nur das für tugendhaft halten, was ihnen allen nützt. Und wenn einer der vier das Abendbrot seines Nachbarn isst oder ihn bekämpft oder tötet, wird er die anderen sicher gegen ihn aufbringen. Und was für diese vier Männer gilt, gilt auch für das ganze Universum. (13)

Deshalb lehre die Menschen, die Menschen nicht zu verfolgen. Denn während ein paar scheinheilige

Schwachköpfe ein paar Fanatiker verbrennen, öffnet sich die Erde und verschlingt alle gleichermaßen. (14)

Genau so wurde Monsieur Voltaire verschlungen und kehrte dorthin zurück, wo er herkam. Ich dachte über den Zustand der Welt von heute nach und las traurig über unseren mangelnden Fortschritt das folgende Gedicht laut vor:

VON DER LIEBE ZUR FREUNDSCHAFT

Wenn du willst, dass ich noch einmal liebe,

Das selige Zeitalter der Liebe wiederherstellen;

Von den Freuden des Weins und den Sorgen der Liebenden,

Die unerbittliche Zeit, die kein Mensch schont,

Drängt mich, mich schnell zurückzuziehen,

Und nicht mehr nach solcher Seligkeit zu streben.

Von solcher Entbehrung genau,

Lasst uns, wenn wir können, etwas Gutes herausholen;

Wessen Denkweise nicht zu diesem Zeitalter

Nicht passt, kann nie für einen Weisen gehalten werden.

Die rüstige Jugend soll ihre Torheiten fröhlich,

Ihre Narrheiten liebenswert zeigen;

Das Leben ist auf zwei Momente beschränkt,

Der eine soll zur Weisheit werden.

Ihr süßen Täuschungen meines Geistes,

die immer noch meine Leidenschaft beherrschen,

Die immer eine sichere Erleichterung brachte

für den schlimmsten Begleiter des Lebens, den Kummer.

Wirst du für immer von mir fliehen,

Und muss ich freudlos und ohne Freunde sterben?

Kein Sterblicher gibt je seinen Atem auf

ohne einen doppelten Tod;

Der liebt und doch nicht mehr geliebt wird,

Kann sein unglückliches Schicksal beklagen;

Der Verlust des Lebens ist leicht zu ertragen,

Der Liebe beraubt, ist der Mensch verloren.

So beklagte ich die Freuden,

Die ich in meiner Jugend so oft bereut habe;

Meine Seele war erfüllt von sanftem Verlangen,

bedauerte vergeblich das jugendliche Feuer.

Doch dann kam die Freundschaft, himmlische Jungfrau,

vom Himmel herab, um mir zu helfen;

Sie ist weniger lebendig als die Flamme der Liebe,

Doch ihre Zärtlichkeit ist dieselbe.

Ich bewunderte die Reize der Freundschaft,

Meine Seele wurde von neuer Schönheit beflügelt;

So wurde ich ein Teil der Freundschaft,

Doch ohne Liebe, klage ich. (15)

Die gesamte Sammlung von Monsieur Voltaire ist lesenswert, aber schau dir diese an und du wirst bald mehr wollen!

Philosophisches Wörterbuch

Candide

Mikromegas

An die Königin von Ungarn

Zadig

L'Ingenu

Das Vorhängeschloss

Der Tempel der Freundschaft

Im Lager vor Philippsburg, 3. Juli 1734

Zum Tod von Adrienne Lecourvreur, einer gefeierten Schauspielerin

Der weiße Stier

Die englischen Briefe

Der unwissende Philosoph

Die Henriade: Ein Gedicht

Kritische Essays über dramatische Poesie

Briefe von M. de Voltaire an Freunde

An eine Dame, die in der ganzen Stadt bekannt ist

Azolan

Von der Liebe zur Freundschaft.

Adieu!

Cathy McGough

Deine Interviewerin für legendäre Schriftsteller aus dem Jenseits

# ÜBER DEN AUTOR:

Die mehrfach preisgekrönte Autorin Cathy McGough
lebt und schreibt in Ontario, Kanada,
mit ihrem Mann, ihrem Sohn, ihren zwei Katzen
Wenn du mit Cathy sprechen möchtest, schick ihr bitte
eine E-Mail an:
cathy@cathymcgough.com.
Sie liebt es, von ihren Lesern zu hören.

# AUCH VON:

FICTION
Jedermanns Kind
Dreizehn Kurzgeschichten (darunter:
Der Regenschirm und der Wind
Margarets Enthüllung
Löwenzahnwein (READERS' FAVOURITE BOOK AWARD
FINALIST))
Plus Size Göttin
NON-FICTION
103 Fundraising-Ideen für ehrenamtlich tätige Eltern
mit
Schulen und Teams (3. PLATZ BESTE REFERENZ 2016
METAMORPH PUBLISHING.)
+
BÜCHER FÜR KINDER UND JUNGE ERWACHSENE

# REFERENZEN

EINFÜHRUNG

(1)
The Pilgrim's Progress, The Religious Tract Society,
Bouverie St. und 65 St.
Paul's Churchyard, 1913.

KAPITEL I
(1)
As You Like It, Hodder and Stoughton, undatiert.
(2)
Songtexte von Jim Morrison, L.A. Woman, 1971
(3)
Liedtext von Jim Morrison, Waiting for the Sun, 1968.
(4)
Les Fleurs du Mal, The Casanova Society, London,
1925.

KAPITEL II

(1)

One Hundred and One Famous Poems, The Cable Company, Chicago, Illinois, 1924.

(2)

Tennyson, English Men of Letters, Macmillan, 1910.

(3)

Alfred, Lord Tennyson Briefe, Toronto: Macmillan Company of Canada, 1929

(4)

Ibid

(5)

Bibliographien von zwölf viktorianischen Autoren, The H.W. Wilson Comp., New York,

1936.

(6)

Tennyson, English Men of Letters, Macmillan, 1910

(7)

Ibid

(8)

One Hundred and One Famous Poems, The Cable Company, Chicago, Illinois, 1924.

(9)

An American Anthology, Houghton, Mifflin and Company, The Riverside Press,

Cambridge, 1900. .

(10)

British Poetry and Prose, Third Edition, Volume II, Houghton Mifflin Company,

Boston. 1938.

(11)

Songtext von Bono, All That You Can't Leave Behind, 2000.

(12)

Days With The Poets, London, Hodder & Stoughton, Percy Lund, Humphries

& Co. Ltd. Undatierte Kopie.

(13)

Ibid


KAPITEL III

(1)

An American Anthology, Houghton, Mifflin and Company, The Riverside Press,

Cambridge, 1900.

(2-5)

Edgar Allan Poe, Letters Till Now Unpublished, Lippincott, Philadelphia, 1925.

(6)

One Hundred and One Famous Poems, The Cable Company, Chicago, Illinois, 1924.

(7)

Edgar Allan Poe, Letters Till Now Unpublished, Lippincott, Philadelphia, 1925

(8)

Ibid

(9)

One Hundred and One Famous Poems, The Cable Company, Chicago, Illinois, 1924.

(10)

An American Anthology, Houghton, Mifflin and Company, The Riverside Press,

Cambridge, 1900.

(11)

Ibid.


KAPITEL IV

(1)

British Poetry and Prose, Dritte Ausgabe, Band II, Houghton Mifflin Company,

Boston. 1938.

(2)

Ibid

(3)

Shelley in England: New Facts and Letters from the Shelley-Whitton Papers,

1917.

(4-6)

Days With The Poets, London Hodder & Stoughton, Percy Lund, Humphries &

Co. Ltd. Undatierte Kopie.

(7)

Die englischen Dichter in Bildern, Penns In The Rocks Press, William Collins of

London, 1941.

(8)

Ibid

(9)

Days With The Poets, London, Hodder and Stoughton, Percy Lund, Humphries &

Co. Ltd. Undatierte Kopie.

(10)

Ibid

(11)

British Poetry and Prose, Third Edition, Volume II, Houghton Mifflin Company,

Boston. 1938.

(12)

A Defence of Poetry, P. B. Shelley, 1840.

(13)

Die Briefe von Percy Bysshe Shelley, The Bodley Head, 1929

(14)

An Anthology of World Poetry, Cassell and Company Ltd., 1929.

(15)

Ibid

(16)

Essays und Briefe von Percy Bysshe Shelley, Rhys, Ernest, undatiert.

(17)

British Poetry and Prose, Dritte Ausgabe, Band II, Houghton Mifflin Company,

Boston. 1938.

(18)

The Letters of Percy Bysshe Shelley, The Bodley Head, 1929

(19)

Ibid

(20)

Eine Verteidigung der Poesie, P. B. Shelley, 1840.

(21)

British Poetry and Prose, Dritte Ausgabe, Band II, Houghton Mifflin Company,

Boston. 1938.


KAPITEL V

(1)

'No Thoroughfare', Weihnachtsnummer von All The Year Round, 3. Dezember 1867

(2)

Vorwort zu My Lady's Money, Alan Sutton Publishing Company, 1890.

(3)

Wilkie Collins, Juni 1870, Vorwort zu "Man and Wife" Peter Fenolon Collier,

Pub. Undatiert.

(4-7)

Einleitung zu "Hide and Seek", Oxford University Press, London, kein Datum.

(8)

Vorwort zur ersten Ausgabe von The Moonstone, 1868

(9)

Ibid

(10-12)

"No Name" Harper and Brothers, New York, 1873.

(13)

Kleine Romane, Chatto and Windus, Piccadilly, London, 1887.

(14)

"Das Vermächtnis von Kain", Donohue; Henneberry & Co., Chicago, undatierte Ausgabe

(15)

From Sea to Sea and Other Sketches, Letters of Travel, Vol. 1, Doubleday, Page

und Co., New York, 1925.

(16)

Kleine Romane, Chatto and Windus, Piccadilly, London, 1887.

KAPITEL VI

(1)

Memoir of Robert Burns, Frederick Warne and Co., Bedford Street, Strand,

London, undatiert

(2)

Die "Chandos Classics", The Poetical Works of Robert Burns, Frederick Warne and

Co., Bedford Street, Strand, London, undatierte Ausgabe.

(3)

Memoiren von Robert Burns, Frederick Warne and Co., Bedford Street, Strand,

London, datiert

(4-15)
Die "Chandos Classics", The Poetical Works of Robert Burns, Frederick Warne and
Co., Bedford Street, Strand, London, undatierte Ausgabe.

KAPITEL VII
(1)
Die Briefe von Mark Twain, Harper, New York, 1917.
(2)
Paine, Albert Bigelow. Mark Twain: A Biography (New York: Harper &
Brothers, 1912.)
(3)
Following The Equator, American Publishing Co. 1897.
(4)
Ibid
(5)
Die Abenteuer von Tom Sawyer, Grosset & Dunlap, 1920.
(6)
The Innocents Abroad, H. H. Bancroft & American Pub. Co., San Francisco,
und Hartford, 1869
(7)
Briefe von Mark Twain, Chatto & Windus, London, 1920.
(8)

Pudd'n'head Wilson, Chatto & Windus, 1926.

(9)

Ibid

(10)

Mark Twain schrieb diesen Text 1905, aber er wurde erst nach seinem Tod veröffentlicht.

Er erschien in Harper's Monthly, November 1916. Die gleiche Zeitschrift hatte ihn

es zuvor abgelehnt.

(11)

Twain Brief an D. W. Bowser, 20.3.1880

(12)

Connecticut Yankee in King Arthur's Court, N.Y. Pocketbooks, 1948.

(13)

Briefe von Mark Twain, Chatto & Windus, London, 1920.

(14)

The Celebrated Jumping Frog of Calaveras County and Other Sketches, C. H. Webb,

1867.

(15)

Brief an D. W. Bowser, 20. März 1880.

(16)

Harpers Monthly Magazine, 1909.


KAPITEL VIII

(1)

Ein Tag mit Samuel Taylor Coleridge, Hodder and Stoughton, London, 1885

(2)

Ibid

(3)

The Rime of the Ancient Mariner and Other Poems, Houghton Mifflin and Company,

Boston, 1931.

(4)

Ein Tag mit Samuel Taylor Coleridge, Hodder and Stoughton, London, 1885

(5)

Ibid

(6)

Ebd.

(7)

Samuel Taylor Coleridge, Letters, Conversations and Recollections, Harper &

Bros., 1836.

(8)

Ein Tag mit Samuel Taylor Coleridge, Hodder and Stoughton, London, 1885.

(9)

Charles Lamb und die Lloyds: Newly Discovered Letters Of Lamb, Coleridge, The

Lloyds. Phila: Lippincott, 1899.

(10)

The Rime of the Ancient Mariner and Other Poems, Houghton Mifflin and Company,

Boston, 1931.

(11)

Ibid

(12)

Ebd.

(13)

Ein Tag mit Samuel Taylor Coleridge, Hodder and Stoughton, London, 1855.


KAPITEL IX

(1) Die Schriften von Nathaniel Hawthorne.

Boston und New York: Houghton, Mifflin and Company, 1900

(2)

The Scarlet Letter Vorwort, Ticknor, Reed and Fields, Boston: 1850.

(3-8)

Berühmte amerikanische Autoren, Vail-Ballou Press, Inc., Binghamton, New York, 1933.

(9)

Lebendige Biografien großer Romanautoren, Garden City Publishing Co., Inc. 1943.

(10)

Ibid

(11)

Lebendige Biografien großer Romanciers, Garden City Publishing Co., Inc. 1943

(12)

Ibid

(13)

Berühmte amerikanische Autoren, Vail-Ballou Press, Inc., Binghamton, New York, 1933

(14)

Ibid

(15-19)

The Scarlet Letter Vorwort, Ticknor, Reed and Fields, Boston: 1850.

(20-22)

Englische Notizbücher, Cambridge: Houghton, Mifflin and Company, 1889

(23-26)

Vorwort zu The Blithedale Romance, E.P. Dutton & Co., 1925.

(27)

Passagen aus den englischen Notizbüchern von Nathaniel Hawthorne (1870)

(28)

Ibid

(29)

Der Scharlachrote Buchstabe, Ticknor, Reed and Fields, Boston: 1850

(30)

Die Schriften von Nathaniel Hawthorne. Boston und New York: Houghton, Mifflin and
Company, 1900

KAPITEL X
(1)

Stephen Leacock, Hellements of Hickonomics in Hiccoughs of Verse Done in our

Social Planning Mill (New York: Dodd, Mead, 1936

(2)

"Teaching School" The Boy I Left Behind Me, Doubleday, 1946.

(3)

Ibid

(4)

Ebd.

(5)

Stephen Leacock, Hellements of Hickonomics in Hiccoughs of Verse Done in our

Social Planning Mill (New York: Dodd, Mead, 1936

(6)

Meine finanzielle Karriere. Literarische Entgleisungen: Ein Buch mit Skizzen. Montreal: Gazette

Printing Co., 1910.

(7-14)

"Teaching School" The Boy I Left Behind Me, Doubleday, 1946.

(15-17)

Meine Entdeckung von England: Dodd, Mead & Co. 1922.Ibid

KAPITEL XI

(1)

It Can Be Done, Poems of Inspiration, The Ryerson Press, Toronto, 1926.

(2-5)

Something of Myself (For My Friends Known and Unknown), Doubleday, Doran &

Co. Inc., 1937.

(6)

American Notes, Henry Altemus, Philadelphia, 1899.

(7)

Ibid

(8)

Rudyard Kipling's Verse, Hodder and Stoughton, London, 1928

(9)

A Diversity of Creatures, Letters of Travel 1892-1913, Doubleday, Page and Co,

New York, 1925.

(10-12)

A Book of Words, Dinner-Rede der Royal Academy, Mai 1906.

(13)

Something of Myself (For My Friends Known and Unknown), Doubleday, Doran & Co.

Co. Inc., 1937

(14)

Ibid

(15)

From Sea to Sea and Other Sketches, Letters of Travel, Vol. 1, Doubleday, Page and Co., New York, 1925.

KAPITEL XII

(1)

David Copperfield, Illustrated Collins School Classics, undatiert

(2)

Ibid

(3)

A Tale of Two Cities, New York: The MacMillan Company, 1921.

(4)

The Unpublished Letters of Charles Dickens, Halton & Truscott Smith,

London, 1927.

(5)

The Letters of Charles Dickens, Chapman and Hall, London, 1880-82

(6)

Das Leben von Charles Dickens, T. B. Peterson & Brothers, Philadelphia, 1870.

(7-9)

Oliver Twist, F. M. Lupton, New York, 1895.

10)

David Copperfield, Illustrated Collins School Classics, undatiert

(11)

Ibid

(12)

A Tale of Two Cities, New York: The MacMillan Company, 1921.

(13-15)

American Notes for General Circulation, Chapman & Hall, London, 1910.

(16)

Letters and Speeches of Charles Dickens, Chapman & Hall, London, 1929.

(17)

Heart Throbs in Prose and Verse, Chappel Publishing Co. Ltd., 1905

(18)

Letters and Speeches of Charles Dickens, Chapman & Hall, London, 1929.


KAPITEL XIII

(1)

Dostojewski Briefe und Erinnerungen, S. S. Koteliansky und J. Middleton Murry
Übersetzer. London, Chatto and Windus, 1923.

(2)

Ibid

(3)

Notes from Underground, Die Kurzromane von Dostojewski, Dial Press, 1945

(4)

Neue Dostojewski-Briefe, The Mandrake Press, London, undatierte Ausgabe.

(5-8)

Dostojewski: Eine neue Biographie, Houghton Mifflin and Co., 1931.

(9)

Der Beleidigte und der Gedemütigte Vorwort, Moscow Publishers, Moskau, 1957

(10)

Dostojewski: Letters and Reminiscences, Chatto and Windus, 1923.

(11)

Die Besessenen: The Heritage Press, New York, 1936.

(12)

Notes from Underground, Die Kurzromane von Dostojewski, Dial Press, 1945

(13)

Briefe und Reminiszenzen, Alfred A. Knopf, New York, 1923.

(14)

Fjodor Dostojewski. Harrison of Paris, 1931.

(15)

Neue Dostojewski-Briefe, The Mandrake Press, London, undatierte Ausgabe.

(16)

Fjodor Dostojewski, SCM Press, London, 1948.

(17)

Neue Dostojewski-Briefe, The Mandrake Press, London, undatierte Ausgabe.

(18)

Dostojewski: A New Biography, Houghton Mifflin and Co., 1931

(19)

Rede von Dostojewski vor der Gesellschaft der Freunde der russischen Literatur, August

1880. Aufgezeichnet in The Diary of a Writer.

(20)

The Meek, The Eternal Husband and Other Stories, Macmillan, New York, 1923.


KAPITEL XIV

(1)

John Keats the Complete Poetical Works and Letters, Houghton Mifflin, Boston,

1899.

(2-4)

John Keats His Life and Poetry, Macmillan and Co. Ltd., 1917

(5)

Briefe von John Keats, Macmillan and Company, London, 1891.

(6)

John Keats the Complete Poetical Works and Letters, Houghton Mifflin, Boston,

1899.

(7-8)

Leben, Briefe und literarische Überreste von John Keats, Edward Moxton, London, 1848.

(9)

John Keats His Life and Poetry, Macmillan and Co. Ltd., 1917

(10)

John Keats' Briefe, 1817

(11)

John Keats Sein Leben und seine Poesie, Macmillan and Co. Ltd., 1917

(12)

John Keats the Complete Poetical Works and Letters, Houghton Mifflin, Boston,

1899

(13)

Ibid

(14)

John Keats His Life and Poetry, Macmillan and Co. Ltd., 1917

(15)

John Keats the Complete Poetical Works and Letters, Houghton Mifflin, Boston,

1899.

(16)

John Keats the Letters and Papers, Bodley Head, 1914.

(17)

John Keats His Life and Poetry, Macmillan and Co. Ltd., 1917

(18)

Selections in English Literature, The Copp Clark and Co. Ltd., 1929.

(19)

Leben, Briefe und literarische Überreste von John Keats, Edward Moxton, London, 1848.

(20)

John Keats the Complete Poetical Works and Letters, Houghton Mifflin, Boston,

1899.

(21)

Ibid

KAPITEL XIX

(1-8)

Les Fleurs du Mal, The Casanova Society, London, 1925.


KAPITEL XV

(1)

Anleihen, Dodge Publishing Company, New York, 1899.

(2)

Poets' Homes, D. Lothrop Company, Boston, 1879.

(3)

Vorwort zu Evangeline, Thomas Y. Crowell and Co., New York und Boston, 1899.

(4-6)

Mit Longfellow durch das Jahr, De Wolfe, Fiske und Co., Boston, 1900.

(7)

Poets' Homes, D. Lothrop Company, Boston, 1879.

(8)

Longfellow Day By Day, Crowell, New York, 1906.

(9)

Ibid

(10)

Eine amerikanische Anthologie, Houghton, Mifflin und

Company, The Riverside Press, Cambridge, 1900.

(11)

Heart Throbs in Prose and Verse, Chapple Publishing Company Ltd, Boston,

Mass., 1905.

(12)

Longfellow Day By Day, Crowell, New York, 1906.

(13)

Poets' Homes, D. Lothrop Company, Boston, 1879.

(14)

Borrowings, Dodge Publishing Company, N.Y., 1889

(15)

Poets' Homes, D. Lothrop Company, Boston, 1879

KAPITEL XVI

(1)

A. B. "Banjo" Paterson, A Book of Verse, Angus and Robertson, Australien, 1990.

(2-4)

Happy Dispatches von A. B. Banjo Paterson, Lansdowne Press, 1934.

(5)

Reminiszenzen, Sydney Morning Herald, Februar/März 1939.

(6)

Ibid

(7)

Einleitung zum Penguin Book of Australian Ballads.

(8)

The complete Poetry of A. B. "Banjo" Paterson, Harper Collins Publishers,

Australien, 1997.

(9)

Looking Backward, Sydney Morning Herald, 1941

(10-12)

The Magic of Verse, Angus and Robertson Ltd., 1970


KAPITEL XVII

(1)

Henry David Thoreau, Unveröffentlichte Gedichte, Bibliophile Society, Boston, 1907

(2-5)

Walden, Ticknor & Fields, Boston, 1854

(6)

Henry David Thoreau, Unveröffentlichte Gedichte, Bibliophile Society, Boston, 1907.

(7-10)

Walden, Ticknor & Fields, Boston, 1854

(11-14)

Über die Pflicht zum zivilen Ungehorsam, Teil 2.

(15)

Walden, Ticknor & Fields, Boston, 1854.

(16)

Ibid

(17)

An Anthology of World Poetry, Cassell and Company Ltd., 1929.

(18)

Walden, Ticknor & Fields, Boston, 1854

(18)

Ibid


KAPITEL XVIII

(1)

Briefe und Tagebücher von Lord Byron, John Murray, London, 1833.

(2)

Die Briefe von George Gordon Byron, Brief an William Bankes, Southwell März

6, 1807.

(3)

Selections in English Literature, The Copp Clark and Co. Ltd., 1929.

(4)

Lord Byron's Tagebucheintrag, 14. November 1813.

(5)

Byron Brief an John Murray, Riavennia, 30. Juli 1821

(6)

Byron-Brief an Thomas Moore, Pisa, 4. März 1822

(7)

Briefe und Tagebücher von Lord Byron, John Murray, London, 1833

(8)

Lord Byron's Journal, Eintrag vom 17. November 1813.

(9)

Gedichte von Byron, Macmillan, London, 1881.

(10)

Lord Byron's Select Works, Charles Daly, London, 1836.

(11)

Childe Harold Einführung, London: Macmillan, 1904

(12)

Ibid

(13)

A Day With Byron, Hodder and Stoughton Ltd., undatiert

(14)

Lord Byron's Journal, 14. November 1813.

(15)

Gedichte von Byron, Macmillan, London, 1881.

(16)

Lord Byrons Tagebuch, 14. November 1813.

(17)

Lord Byrons Tagebuch, Eintrag vom 17. November 1813.

(18)

Lord Byron Brief an James Hogg, Albany, 24. März 1814.

(19)

Lord Byron's Journal, Eintrag 15. Oktober 1821

(20-22)

Briefe und Tagebücher von Lord Byron, John Murray, London, 1833.

(23)

Childe Harold, London: Macmillan, 1904

(24-26)

Childe Harold Einführung, London: Macmillan, 1904

(27)

Lord Byron's Tagebucheintrag, 17. März 1814

(28)

A Day With Byron, Hodder and Stoughton Ltd, undatiert.

(29)

Ibid

(30)

Lord Byron's Select Works, Charles Daly, London, 1836.


KAPITEL XXI


(1)

The Best of All Possible Worlds: Romances And Tales By Voltaire, Vanguard Press New York 1929

(2)

Tolerenz und andere Essays von Voltaire. Übersetzt, mit einer Einleitung, von

Joseph McCabe (New York: G.P. Putnam's Sons, 1912).

(3)

Das Beste aus allen möglichen Welten: Romanzen und Erzählungen von Voltaire, Vanguard Press

New York 1929

(4)

Ibid

(5)

Darrow, Clarence S. Voltaire. A Lecture, [Girard, Kansas: Haldeman-Julius.

1925.

(6)

Voltaire The Writings of Voltaire NY: Wm.H. Wise, 1931

(7)

Das Beste aus allen möglichen Welten: Romanzen und Erzählungen von Voltaire, Vanguard Press

New York 1929

(8)

Darrow, Clarence S. Voltaire. Eine Vorlesung. [Nr. 829 in der "Little Blue Book"-Serie

Reihe] Girard, Kansas: Haldeman-Julius. 1925.

(9)

Briefe über die englische Nation. Westminster Press London 1926

(10)

Darrow, Clarence S. Voltaire. Eine Vorlesung, Girard, Kansas: Haldeman-Julius. 1925.

(11)

Ibid

(12-14)

Darrow, Clarence S. Voltaire. A Lecture, Girard, Kansas: Haldeman-Julius. 1925.

(15)

Ausgewählte Werke von Voltaire, Watts and Co 1935.